8° R 9596 2

Paris
1889-94

Laffitte, Pierre

Cours de philosophie première

Des lois universelles du monde

Tome 2

SOCIÉTÉ POSITIVISTE D'ENSEIGNEMENT POPULAIRE SUPÉRIEUR

10, rue Monsieur-le-Prince. — DIRECTEUR : M. Pierre LAFFITTE

COURS

DE

PHILOSOPHIE PREMIÈRE

PAR

PIERRE LAFFITTE

DIRECTEUR DU POSITIVISME.

TOME DEUXIÈME

DES LOIS UNIVERSELLES DU MONDE

PARIS

AU SIÈGE DE LA SOCIÉTÉ POSITIVISTE

10, RUE MONSIEUR-LE-PRINCE, 10

1894

OEUVRES D'AUGUSTE COMTE

Essai sur la philosophie mathématique. 2 brochures, grand in-8, chacune 1
Opuscules de philosophie sociale, 1 volume in-12 . . . . . 3 50
Cours de philosophie positive, 5e édition. 6 volumes in-8. 48 »
— 1er volume : *Préliminaires généraux* et *Philosophie mathématique* . . . . 8 »
— 2e volume : *Philosophie astronomique. Philosophie physique.* . 8 »
— 3e volume : *Philosophie chimique. Philosophie biologique.* . . 8 »
— 4e volume : *Philosophie sociale.* Partie dogmatique. . . . . . 8 »
— 5e volume : *Philosophie sociale.* Partie historique . . . . . . 8 »
— 6e volume : *Philosophie sociale.* Complément et conclusions générales. . . . . 8 »
Système de politique positive, ou *Traité de sociologie instituant la religion de l'Humanité*, 4 volumes in-8 . . . . 30 »
Chaque volume se vend séparément.
— 1er vol. : *Discours préliminaire* et *Introduction fondamentale.* . 8 »
— 2e vol. : *Statique sociale* (théorie de l'ordre) . . . . 6 »
— 3e vol. : *Dynamique sociale* (théorie du progrès) . . . . 7 »
— 4e vol. : *Tableau de l'avenir humain*, Appendice général. . . . 9 »
Catéchisme positiviste, 3e édition. 1 volume in-12. . . . . . 3 »
Appel aux conservateurs, 1 volume in-8. . . . . 3 »
Traité philosophique d'astronomie populaire, précédé du **Discours sur l'esprit positif,** 1 volume in-8. Paris. *Dunod* . . . . 6 »
Cours de géométrie analytique, précédé de la *Géométrie* de Descartes, 1 vol. in-8, Paris, *Bahl* . . . . 5 »
Synthèse subjective : *Système de logique positive* ou *Traité de philosophie mathématique*, 1 volume in-8 épuisé . . . . »
Lettres à Valat, 1 volume in-8. *Dunod* . . . . 6 »
Lettres à J. St. Mill, 1 volume in-8 . . . . 5 »
Testament et correspondances, 1 volume in-8 épuisé . . . »
Table analytique du *Système de Politique positive*, par H. D'OLIER. 1 50

En vente, 10, rue Monsieur-le-Prince.

COURS

DE

PHILOSOPHIE PREMIÈRE

VERSAILLES. — IMPRIMERIE AUBERT
6, avenue de Sceaux, 6

COURS

DE

PHILOSOPHIE PREMIÈRE

PAR

PIERRE LAFFITTE

DIRECTEUR DU POSITIVISME.

TOME DEUXIÈME

DES LOIS UNIVERSELLES DU MONDE

PARIS

AU SIÈGE DE LA SOCIÉTÉ POSITIVISTE

10, RUE MONSIEUR-LE-PRINCE, 10

—

1894

COURS DE PHILOSOPHIE PREMIÈRE

SECONDE PARTIE

Des Lois universelles du Monde

PRÉFACE

Le second volume de mon *Cours de Philosophie première* est terminé depuis longtemps ; une circonstance en a retardé la publication. J'avais projeté de mettre en tête un travail assez étendu sur *l'harmonie entre la théorie et la pratique*. Ce travail devait contenir trois parties : la première était relative à la théorie de *l'harmonie entre les lois du monde et celles de l'entendement ;* celle-ci était la seule qui eût un rapport direct avec la philosophie première. Les deux autres devaient porter, l'une sur les *relations entre l'abstrait et le concret*, et l'autre sur les *relations entre la raison théorique et la raison pratique*. Des méditations prolongées m'avaient permis d'accumuler sur ce sujet des résultats importants, sans que je fusse néanmoins arrivé au point de maturité que demande la rédaction définitive.

Mais une circonstance, que je n'avais pas prévue, m'oblige de changer mon projet primitif. Ma nomination à la chaire d'histoire générale des sciences au Collège de France m'a fait comprendre que les diverses questions que je me proposais de traiter dans l'introduction seraient examinées dans le cours de mes leçons ; que, par suite, mes vues ne pourraient manquer d'acquérir plus de profondeur et de netteté et qu'ainsi il y aurait avantage à en retarder la publication ; en outre, bien que cette introduction ne manquât pas d'utilité pour la Philosophie première, elle était bien loin d'y être véritablement indispensable. J'y ai donc renoncé.

Une autre raison, plus décisive encore, m'a déterminé. Le retard apporté à ma publication du second volume du *Cours de Philosophie première*, dont toutes les leçons ont, du reste, paru déjà dans la *Revue occidentale*, m'empêchait de m'occuper de celle du *Cours de Morale positive*, dont l'importance est absolument capitale ; car, si la philosophie première est la base du dogme positif, la morale en est le couronnement. L'on peut dire que c'est là un besoin urgent. Je vais donc me livrer activement à ce travail. Le *Cours de Morale pratique* a déjà paru dans la *Revue occidentale*, de même que quelques leçons du *Cours de Morale théorique* ; mais tout cela exige une révision indispensable. C'est ce travail auquel je vais consacrer une partie de mes efforts.

La publication de mon *Cours de Morale* me permettra, en outre, de réaliser un autre projet, dont l'utilité est vraiment très grande pour l'éducation et dont la lacune se fait sentir de tous côtés. Il s'agit d'un *Catéchisme* par demandes et réponses extrêmement courtes, et contenant des formules susceptibles d'être apprises par cœur par les enfants et d'être rappelées aux jeunes gens comme aux personnes d'âge mûr. Le catholicisme n'a réalisé que très tard un tel projet, car le premier qui ait paru, à ma connaissance du moins, est celui publié par Erasme en 1531 ; mais les catéchismes se sont surtout multipliés à partir du Concile de Trente.

Au xviiie siècle, les philosophes de la grande école avaient senti, dans leurs vastes projets de régénération totale, la nécessité d'un tel catéchisme au point de vue de la nouvelle philosophie. Le plus remarquable, sans aucun doute, est celui rédigé, en 1768, par le baron d'Holbach et publié, en 1790, d'après le manuscrit confié par sa famille à Naigeon.

Sans doute, Auguste Comte a publié un *Catéchisme positiviste*, mais cette œuvre si éminente, et que lui seul pouvait écrire, ne satisfait pas aux besoins que j'ai indiqués. Outre sa haute forme abstraite, qui le rend impropre à être mis entre les mains des enfants et qui l'empêche aussi de satisfaire aux besoins populaires, il ne contient point ces formules courtes et précises, susceptibles d'être apprises par cœur. Du reste, j'ai déjà donné dans la *Revue occidentale* (N° de mai 1885, p. 312.) un spécimen du travail que j'ai conçu et dont j'espère mener à bien la réalisation.

C'est pour toutes ces raisons que j'ai éliminé mon projet d'une introduction au second volume du *Cours de Philosophie première*, dont la prochaine publication va me permettre de m'occuper de celle du *Cours de Morale positive*.

Pierre LAFFITTE.

Cadillac-sur-Garonne (Gironde), le jeudi 21 avril 1892.

PROGRAMME DE LA SECONDE PARTIE
DU COURS DE PHILOSOPHIE PREMIÈRE

LOIS UNIVERSELLES DU MONDE

TREIZIÈME LEÇON

DIXIÈME LOI DE PHILOSOPHIE PREMIÈRE

Loi de la Persistance.

Tout état statique ou dynamique tend à persister spontanément sans aucune altération en résistant aux perturbations extérieures (Kepler).

I. Considérations préliminaires.
II. Loi de la persistance en cosmologie (mécanique, physique, chimie).
III. Loi de la persistance en morale (biologie, sociologie, morale).

QUATORZIÈME LEÇON

ONZIÈME LOI DE PHILOSOPHIE PREMIÈRE

Loi de la Coexistence.

Un système quelconque maintient sa constitution active ou passive, quand ses éléments éprouvent des mutations simultanées, pourvu qu'elles soient exactement communes (Galilée).
   I. Considérations préliminaires.
   II. De la loi de la coexistence en cosmologie (mécanique, astronomie, physique, chimie).
   III. De la loi de la coexistence en morale (biologie, sociologie, morale).

QUINZIÈME LEÇON

DOUZIÈME LOI DE PHILOSOPHIE PREMIÈRE

Loi de l'Équivalence.

Il y a toujours équivalence entre l'action et la réaction, si leur intensité est mesurée conformément à la nature de chaque conflit (Huyghens, Newton).
   I. Considérations préliminaires.
   II. Loi de l'équivalence en cosmologie (mathématique, physique, chimie).
   III. De la loi d'équivalence en morale (biologie, sociologie, morale).

SEIZIÈME LEÇON

TREIZIÈME LOI DE PHILOSOPHIE PREMIÈRE

Loi de la Conciliation.

Subordonner toujours la loi du mouvement à celle de l'existence, en concevant tout progrès comme le développement de l'ordre correspondant, dont les conditions quelconques régissent les mutations, qui constituent l'évolution.
   I. De la loi de conciliation en cosmologie.
   II. De la loi de conciliation en biologie.
   III. De la loi de conciliation en sociologie et en morale.

DIX-SEPTIÈME LEÇON

QUATORZIÈME LOI DE PHILOSOPHIE PREMIÈRE

Loi du Classement.

Tout classement positif doit procéder d'après la généralité croissante, ou décroissante, tant subjective qu'objective.

    I. Considérations préliminaires.
    II. De la loi du classement scientifique, esthétique et biologique.
   III. De la loi du classement en sociologie et en morale.

DIX-HUITIÈME LEÇON

QUINZIÈME LOI DE PHILOSOPHIE PREMIÈRE

Loi de l'Intermédiaire.

Tout intermédiaire doit être normalement subordonné aux deux extrêmes, dont il opère la liaison.

    I. Considérations préliminaires.
   II. De la quinzième loi au point de vue scientifique.
  III. De la quinzième loi au point de vue logique.

DIX-NEUVIÈME LEÇON

Des divers arrangements que comporte la hiérarchie des sciences abstraites.

    I. Considérations préliminaires.
   II. Des divers arrangements que comporte la hiérarchie propre aux sciences abstraites.
  III. Du rôle des divers arrangements propres à la hiérarchie des sciences abstraites.

VINGTIÈME LEÇON

Discours de clôture.

    I. Résumé.
   II. Jugement.
  III. Incorporation.

PHILOSOPHIE PREMIÈRE

SECONDE PARTIE

DES LOIS UNIVERSELLES DU MONDE

TREIZIÈME LEÇON (1)

Dixième loi de philosophie première :

Tout état statique ou dynamique tend à persister spontanément, sans aucune altération, en résistant aux perturbations extérieures (Kepler).

I

Considérations préliminaires.

La première partie de la Philosophie première a été consacrée à l'étude des lois générales de l'entendement, ou du travail intellectuel, en tant qu'il s'applique à des recherches quelconques. Quelques-uns des principes fondamentaux résultent sans doute d'une combinaison des aptitudes intellectuelles avec l'action du monde, et tous supposent cette action ; mais, en somme, c'est la considération du travail mental

(1) Ceci représente l'ensemble de la treizième leçon de Philosophie première, professée, le dimanche 10 mars 1878 (13 Aristote 89), à Paris, 10, rue Monsieur-le-Prince.

qui domine; et cela justifie le titre donné à la première partie de la Philosophie première.

Nous allons aborder maintenant la seconde partie de la Philosophie première. Elle est relative aux lois universelles du monde, c'est-à-dire, applicables à tous les phénomènes quelconques, considérés dans les corps quelconques. Mais, ici encore, il ne faut pas considérer comme absolue la séparation entre les lois du monde et celles de l'entendement. D'abord les lois de celui-ci s'appuient, comme nous l'avons vu, sur celles du monde; et celles du monde s'appliquent à l'entendement. Cette proposition devient évidente *à priori*, depuis que la science a démontré l'identité entre la matière inorganique et la matière vivante, y compris la matière cérébrale.

Néanmoins il y a un dualisme incontestable entre le monde et l'homme; et c'est ce dualisme qu'il s'agit d'expliquer. La méthode qui y convient consiste à suivre l'évolution de l'esprit humain à ce sujet, depuis les époques primitives de l'Humanité, jusqu'au moment où le Positivisme, s'appuyant sur tout le passé, constitue une situation normale et définitive. Ce que nous allons dire se rapporte surtout à l'évolution de la raison théorique. La raison pratique a un caractère essentiellement positif, à cause de sa destination immédiate pour la modification des réalités effectives; mais elle est spéciale et incohérente. La réaction seule de la raison théorique peut lui donner la généralité et la coordination qui lui manquent; la pleine homogénéité mentale n'étant, du reste, atteinte que lorsque la raison théorique devient elle-même positive.

Le fétichisme assimile le monde à l'homme; par conséquent son mérite essentiel est d'avoir affirmé la similitude fondamentale entre ces deux termes, similitude qui reste incontestable et que l'évolution théologique a trop méconnue. Le caractère trop implicite des conceptions fétichiques, et leur nature même, n'ont pas permis d'apprécier suffisamment les différences entre le monde et l'homme. Il faut néanmoins se rappeler que la raison pratique a toujours su en tenir compte dans ses applications spéciales, et qu'elle ne confondait pas habituellement un corps inorganique et un corps vivant. C'est le polythéisme qui a posé le grand dualisme entre le monde et l'homme : il explique tous les phénomènes du monde par l'action de dieux extérieurs au corps. Il y a donc ainsi un dualisme incontestable entre le monde et les dieux ; mais comme, en définitive, l'homme est analogue aux dieux, la modification du monde résulte de son association avec ceux-ci. Le dualisme est ainsi posé, et conçu d'une manière pleinement objective, c'est-à-dire comme une réalité effective et non pas comme une institution de l'esprit. Ce fut là, à beaucoup d'égards, un progrès capital, sur lequel s'appuiera le Positivisme dans sa coordination ; mais il saura combiner la similitude fétichique avec le dualisme polythéique.

Le monothéisme et la métaphysique (au fond c'est tout un dans ce cas-ci) ont accepté l'héritage du polythéisme et l'ont systématisé, et à quelques égards aggravé. La métaphysique a, en effet, formulé ce dualisme, en proclamant la prétendue inertie de la matière, et en rapportant l'activité modificatrice de l'homme à une entité spéciale, nommée âme.

Pendant que l'évolution fétichique et polythéique constituait ainsi un état systématique de l'entendement, quant au dualisme fondamental (que le théologisme affirmait d'une manière absolue pendant que le fétichisme maintenait spontanément le sentiment de la similitude), l'évolution scientifique préparait lentement les bases d'un nouvel équilibre mental, à la fois plus réel et plus stable : 1. la science établissait définitivement la réalité de l'activité de la matière ; 2. mais elle établissait en même temps la distinction entre l'activité inorganique et l'activité vitale. La grande distinction de Bichat, entre la vie et la mort, était préparée par les vues de Buffon. Blainville et Auguste Comte donnèrent à cette constitution son caractère définitif : la matière inorganique comme la matière vivante ont une activité commune ; celle de la matière vivante vient s'ajouter à celle de la matière morte ; 3. la science, à partir de Gall, montre que l'activité mentale et morale n'est qu'un complément de l'activité vitale, se manifestant dans le système nerveux ; 4. enfin, à partir des incomparables découvertes de Lavoisier, la science démontre l'identité fondamentale entre la matière vivante et la matière inorganique. En résumé donc, la science a établi qu'il existe une seule et unique matière fondamentale, composée d'éléments irréductibles, qui nous manifestent d'abord une activité fondamentale, et qui, organisés d'une certaine manière, présentent en outre l'activité vitale et finalement cérébrale.

Cette évolution scientifique est profondément réelle, et montre à la fois la similitude et les différences entre les divers modes d'activité. Mais les résultats de cette évolution manquent de coordination, à cause de leur caractère purement objectif. C'est cette coordination que lui a donnée le Positivisme. Celui-ci respecte absolument les résultats de l'évolution scientifique, mais il opère une systématisation entre les divers degrés de ces activités de plus en plus complètes. D'un côté il pose le monde, et de l'autre l'homme, qui est le seul but final que peuvent comporter nos méditations et notre activité. Le monde vivant est tantôt conçu comme faisant partie du monde, tantôt au contraire comme analogue à l'homme, dont on le considère comme une sorte de préambule.

Nous étudierons les lois universelles du monde, surtout dans l'activité inorganique. D'abord celle-ci s'applique, à cause de l'identité matérielle, à tous les êtres vivants. En outre, elle est absolument prépondérante, au point de vue objectif, sur l'activité vitale. Mais ensuite nous ferons voir l'extension de ces lois au monde moral, en tenant compte, bien entendu, des différences propres.

Nous voulons donc trouver les lois universelles du monde ; mais il s'agit d'expliquer maintenant sur quoi elles doivent porter. Or, il y a dans la science inorganique, quoi qu'en dise le matérialisme, un certain nombre de phénomènes distincts et irréductibles. Les lois universelles ne peuvent évidemment pas porter sur la spécificité de ces divers phénomènes ; mais cette spécificité, une fois constatée, on peut reconnaître qu'il y a un phénomène commun à tous, c'est l'intensité ; les lois universelles des phénomènes ne peuvent donc porter que sur leurs variations d'intensité.

Mais il est évident, dès lors, que l'établissement de ces lois universelles suppose que l'on peut mesurer l'intensité de ces phénomènes d'une manière plus ou moins précise. Sans cette mesure, il est clair que l'intensité ne serait conçue que d'une manière implicite et ne se séparerait pas de la spécificité propre au phénomène. Il faut donc étudier avec soin, quoique d'une manière générale, comment cette mesure de l'intensité des phénomènes a pu être établie.

Chacun de nos sens nous donne, sans aucun doute, le sentiment de l'intensité du phénomène correspondant ; mais d'une manière très imparfaite, qui ne constitue pas une vraie mesure. Celle-ci consiste, en effet, à établir une comparaison entre plusieurs phénomènes semblables, de manière à pouvoir exprimer, même par des nombres, leur grandeur relative. Or, si nous étudions nos divers sens, nous voyons qu'ils sont à cet égard bien imparfaits, quoique à des degrés différents. Les sens de l'électrition, de la calorition, du goût et de l'odorat, sont d'une imperfection proverbiale. Quant aux phénomènes magnétiques ou des courants, l'imperfection est tellement grande qu'il n'est pas bien sûr que nous ayons à cet égard un sens spécial ; néanmoins, de nouvelles observations et méditations me pousseraient à reconnaître son existence, contre mon opinion primitive, où, en le repoussant, je montrais la désharmonie entre les phénomènes extérieurs et la sensibilité qui nous les révèle. Les sens de la musculation, de l'audition et de la vue sont moins imparfaits sans doute que les précédents ; néanmoins, sans une culture spéciale, ils sont bien loin de nous fournir une mesure même approchée de l'intensité des phénomènes. Il semble donc, d'après cela, qu'il y ait impossibilité à établir une mesure satisfaisante de l'intensité des phénomènes; et, par suite, l'établissement des lois universelles du monde apparaît comme impossible. Il s'agit de voir comment l'homme est sorti de cette situation contradictoire.

Voici l'énoncé de la solution : on a substitué de plus en plus à l'observation de l'intensité des phénomènes quelconques celle des phénomènes visuels, que l'on a pu, par leur nature, assujettir à des procédés artificiels d'une précision croissante. Cette substitution repose sur ce que, d'après les liaisons qui existent entre tous les phénomènes quelconques, les modifications que ceux-ci éprouvent sont en rapport avec des changements de forme.

Les divers phénomènes qui s'accomplissent en dehors de nous sont habituellement successifs, il en résulte que le *temps* est une des variables des lois propres aux divers phénomènes. Mais la longueur du temps ne peut vraiment être appréciée non plus par notre impression directe ; aussi il a fallu ramener la mesure du temps lui-même à des observations visuelles et c'est ce que l'on est arrivé à faire, grâce à l'étude des phénomènes astronomiques.

Cette substitution des observations visuelles à celle de l'intensité de tous les phénomènes quelconques s'est faite d'abord d'une manière spontanée. On a commencé par perfectionner la mesure des longueurs. L'invention de la règle et du compas a été le point de départ de ce grand perfectionnement. Les premières connaissances géométriques y ont servi, en apprenant à partager une ligne droite en un nombre quelconque de parties égales. La mesure du temps a été elle même ramenée à la mesure des longueurs, soit en comptant le nombre de pas, soit au moyen des clepsydres. Enfin, l'invention de la balance a permis d'apporter dans la mesure du poids des corps une précision que ne donnait pas l'impression directe.

Mais cette évolution spontanée eût été tout à fait insuffisante sans une institution systématique ; celle-ci est due à Hipparque. L'on n'a pas assez remarqué la solidarité des inventions de ce puissant génie. L'invention de la trigonométrie était au fond solidaire du perfectionnement des observations. A quoi eût servi, en effet, le calcul rigoureux des observations si elles n'avaient pas été précises ; et réciproquement, pourquoi préciser les observations si on ne sait pas les lier par des lois rigoureusement mathématiques? L'invention de l'astrolabe est donc intimement solidaire de la création de la trigonométrie. On a eu dans l'astrolabe le cercle gradué, et la direction de la vision perfectionnée ; ce qui a permis d'obtenir la mesure des angles avec une précision inconnue avant Hipparque. Cette admirable impulsion a lancé l'astronomie dans la voie où elle s'est constamment développée. La théorie des parallaxes a posé les bases du problème de la *comparabilité* des observations, en apprenant à éliminer dans chaque observation les particularités propres à l'observateur, pour dégager la partie commune. La mesure d'un nombre considérable de périodes égales exprimée en jours a introduit ce principe capital, d'après lequel on diminue l'erreur de l'observation, en mesurant un multiple du phénomène observé.

Quant à la mesure du temps, comme je l'ai déjà dit, l'action de l'astronomie a permis de lui donner un étonnant perfectionnement. Sous cette impulsion du perfectionnement des observations visuelles, la physique a construit une série d'instruments analogues, pour la mesure des phénomènes qui lui sont propres au moyen d'observations visuelles. On a eu ainsi le baromètre, l'éprouvette de Mariotte, le thermomètre, l'hygromètre, le galvanomètre, etc. La chimie à son tour a marché dans la même voie ; et sous l'impulsion du grand Lavoisier, la balance est devenue l'instrument de mesure des phénomènes chimiques.

Grâce à ces perfectionnements, les phénomènes inorganiques de toute nature ont pu être mesurés dans leur intensité ;

dès lors il a été possible d'établir les lois fondamentales réellement universelles, qui consistent toujours dans des relations qui lient les variations en quantité de phénomènes différents ou semblables. Mais il fallait faire un pas de plus ; il fallait considérer ces diverses lois sous un aspect commun, abstrait et général. On y est arrivé par la construction de la notion de *force*. Cette notion est surgie d'un phénomène propre à l'homme ; puis on l'a étendue par une assimilation philosophique à tous les phénomènes quelconques. Cette notion est tellement couverte de nuages métaphysiques qu'il importe d'en donner une exposition très précise.

Il importe d'abord de rechercher quelle est la sensation élémentaire d'où résulte cette notion. Son origine est dans la sensation d'effort qui est inhérente au sens de la musculation et caractéristique d'un pareil sens. J'ai indiqué depuis longtemps cette origine (1). L'admission du sens de la musculation est une découverte importante de la physiologie moderne. M. de Blainville avait fait comprendre la nécessité d'admettre un pareil sens ; Auguste Comte avait définitivement consacré les vues de Blainville. Mais l'on peut dire que l'Ecole positiviste, et spécialement le docteur G. Audiffrent, ont donné à cette vue systématique de Comte une extension et des vérifications tellement multipliées au point de vue normal et pathologique, qu'elle est devenue une des conceptions les plus certaines et les plus fécondes de la physiologie moderne. Le docteur Paul Dubuisson s'en est ensuite très judicieusement occupé dans sa thèse inaugurale (2).

---

(1) Dans ma 17ᵉ circulaire aux positivistes (27 avril 1865), je disais :
Au sujet de ce sens (la musculation) je dois indiquer comment cette conception de la *musculation* apporte un perfectionnement important à la théorie positive de l'entendement humain en montrant que la notion *d'effort*, sur laquelle les métaphysiciens ont si singulièrement divagué, résulte d'une sensation *distincte* et *irréductible*, au même titre que les notions *de forme, de couleur, de son*. ».

(2) Voir les ouvrages suivants :
Du Cerveau et de l'innervation, d'après Auguste Comte, par le docteur

C'est là un événement philosophique considérable que d'avoir lié cette sensation de l'effort à un siège nerveux déterminé ; nous sortons ainsi du vague métaphysique où l'on était resté jusqu'ici.

La sensation de l'effort accompagne un nombre considérable d'actes différents ; elle se joint surtout à notre action modificatrice sur le monde. Toute activité pratique proprement dite résulte en effet toujours d'une contraction musculaire qui est accompagnée de la sensation de l'effort. Dès lors la notion de puissance ou de *force* consiste, pour nous, dans la combinaison intime de la sensation d'effort avec la modification extérieure qui en résulte sur les autres corps. Nous appellerons donc, d'après cela, *force* tout effort de l'homme qui produit ou tend à produire un mouvement dans un autre corps ou, d'une manière plus générale, une modification dans son état mécanique, statique ou dynamique.

Ainsi donc pour nous la force, c'est l'action par laquelle l'homme tire ou pousse un corps pour le maintenir ou le mouvoir. Il y a quatre choses à considérer dans la conception de la force : 1° le point d'application ; 2° la direction ; 3° l'intensité ; 4° le temps pendant lequel elle agit. L'intensité pourrait être mesurée par la sensation d'effort, si le sens de la musculation était chez l'homme plus parfait. Mais dans ce cas-là, comme dans tous les autres, on a suppléé par l'observation visuelle à l'imperfection du sens de la musculation. Concevant la force d'une manière abstraite, nous pouvons nous la représenter par une ligne droite, dont l'extrémité indique le point d'application, la direction de la ligne celle de la force, et la longueur l'intensité de celle-ci.

Audiffrent, l'un de ses exécuteurs testamentaires. Un volume in-8, Paris, 1869.

Des maladies du cerveau et l'innervation, d'après Auguste Comte, par le docteur G. Audiffrent, un volume in-8°. Paris, 1874.

Des quatre sens du toucher, par le docteur Paul Dubuisson. Paris.

Toutes les communications de mouvement qui s'accomplissent entre les divers corps et où l'homme n'intervient pas, nous nous les représentons par des forces analogues à celles que nous venons de construire, en y supposant même, au moins par expression, la notion d'effort, quoique celle-ci soit relative au fond à une certaine sensation. De cette manière tous les phénomènes de communication de mouvement sont représentés par des forces semblables au type que nous avons construit ; nous pouvons nous représenter ainsi tout ce qu'il y a de fondamental et de commun à tous ces divers phénomènes, abstraction faite de toutes les particularités spéciales, variables dans chaque cas.

Mais la science a fait un pas de plus dans cette voie ; elle a institué l'assimilation des mouvements spontanés aux mouvements communiqués et les a représentés par un ensemble de forces convenablement construites. Il s'agit d'expliquer cette grande opération qui a été, il faut le dire, jusqu'ici tout à fait méconnue (1). Il faut d'abord poser le principe que la matière est active, même au point de vue purement mécanique. Ainsi qu'on abandonne un corps à lui-même, il tendra vers la terre, et s'il est arrêté par un obstacle, il pressera sur cet obstacle. Que l'on considère un gaz, ses molécules tendront toujours à s'étendre, en restant néanmoins liées entre elles ; et, si on l'enferme dans un vase, il en pressera les parois. Il y a donc dans les corps une activité spontanée qui produit des mouvements et des pressions. Or, ces mouvements spontanés varient suivant des circonstances très nombreuses ; les géomètres, pour considérer ces mouvements sous un point de vue plus simple et commun à tous les cas, en ne considérant que le mouvement lui-même, abstraction faite des circonstances spéciales, ont assimilé ces mouvements spontanés

---

(1) Voir l'ouvrage suivant : *Leçons de mécanique élémentaire*, par MM. Henri Harant et Pierre Laffitte, un volume in-8°. Paris, 1858.

à des mouvements communiqués. Pour cela ils ont institué l'*inertie*. Elle consiste à supposer que le corps n'a aucune activité propre et que, lorsqu'il manifeste un mouvement, celui-ci est conçu comme produit par une action extérieure de traction ou d'impulsion analogue à celle qu'exerce l'homme. Cette conception est légitime ; car, imaginons un homme qui décrive uniformément quatre kilomètres à l'heure, le mouvement qu'il produit ainsi pourra être représenté en imaginant qu'il est inerte et qu'il est tiré par une force, de direction et d'intensité données, qui produirait en lui ce mouvement. Cette hypothèse est donc légitime, mais elle est en outre singulièrement utile, puisqu'elle permet de faire abstraction des conditions, si compliquées et si obscures, sous l'influence desquelles l'homme se meut, pour ne considérer que le mouvement en lui-même ; ce qui en mécanique est la chose essentielle. Par conséquent, l'ensemble de tous les mouvements spontanés pourra être représenté d'une manière abstraite, par un concours de forces construites d'après le type précédemment indiqué.

Ce n'est pas tout ; une longue élaboration a bientôt conduit la science à étudier, dans les divers phénomènes physiques, les lois de variation de leur intensité. Ces intensités, dans leur direction et leur point d'application, ont été à leur tour représentées par des forces. Cette construction a pu s'étendre, quoique bien imparfaitement encore, aux phénomènes chimiques. Il résulte de là que l'ensemble des phénomènes de la vie inorganique, considérés sous le point de vue général de la variation de leur intensité, peuvent être représentés par un ensemble de forces, construites pour cette destination, d'après une étude expérimentale préliminaire. C'est là une des plus belles constructions du génie scientifique, qui a ainsi lentement construit un système général de représentation du monde, considéré dans la variation d'intensité des phénomènes qu'il constitue.

Cette représentation des activités intérieures par des

forces extérieures équivalentes n'est au fond que la systématisation abstraite du procédé mental par lequel s'est fondé le polythéisme, et tout théologisme quelconque. Le Dieu unique n'est qu'une résultante générale. Le polythéisme se trouve donc ainsi incorporé, dans son procédé mental élémentaire, à la constitution définitive de la science humaine. Auguste Comte avait déjà montré la nécessité de l'incorporation du fétichisme au point de vue moral et esthétique. Il résulte de là que l'Humanité n'élimine rien de ses procédés primitifs théoriques ; elle les relative et les incorpore définitivement. Ainsi se montre admirablement la continuité humaine et la solidarité de tous les âges.

Si nous considérons ce monde, il est évident qu'il présente un ensemble où tout est lié par des relations constantes. Mais la constatation et la représentation complète de cet ensemble, et surtout la détermination du retentissement sur le tout de chaque modification spéciale sont certainement supérieures à toute la puissance du génie humain, quelque grande qu'on puisse la supposer. Du reste, cette détermination n'est pas nécessaire pour les besoins de l'individu et de l'espèce.

Il a fallu dès lors suppléer à l'impossibilité de déterminer les lois qui lient toutes les particularités de l'ensemble ; on y est arrivé de la manière suivante : on a constaté qu'il existe des parties séparables formant des *touts partiels*. Cela n'existe pas évidemment d'une manière absolue ; mais les liaisons sont tellement faibles qu'on peut les négliger. Ces touts partiels sont effectivement composés de parties liées entre elles et agissant les unes sur les autres d'une manière appréciable ; tandis que celles qu'on considère comme en étant séparées n'éprouvent que des modifications inappréciables. Ainsi quand un homme pousse un corps, le corps, l'homme, et la terre forment un tout ; mais on néglige la réaction de l'homme sur la terre comme infiniment faible, et l'on considère l'homme et le corps comme deux éléments séparables. Cette séparation relative des divers êtres est la base de toute science comme de tous les arts (1). En y appliquant la théorie des forces, on est conduit à décomposer celles-ci en *forces intérieures* et *forces extérieures*; les premières représentant l'action des éléments qu'on considère comme liés entre eux, tandis que les autres sont l'expression des actions qu'on peut concevoir comme en étant séparables. Cette distinction capitale est une des bases de la mécanique générale et s'étend du reste à tous les ordres quelconques de phénomènes. Notre théorie des forces ne serait pas complète si nous ne suivions pas, d'après la loi des trois états, la longue évolution qui a conduit l'esprit humain à sa constitution positive et normale. Cette théorie a d'abord surgi sous forme théologique ; l'esprit humain a créé des dieux, d'après la loi de Philosophie première qui conduit à faire l'hypothèse la plus simple. On a ainsi assimilé tous les phénomènes aux phénomènes humains, et l'on a conçu les dieux comme produisant les phénomènes d'après une certaine puissance créatrice.

La métaphysique a dégagé, d'une manière abstraite et explicite, l'idée de puissance, contenue implicitement dans la notion des dieux avec tout un ensemble de circonstances concrètes. On s'est élevé ainsi à la notion de cause et d'effet considérés comme liés entre eux par une puissance nécessaire de la première. L'on a ainsi formulé le principe abstrait et métaphysique que tout effet a une cause. Par un retour singulier, ce principe surgi de la construction des dieux a servi à en démontrer l'existence. On a pris ainsi un principe abstrait résulté de la lente évolution de l'esprit humain comme un fait primordial de notre entendement. De là les prétendues

---

(1) M. Poinsot a admirablement compris et parfaitement exprimé la nécessité de ce caractère de relativité propre à toute science.

« ... Ainsi les vérités qu'on veut rendre absolues, à force d'abstraire ou de généraliser, s'évanouissent en quelque sorte, ou deviennent comme des *axiomes* qui n'apprennent plus rien. Dans toutes nos lois les plus *générales*, il n'y a que celles qui conservent encore quelque chose de *relatif* qui puissent nous instruire et partant nous intéresser. »
Théorie et détermination de l'équation du système solaire, page 414.
Eléments de statique, par L. Poinsot, 8ᵉ édition, Paris, 1842.

démonstrations de l'existence de Dieu. Mais Dieu est bien malade quand il a besoin d'être démontré ; ce que Pascal avait, du reste, très bien compris.

Sous l'impulsion des grandes découvertes du XVIIe et du XVIIIe siècle, David Hume reprit le problème et fit voir qu'en définitive la conception de cause à effet, conçue comme nécessaire, était une simple création métaphysique ; et que ce qu'il y avait de positif en elle consistait dans la conception de relations constantes. Mais la situation créée par Hume était encore insuffisante. Il fallait remonter à la sensation fondamentale, qui donnait la notion d'effort et servait de base à la construction de *la force*. C'est ce que je viens d'accomplir définitivement.

Ainsi donc, en résumé, le monde nous apparaît en réalité, comme nous présentant une succession de phénomènes liés entre eux d'après des lois déterminées ; l'homme faisant partie lui-même d'une telle succession. Si nous n'avions que le sens de la vue, aucune autre idée n'aurait surgi dans l'entendement humain : et c'est à cela que se réduit au fond la grande théorie de Descartes.

Mais grâce au sens de la musculation nous avons pu, par la *sensation d'effort*, construire la notion *de force*, et nous nous sommes représenté la succession régulière des phénomènes comme produits par des *forces imaginées*, qui nous en donnent la représentation exacte. Dès lors, le monde nous apparaît comme un immense mécanisme ; et la seconde partie de la Philosophie première a pour but d'en déterminer les lois les plus fondamentales.

Il y a d'abord quatre lois essentielles rangées par ordre de complication croissante et que nous désignerons par les dénominations abrégées de : lois de *persistance*, de *coexistence*, d'*action* et de *réaction*, et de *conciliation*. La première, à laquelle sera consacrée une leçon, apprécie le résultat acquis du travail antérieur des forces ; la seconde étudie la coexistence de l'action des forces, qui s'ajoutent en agissant pour leur propre compte ; la troisième est relative au principe de l'action et de la réaction ; enfin, dans la loi de conciliation, nous montrerons comment les conditions de l'équilibre sont respectées dans les divers états successifs des forces agissantes. Quatre leçons seront consacrées à ces quatre lois.

Mais il est évident qu'il faut en outre, pour avoir une idée générale du mécanisme universel, étudier le principe général de la hiérarchie des phénomènes et des êtres. Cela constituera la théorie du classement, à laquelle nous consacrerons deux leçons. Enfin, comme transition de la Philosophie première à la Philosophie seconde, nous étudierons les diverses formes de la classification des diverses sciences abstraites.

Une dernière leçon sera consacrée enfin à la conclusion synthétique de la Philosophie première.

II

Loi de la persistance en cosmologie
(Mécanique, physique, chimie)

Nous allons examiner maintenant la loi de la persistance en cosmologie ; elle n'a été jusqu'ici vraiment bien étudiée qu'en mécanique. Je vais rappeler l'énoncé qu'en a donné Auguste Comte : « La première, aussi conforme au dogme de « l'immuabilité qu'à notre besoin de fixité, consiste en ce que « tout état, statique ou dynamique, tend à persister sponta-« nément, sans aucune altération, en résistant aux perturba-« tions extérieures (1). »

Auguste Comte donne cet énoncé sans autre explication, comme s'il s'appliquait à la fois à la morale autant qu'à la cosmologie ; mais, au fond, il ne l'applique qu'à celle-ci, et même dans ce cas, ses vues nécessitent des explications appro-

(1) *Système de politique positive*, tome IV, page 178. Paris, 1854.

fondies, sans lesquelles le sens de cette loi resterait confus et les applications très difficiles.

Si nous considérons l'ensemble du monde, nous y trouvons une succession constante et indéfinie de phénomènes, où rien ne semble nous montrer cette persistance qu'indique la première loi. Pour la comprendre, il nous faut, en effet, considérer, non pas le système total du monde, mais bien des systèmes partiels.

Un système, comme nous le savons, est composé d'éléments liés entre eux qui agissent et réagissent constamment les uns sur les autres. Or, ou bien ce système se disloque, disparaît et se confond dans d'autres systèmes, ou bien il finit par arriver à un état d'équilibre; c'est le cas le plus fréquent dans la pratique. Il faut considérer le système partiel dans un tel état et voir les caractères qu'il manifeste et qui vont préciser la conception de la loi de la persistance : 1° on constate que le système tend à persister indéfiniment et qu'il ne change, en réalité, que par l'action d'une force extérieure; il oppose à tout changement une force *de résistance,* qu'on appelle quelquefois, surtout depuis Newton, *force d'inertie*; 3° il constitue aussi une force *d'impulsion,* en agissant sur les corps extérieurs qui lui font obstacle. C'est d'abord en considérant le système par rapport à l'homme qu'on a pu le concevoir, en vertu de la loi de persistance, tantôt comme une force de résistance, tantôt comme une force d'impulsion.

Mais nous pouvons considérer cette loi sous un autre point de vue qui nous permet d'apprécier la genèse, s'il est permis de parler ainsi, de la force d'inertie ou d'impulsion, résultant de la loi de persistance. Cette force, en effet, est le résultat de tout le travail acquis et antérieur de tout le système; c'est le résultat de son passé, qui, tendant à persister, devient une force, ou d'inertie ou d'impulsion.

Si nous considérons maintenant l'intérieur du système composé d'éléments liés qui agissent les uns sur les autres, ou en d'autres termes, les actions élémentaires, la loi persiste avec un caractère plus précis encore. Chaque élément, en effet, tend à persister dans son état d'équilibre et d'action et nous présente à son tour, comme le système lui-même, le double phénomène de la force d'inertie ou d'impulsion.

Il semble d'abord que cette loi est contradictoire au principe de l'activité spontanée de la matière et qu'elle ne permet d'admettre au fond que des forces extérieures ; mais cela n'est qu'apparent. La force d'impulsion ou d'inertie que présente le système ne peut être modifiée, en effet, que par une action extérieure ; mais cette double force est le résultat du travail spontané antérieur de tout le système. Ainsi, quand un corps pesant tombe vers la terre, à un moment donné il présente : ou une force de résistance, si on veut l'arrêter, ou une force d'impulsion, s'il rencontre un autre corps ; et cela en vertu de la loi de persistance du résultat acquis, mais la double force qu'il présente ainsi est le résultat de tout le travail de son activité spontanée.

La loi de la persistance se trouve ainsi suffisamment expliquée, d'une manière générale, pour le cas cosmologique ; mais cela serait insuffisant, si nous ne l'expliquions pas avec plus de précision en mécanique, puis ensuite en physique et en chimie. Dans la troisième section de cette leçon, nous l'étudierons en morale, où Auguste Comte nous a laissé tout à faire ; puisqu'il s'est contenté de signaler l'existence de cette loi.

Il était impossible qu'une telle loi, qui domine ainsi tous les phénomènes quelconques, n'eût pas été sentie implicitement ; c'est ce qui a lieu effectivement, et nous allons étudier son évolution jusqu'à sa constitution dogmatique définitive. Nous montrerons dans ce cas, comme nous l'avons fait dans tant d'autres, la continuité des états successifs de la raison humaine.

Pour bien s'en rendre compte il faut comprendre le rôle capital de la *raison pratique*, dont la conception s'est réduite jusqu'ici presque à un seul énoncé. La raison pratique a un caractère essentiellement positif mais implicite ; elle consiste, comme je l'ai montré dans l'*introduction* de la première partie de cet ouvrage, à lier un certain nombre de vues à une modification plus ou moins immédiate des choses. Or, il est de toute évidence, comme je vais l'expliquer, que la raison pratique a toujours admis, d'une manière implicite mais incohérente et sans la formuler, la loi de la persistance. En effet, la raison pratique préside à la modification des choses ; dès lors, elle a pour but de vaincre des résistances ou d'utiliser des impulsions, lesquelles résultent de la loi de la persistance ; elle admet donc implicitement cette loi. Il est évident que, dès le début de l'Humanité, l'homme qui veut remuer une pierre sait très bien qu'il doit employer un certain effort pour vaincre sa persistance spontanée au repos. Il en est de même quand l'homme veut arrêter un corps en mouvement ; il sait fort bien que ce mouvement continuera et qu'il ne s'arrêtera qu'en face d'une résistance spontanée ou systématique. La raison pratique a donc eu, et constamment, la conception implicite, confuse mais énergique, de la loi de la persistance, sans qu'elle ait pu, faute d'une analyse explicite, arriver à une formulation abstraite.

Voyons maintenant le rôle modificateur que la raison théorique, sous sa première forme féticho-théologique, a apporté à ce rôle implicite, mais profondément réel, de la raison pratique. Celle-ci, au début, ne possède qu'une puissance modificatrice infiniment faible, en face de forces écrasantes. Cette situation serait désespérante et arrêterait toute activité si la raison théorique, à son début, sous forme féticho-théologique, ne donnait à l'homme le sentiment d'une puissance modificatrice, presque indéfinie quoique illusoire, qui soutient le courage en développant l'espoir.

Le fétichisme suppose des volontés et des sentiments dans les corps qui nous entourent. Leur modification effective pousse la raison pratique à les admettre ces volontés comme virtuelles et cédant sous notre action effective ; mais quand l'activité des corps devient trop intense et surpasse notre puissance modificatrice, nous concevons de nouveau ces volontés et nous les faisons reparaitre, pour opérer alors la modification par la prière. Le fétichisme introduit ainsi une puissance de modificabilité arbitraire, due à l'activité intérieure du corps. Le polythéisme, au contraire, introduit aussi une force arbitraire de modificabilité, mais extérieure.

On voit, d'après cela, que la raison théorique introduit dans la raison pratique la conception de forces arbitraires de modificabilité. La conception de ces forces arbitraires diminue de plus en plus à mesure que la raison pratique étend le cercle des observations réelles. L'on peut rapprocher cette conception de forces arbitraires, qu'introduit la raison théorique féticho-théologique, des *fonctions arbitraires* que fait surgir le calcul intégral aux différences partielles; il y a là un rapprochement que nous développerons plus tard.

Voyons maintenant le rôle de l'état métaphysique dans l'avènement de la loi de la persistance.

A l'état métaphysique, dans ce cas comme dans les autres, on prend pour point de départ une constatation scientifique, spéciale, que l'on cherche ensuite à généraliser; mais, au lieu de n'affirmer cette généralisation, qui anticipe sur les observations, que sauf vérification ultérieure, la métaphysique se place à un point de vue absolu : elle présente cette anticipation comme une loi nécessaire, en donnant une réalité objective à de simples convenances intellectuelles. Il s'en suit que les avantages de cette généralisation anticipée sont compensés par le vague et la confusion qui résultent du manque de vérifications scientifiques, remplacées par de simples vues *a priori*. Nous allons montrer cela en exposant les conceptions de Descartes et de Leibnitz sur la loi de la persistance; nous exposerons ensuite l'évolution purement scientifique de cette loi, depuis Kepler et Galilée jusqu'à Auguste Comte; et finalement jusqu'aux méditations par lesquelles je lui ai donné sa constitution définitive.

Descartes chercha à donner une conception générale de la

loi de la persistance dans ses *Principes de philosophie*, qui parurent pour la première fois en latin à Amsterdam, en 1644. Les vues de Descartes parurent par conséquent longtemps après que Kepler, en 1609, et Galilée, en 1638, avaient établi en mécanique, d'une manière pleinement scientifique, la loi de la persistance.

Descartes, au lieu d'accepter simplement cette loi comme un fait mécanique, en tente une généralisation, mais en s'appuyant sur des considérations théologico-métaphysiques. Citons ses propres paroles :

« La première loi de la nature est que chaque chose demeure en l'état qu'elle est pendant que rien ne le change » (1).

Descartes cite plusieurs faits à l'appui de cette loi générale de la nature; mais on lui fait l'objection que tout corps en mouvement, au lieu de persister, s'arrête naturellement. Il répond : « Et toutefois ce n'est qu'un faux préjugé, qui répugne naturellement aux lois de la nature; car le repos est contraire au mouvement, et rien ne le porte par l'instinct de sa nature à son contraire ou à la distinction de soi-même. »

Nous sommes ici, comme l'on voit, en pleine métaphysique; Descartes remplace la théorie des résistances et des communications de mouvement par des raisons tirées de prétendus sentiments attribués à la nature.

« La seconde loi de la nature, dit Descartes, est que tout corps qui se meut tend à continuer son mouvement en ligne droite (2). Cette règle, comme la précédente, continue Descartes, dépend de ce que Dieu est immuable et qu'il conserve le mouvement de la matière par une opération très simple. »

Nous sommes ici en pleine théologie, et l'on y voit clairement l'emploi de principes d'après lesquels on justifie tout, sans rien découvrir; néanmoins il est intéressant et utile

---

(1) *Principes de philosophie*, édition Cousin, tome 3, page 139. C'est cette édition seule que nous citerons.

(2) *Principes de philosophie*, page 154.

de vérifier dans un grand génie les lois de la marche de l'entendement humain.

Leibnitz systématise et précise davantage, en s'élevant à une loi mentale d'après laquelle on prétend déterminer *a priori* les lois réelles. Cette loi de Leibnitz est le principe de la *raison suffisante* qui règle, d'après lui, les relations contingentes, comme le *principe de contradiction* les relations nécessaires. Au fond le principe de la *raison suffisante* n'est rien autre chose qu'une forme métaphysique, c'est-à-dire *a priori* et absolue, du principe des lois naturelles. L'application qu'en fait Leibnitz à la loi de la persistance en montre bien le caractère métaphysique. Au lieu de constater qu'un corps en repos tend à y persister indéfiniment, Leibnitz prétend établir qu'il y restera nécessairement parce qu'il n'y a pas de raison suffisante pour qu'il en sorte. C'est imposer ainsi *a priori* les bornes mêmes de notre esprit à la détermination de la succession des phénomènes.

C'est en mécanique que la loi de la persistance a été enfin établie et appliquée, de manière à être une des bases de la mécanique générale; nous la désignerons, comme Auguste Comte, sous le nom de loi de Kepler, et nous reviendrons tout à l'heure sur un point historique que cette dénomination fait surgir. Nous allons indiquer les diverses formes sous lesquelles cette loi a été présentée et les compléments qui lui ont été apportés.

Loi du repos. — Tout corps au repos y reste indéfiniment, et ne peut en être tiré que par l'action d'une force extérieure. Cette loi ne se vérifie directement que pour les corps à l'état solide; les corps gazeux nous présentent au contraire une tendance constante à s'étendre et les liquides à s'évaporer. Mais quand, par suite de cette activité spontanée, le liquide et le gaz sont arrivés à un état d'équilibre avec les forces extérieures, ils tendent aussi à y persévérer indéfiniment. La loi n'aurait pu être découverte si l'on n'avait pas considéré d'abord exclusivement le cas des corps solides, en faisant abstraction des liquides et des gaz et aussi des corps animés ; sauf à retrouver plus tard cette même loi, dans les phénomènes plus complexes que nous présentent les cas éliminés.

Deuxième forme de la loi. — Tout corps qui reçoit une impulsion unique et instantanée tend à se mouvoir, ou se meut, en ligne droite, uniformément et indéfiniment.

Pour établir cette loi il a fallu faire abstraction, comme dans le cas précédent, des corps liquides et gazeux, des corps animés, et aussi des résistances que le milieu oppose à tout mouvement et qui tendent finalement à détruire celui-ci. C'est donc par une induction très hardie et par l'élimination difficile des circonstances réelles des phénomènes qu'on est arrivé à dégager abstraitement une pareille loi. C'est cette élimination des circonstances effectives de tout mouvement communiqué, qui rend souvent cette loi difficile à comprendre aux esprits purement pratiques et qui en fait un vrai modèle logique de loi abstraite (1).

Troisième forme de la loi. — Quand un corps décrit une courbe d'un mouvement quelconque, le corps tend à chaque instant à s'éloigner suivant la tangente au point où il se trouve, uniformément et indéfiniment, avec la vitesse acquise en ce point. Tous les phénomènes de la force centrifuge ont vérifié cette loi. On y a été conduit par une déduction de la loi précédente. En effet, quand une molécule arrive à un point d'une courbe, on peut considérer ce mouvement, à ce point, comme s'opérant suivant la tangente et uniformément ; on l'assimile, dès lors, au cas d'une molécule qui aurait reçu une impulsion unique. Mais cette assimilation n'est au fond qu'un raisonnement vague, permettant seulement de soupçonner la

---

(1) *Leçons de mécanique élémentaire*, par MM. Henri Harant et Pierre Laffitte, pages 108, 111. Paris, 1858.

loi, par une hypothèse qui mérite une vérification ultérieure ; c'est ce qu'on a fait effectivement, comme je l'ai déjà dit, par l'examen des phénomènes qui se rapportent à la force centrifuge.

Enfin, on peut réunir ces deux formes de la loi par un autre énoncé, à savoir : que tout mouvement d'une molécule est naturellement uniforme, rectiligne et indéfini.

La loi, telle que nous venons de la considérer, se rapporte essentiellement au cas d'une molécule. Mais si on considère un corps solide comme composé de plusieurs molécules liées entre elles et animées de vitesses parallèles et égales, ou devant recevoir une impulsion qui les mette dans cet état, on fait surgir alors la conception de la force d'inertie. C'est à Newton qu'est dû ce pas capital, qui a été une conséquence de l'introduction qu'il a faite dans la science abstraite de la notion de *masse*. Voici, en effet, les termes mêmes de Newton : « La force naturelle de la matière est la puissance de
« résister par laquelle un corps quelconque, quel qu'il soit
« en lui-même, persévère dans son état soit de repos, soit de
« mouvement uniformément en ligne droite. Elle est toujours
« proportionnelle au corps dans lequel elle existe et ne
« diffère de l'inertie de la masse, que par la manière de la
« concevoir. L'inertie de la matière consiste dans la difficulté
« de changer l'état d'un corps en repos ou en mouvement.
« D'où aussi, la force naturelle peut être appelée d'un nom
« très significatif, force d'inertie. Mais le corps exerce cette
« force seulement dans son changement d'état sous l'im-
« pression d'une autre force ; son action peut être consi-
« dérée sous un double aspect, comme résistance ou comme
« impulsion : résistance, toutes les fois que le corps s'oppose,
« pour conserver son état, à la force d'impulsion qui agit sur
« lui ; impulsion, toutes les fois que le corps lui-même, cé-
« dant avec effort à la force de résistance de l'obstacle, s'ef-
« force de changer l'état de celui-ci. Vulgairement on attri-
« bue la résistance aux corps en repos et l'impulsion aux

« corps en mouvement : mais mouvement et repos, comme
« on les conçoit ordinairement, ne diffèrent l'un de l'autre que
« par le point de vue où l'on se place ; car jamais réellement
« ne sont en repos ceux que l'on considère ainsi. »

Je mets du reste en note les termes mêmes dont s'est servi Newton dans son immortel ouvrage des *Principes mathématiques de la Philosophie naturelle* (1).

Sans le complément apporté par Newton, la loi de Kepler eût été insuffisante ; car elle montrait bien la tendance au mouvement rectiligne et uniforme, mais elle ne dégageait pas les phénomènes d'impulsion et de résistance qui en sont le complément.

A propos de cette loi, un problème historique se présente : à qui en est due réellement la découverte ? Auguste Comte l'attribue à Kepler et ceux qui, comme moi, ont profondément connu Auguste Comte et étudié ses œuvres, savent qu'il pouvait sans doute se tromper dans une attribution historique, mais qu'il ne la faisait pas légèrement. Mais voici, d'un autre côté, ce que dit Lagrange : « La théorie des mou-
« vements variés et des forces accélératrices qui les pro-
« duisent est fondée sur ces lois générales, que tout mouve-
« ment imprimé à un corps est par sa nature rectiligne et

---

(1) Def. III. — *Materiæ vis insita est potentia resistendi, qua corpus unumquodq., quantum in se est, perseverat in statu suo vel quiescendi vel movendi uniformiter in directum.*

Hæc semper proportionalis est suo corpori, neq. differt quicquam ab inertia massæ, nisi in modo concipiendi. Per inertiam materiæ fit ut corpus omne de statu suo vel quiescendi vel movendi difficulter deturbetur. Unde etiam vis insita nomine significantissimo vis inertiæ dici possit. Exercet vero corpus hanc vim solummodo in mutatione status sui per vim aliam in se impressam facta, estq. exercitium ejus sub diverso respectu et Resistentiæ et Impetus : Resistentia quatenus corpus ad conservandum statum suum reluctatur vi impressæ ; Impetus quatenus corpus idem, vi resistentis obstaculi difficulter cedendo, conatur statum ejus mutare. Vulgus Resistentiam quiescentibus et Impetum moventibus tribuit ; sed motus et quies, uti vulgo concipiuntur, respectu solo distinguuntur ab invicem, neq. semper vere quiescunt quæ vulgo tanquam quiescentia spectantur.

Philosophiæ naturalis principia mathematica. Londini, MDCLXXXVII, page 2.

« uniforme, et que différents mouvements, imprimés à la
« fois ou successivement au même corps, se composent de
« manière que le corps se trouve à chaque instant dans le
« même point de l'espace où il devrait se trouver en effet par
« la combinaison de ces mouvements, s'ils existaient chacun
« réellement et séparément dans le corps. C'est dans ces deux
« lois que consistent les principes connus de la force d'inertie
« et du mouvement composé. Galilée a, le premier, aperçu
« ces deux principes et en a déduit les lois du mouvement
« des projectiles, en composant le mouvement oblique, effet
« de l'impulsion communiquée au corps, avec sa chute per-
« pendiculaire due à l'action de la gravité » (1).

Voici du reste comment s'explique Galilée lui-même : « Je
« conçois un mobile lancé sur un plan horizontal, n'éprou-
« vant aucune résistance; il résulte de ce que nous avions ci-
« dessus expliqué que son mouvement sera uniforme et se
« continuera indéfiniment si le plan est indéfini (2). »

Nous sommes donc ainsi en face, d'un côté, de l'affirmation
d'Auguste Comte et de l'autre de celle de Lagrange, dont la
compétence mathématique et historique est si considérable.

Il est certain pour moi maintenant que la loi du mouvement naturel comme rectiligne et uniforme est due à Kepler
et je vais en donner immédiatement les preuves. Elles sont
tirées de l'ouvrage de Kepler sur la planète Mars publié en
1609, où ont été exposées la loi du mouvement elliptique
autour du soleil en même temps que celle des aires. Voici
l'énoncé de l'ouvrage, qui est intéressant par lui-même, outre
l'indication bibliographique: Astronomia nova, Αστρολογητος,
seu physico cœlestis tradita commentariis de motibus stellæ
Martis, ex observationibus Rudolphi II Romanorum impera-
toris : plurium annorum pertinaci studio elaborata Prago,

---

(1) *Mécanique analytique*, par M. de Lagrange. Paris, MDCCLXXXIII.

(2) Discorsi e demostrazione matematiche intorno a due nuove scienze attenente alla mecanica ed i moventi locali del signor Galileo Galilei Linceo. Leyda. MDCXXXVIII (1638).

a Joanne Keplero, anno æræ Dyonisianæ cicicccix. Kepler
établit d'abord la loi du repos dans son introduction. Voici
les termes de Kepler sur la loi du repos : « Omnis substantia
corporea, quatenus corporea apta nata est quiescere omni loco,
in quo solitaria ponitur, extra orbem virtutis cognati corporis. »
Delambre traduit ainsi (1) : « Toute substance corporelle, en
tant que corporelle, est propre à rester en repos en tout lieu
où elle serait solitaire, et hors de la sphère de vertu de tout
autre corps. » Voici donc la première partie de la loi de persistance énoncée de la manière la plus précise et la plus exacte :
Kepler ensuite, page 8 du même ouvrage, proclame que tout
mouvement est naturellement rectiligne, et il le prouve par
des exemples tirés de la considération des mouvements musculaires. Il est évident que l'esprit de Kepler avait été conduit à cette loi mécanique par ses études mêmes d'astronomie.
Aristote avait déclaré, en effet, que tout mouvement est
naturellement circulaire. Kepler, pour arriver à substituer
l'orbite elliptique à l'orbite circulaire des anciens astronomes
a dû reprendre la question du mouvement naturel de tout
mobile et c'est ainsi que, par ses méditations s'appliquant à
des observations vulgaires, il a proclamé que tout mouvement est naturellement rectiligne. Mais dès lors se posait
une question : comment expliquer les mouvements curvilignes des planètes autour du soleil ? L'esprit de Kepler s'est
approché de la solution du problème en entrevoyant la
composition des mouvements, mais il n'a pu cependant arriver à cette conception capitale qui est un des grands titres
de Galilée. Kepler admet ce qu'il appelle une action *tractoire*
du soleil sur la terre, analogue à celle que la terre exerce
sur les corps qui sont à sa surface et de même nature. Il va
même plus loin : « Il faut, dit-il, que les planètes aient des
forces motrices particulières, qui, se combinant avec la force
solaire, produisent ces déviations, comme elles produisent

(1) *Histoire de l'astronomie moderne*, par M. Delambre, tome 1er,
page 391. Paris, 1821.

les mouvements en latitude ». Il était ici, dit Delambre, tout près de la vérité et il ne l'a pas saisie (1).

« Il est bien singulier, dit Delambre un peu plus loin, (p. 460) que Kepler, qui a déclaré que le mouvement en ligne droite était le seul possible et le seul naturel, n'ait jamais songé à combiner ce mouvement en ligne droite avec la force *tractoire* qu'il donne au soleil ; au lieu de cette impulsion primitive au moyen de laquelle la planète avancerait uniformément en ligne droite, il a cherché une âme, une force résidant dans la planète elle-même. Les choses les plus faciles sont souvent celles auxquelles on songe le moins. Un homme moins religieux que Kepler, et qui n'aurait pas voulu admettre de créateur, aurait eu quelque peine à imaginer la cause du mouvement de projection ; mais comment Kepler n'a-t-il pas fait intervenir le créateur pour lancer les planètes dans l'espace au moment de la création ? »

L'étonnement de Delambre semble naturel, néanmoins il est irrationnel. Delambre, malgré ses immenses connaissances dans l'histoire des sciences, ne s'est pas rendu suffisamment compte des difficultés qu'ont eues les plus grands génies pour trouver, au milieu des phénomènes si complexes qui nous entourent, les lois simples dont les combinaisons expliquent les cas les plus compliqués. Ainsi, dans le sujet qui nous occupe, pour pouvoir opérer la combinaison de deux mouvements rectilignes afin de produire un mouvement curviligne, il fallait connaître la loi de Galilée qui n'a été publiée qu'en 1638. Ainsi donc, une génération tout entière s'est écoulée depuis le moment où Kepler a trouvé sa loi jusqu'à celui où Galilée a donné la théorie des mouvements composés. L'histoire, comme une sorte de microscope, sépare et éloigne les unes des autres les diverses vérités qui sont si rapprochées et semblent l'être si naturellement dans nos expositions scientifiques.

---

1) *Histoire de l'astromie moderne*, tome 1er. page 440.

Auguste Comte a donc eu raison d'appeler la loi de Kepler la loi de la persistance. Mais je dois rectifier une erreur historique qu'il a commise en attribuant à Kepler l'idée de la combinaison des mouvements. « Cet éminent penseur (Kepler) a eu le mérite de sentir, le premier, que les grandes lois qu'il avait découvertes, par cela même qu'elles résumaient l'ensemble de la géométrie céleste, devenaient le point de départ nécessaire de la mécanique céleste. Son vigoureux génie osa entreprendre directement cette nouvelle élaboration générale, mais la science mathématique était alors trop peu avancée, à tous égards, pour lui permettre de poursuivre convenablement une recherche aussi difficile. Néanmoins, l'ébauche initiale lui en est réellement due, puisqu'il établit suffisamment l'interprétation dynamique de la première de ses trois lois astronomiques (loi des aires) (1) ». Auguste Comte explique, en effet, ensuite comment les aires égales décrites par une planète autour du soleil supposent rectiligne, uniforme et indéfini le mouvement primitif de la planète, composé, d'après le parallélogramme des vitesses, avec la tendance de cette planète vers le soleil. L'erreur d'Auguste Comte est évidente, d'après ce que j'ai dit précédemment sur les vrais travaux de Kepler. Du reste Kepler mourut en 1630, et la loi de Galilée qui sert de base à la composition des mouvements rectilignes ne parut, comme je l'ai déjà dit précédemment, qu'en 1638. Par conséquent tout emploi du parallélogramme des vitesses était interdit à Kepler. La composition qu'indique Auguste Comte n'appartient pas à Galilée lui-même, mais bien à Newton qui l'a établie en 1687 dans les *Principia mathematica*. J'insiste sur ces détails parce que, outre la nécessité de l'exactitude historique, il est bon de montrer avec quelle difficulté les plus grands génies ont opéré des combinaisons d'idées qui nous paraissent si simples.

(1) *Traité philosophique d'astronomie populaire*, par Auguste Comte, pages 397, 398. Paris, 1844.

Mais il faut continuer l'histoire de cette loi fameuse, dont l'évolution a été trop peu étudiée. Quelle était la base sur laquelle les géomètres du XVIIe siècle, Galilée, Newton, etc., faisaient reposer cette loi ? La considéraient-ils comme rationnelle, c'est-à-dire déduite d'autres principes, ou bien comme expérimentale. En fait, ils n'ont cherché à en donner aucune démonstration déductive et par conséquent ils la considéraient en réalité comme un fait d'observation. Néanmoins, il faut reconnaître qu'à cet égard ils présentaient un état plus implicite qu'explicite. Il y avait à ce sujet quelque chose d'analogue à ce que nous présentent les ouvrages d'Euclide et d'Archimède, dans lesquels on admet certaines données sans se prononcer explicitement sur la base expérimentale ou rationnelle de ces données.

Le problème de la nature d'une telle loi fut posé explicitement surtout par d'Alembert (1). Malheureusement la tentative de d'Alembert constitue un véritable recul métaphysique. Il considère la loi de la persistance en mécanique, comme étant rationnelle et reposant sur le principe de la raison suffisante. Voilà, en effet, comment raisonne d'Alembert : « Première loi. Un corps en repos y persistera, à moins « qu'une cause étrangère ne l'en tire. Car un corps ne peut « se déterminer de lui-même au mouvement, puisqu'il n'y a « pas de raison qu'il se meuve d'un côté plutôt que d'un au- « tre. » D'Alembert applique ensuite le même mode de démonstration à ce qu'il appelle la deuxième loi, à savoir : que lorsqu'un corps est mis en mouvement par une cause motrice, il se meut en ligne droite, uniformément et indéfiniment. On saisit immédiatement ce qu'a d'illusoire un tel mode de démonstration, où l'on affirme qu'une chose doit être d'une certaine manière, par cela seul qu'*on ne voit* pas de raison pour qu'elle soit d'une autre.

---

(1) *Traité de dynamique*, par d'Alembert. 1re édition 1743. 2e édition. 1758.

Cette situation métaphysique dura jusqu'à Auguste Comte, qui aborda enfin dogmatiquement la question (1). Il établit que la mécanique est une science dont les bases sont purement d'observation, et il montra quelles sont effectivement les lois expérimentales sur lesquelles est construite la mécanique générale. Il réfuta spécialement les prétendues démonstrations *a priori* de la loi de Kepler. Dès 1819, Auguste Comte, dans un manuscrit que j'ai publié dans la *Revue occidentale*, avait énoncé que : *La géométrie est une science naturelle*. C'est donc à lui qu'est due la conception que les bases de la géométrie et de la mécanique sont purement d'observation. Le caractère de l'œuvre d'Auguste Comte ne lui a pas permis de déterminer pour la géométrie, comme il l'a fait pour la mécanique, quelles sont ces lois d'observation. Il y avait là un point d'histoire de la science, qu'il était d'autant plus nécessaire d'éclaircir qu'actuellement les géomètres admettent universellement le caractère expérimental des bases de la mécanique, sans se faire une idée suffisamment précise de l'évolution de l'esprit humain pour arriver à un tel résultat.

La loi de la persistance a été étendue du cas d'une molécule ou d'un corps solide à celui d'un système, par la découverte du principe de la conservation du centre de gravité. Cette extension a été purement déductive. La découverte en est due à Newton ; et Auguste Comte en a montré l'importance dans la théorie de la locomotion des animaux.

Ce principe consiste en ce que, si l'on a plusieurs points qui agissent et réagissent les uns sur les autres d'une manière quelconque, sans éprouver aucun obstacle, ni être soumis à l'action de forces extérieures, le centre de gravité de ce système reste immobile, ou se meut en ligne droite, uniformément et indéfiniment. D'après cette loi le système se réduit,

---

(1) *Cours de philosophie positive*, tome 1er, Paris, 1830, 15e leçon, à partir de la page 539. Auguste Comte examine spécialement la loi de Kepler, de la page 557 à la page 562.

quant à la loi de la persistance, à son centre de gravité. Nous reprendrons plus tard l'appréciation de cette loi dans la quinzième leçon de philosophie première.

La découverte de ce principe est due, comme nous venons de le dire, à Newton, qui l'a démontré d'une manière très simple (1). Il l'énonce ainsi : Commune gravitatis centrum ab actionibus corporum inter se non mutuat statum suum vel motus vel quietis, et propterea corporum omnium in se mutuo agentium (exclusis actionibus et impedimentis externis) commune centrum gravitatis vel quiescit vel movetur uniformiter in directum.

Depuis la systématisation de Lagrange le principe est déduit des équations générales du mouvement. Mais la démonstration simple de Newton, outre qu'elle est celle de l'invention, permet de donner la connaissance de ce principe à ceux mêmes qui n'ont en mathématique que des connaissances élémentaires.

Auguste Comte a montré, comme je l'ai dit, toute l'importance de ce principe qui est la base véritable de la théorie de la locomotion des êtres vivants. Tout animal est un véritable *système*. D'après cela, il ne peut à ce titre déplacer son centre de gravité. Toute locomotion effective lui deviendrait impossible s'il était isolé dans l'espace ; mais étant attaché à la terre, celle-ci oppose des résistances, qui sont de véritables forces extérieures, et permettent alors le déplacement du centre de gravité, ou la locomotion de l'animal.

Ainsi donc la terre est la condition de la locomotion de l'homme, et aussi de son action pour le déplacement des autres corps. Sans doute la raison pratique avait constaté le fait ; mais il a fallu la raison théorique la plus profonde pour en donner la conception explicite. Dans ce cas, comme dans tant d'autres, on voit comment la science la plus exacte a

---

(1) *Philosophiæ naturalis principia mathematica*, auctore Newton. Londini, anno MDCLXXXVII, page 17.

pour destination l'explication des phénomènes les plus vulgaires. Il y a là un bel exemple de l'harmonie entre les raisons pratique et théorique.

La loi de la persistance se vérifie aussi en physique, soit qu'on y considère une molécule ou bien un système proprement dit. Cela est évident d'abord au point de vue de la pesanteur, puisque cela rentre dans le cas mécanique. Si on considère le cas de la chaleur et qu'on étudie une molécule ou un système arrivé à un équilibre thermométrique, cet équilibre persistera indéfiniment, à moins que de nouvelles circonstances extérieures, qu'on peut appeler des forces, ne viennent changer la situation. Il en est de même pour l'équilibre électrique ; seulement il faut remarquer que c'est par des lois spéciales propres à chaque ordre de phénomènes que la molécule, ou le système, arrive à un état d'équilibre, qui est troublé par des forces extérieures, d'après des lois spécifiques. Le même principe s'étend à l'équilibre d'un système qui, au lieu d'être animé de forces d'une seule espèce, serait soumis à des forces d'espèces différentes. C'est ce qui aurait lieu, par exemple, dans le cas où l'on considérerait un système soumis à la fois aux lois de la gravitation, à celles de la chaleur, de l'électricité, du magnétisme, etc. C'est ce qui a lieu dans le cas du système du monde, quand on le considère dans son ensemble concret, au lieu d'étudier isolément, comme le veut la science abstraite, les équilibres mécanique, thermométrique, électrique, etc. Mais ces considérations ne pourront prendre toute la précision nécessaire que quand nous étudierons la loi de l'action et de la réaction, dans la quinzième loi de philosophie première.

Etendons enfin la loi de la persistance au cas des phénomènes chimiques. L'équilibre chimique est plus compliqué que l'équilibre physique et mécanique parce que, outre qu'il dépend des circonstances de cette nature, il y a des phénomènes spécifiques qui résultent de la nature des substances mises en présence. Il suit de là que l'équilibre chimique résulte de forces mécaniques, physiques et finalement chimiques. Cet équilibre chimique se présente à nous sous trois formes successives : 1° mélange ; 2° dissolution ; 3° combinaison. Or, sous ces trois formes, la loi de la persistance se vérifie complètement ; et l'on peut dire que l'ensemble de la vie pratique en suppose l'admission implicite. Mais il est nécessaire de la concevoir explicitement ; et l'on peut dire que l'on n'en a pas jusqu'ici tenu suffisamment compte.

II

Loi de la Persistance en Morale
(biologie, sociologie, morale).

Nous allons maintenant étudier la loi de la persistance dans le second groupe de phénomènes naturels, qui se rapportent à la Morale. Celle-ci se compose de la sociologie comme élément fondamental, préparée par la biologie, et complétée par la morale, qui est la théorie de l'homme individuel, conçu comme ayant subi l'action prolongée de l'évolution sociale. Ce sont ces trois ordres de phénomènes, considérés sous un point de vue commun, qui constituent la Morale.

Auguste Comte a annoncé la généralité de la loi de la persistance, dès 1842, dans son *Cours de philosophie positive* (1). Je vais citer textuellement les paroles mêmes d'Auguste Comte : « Quant à la première, si mal à propos qualifiée de
« loi d'inertie, et que je me suis borné à désigner histori-
« quement par le nom de Kepler, à qui nous la devons, il
« suffit de l'envisager sous son aspect réel, comme loi de
« persistance mécanique, pour y voir aussitôt un simple cas
« particulier de la tendance spontanée de tous les phéno-

(1) *Cours de philosophie positive*, tome VI, page 144. Paris. 1842.

« mènes naturels, à persévérer indéfiniment dans leur état
« quelconque, s'il ne survient aucune influence perturba-
« trice, tendance alors spécialement constatée à l'égard des
« phénomènes les plus simples et les plus généraux. J'ai déjà
« fait sentir, en biologie, à la fin du 44e chapitre, que la vraie
« théorie générale de l'habitude ne pouvait comporter au
« fond aucun autre principe philosophique, seulement mo-
« difié par l'intermittence caractéristique des phénomènes
« correspondants. Une remarque analogue convient encore
« davantage à la sociologie, où, d'après la complication su-
« périeure de l'organisme collectif, la vie sociale, à la fois
« beaucoup plus durable et moins rapide que la vie indivi-
« duelle, fait si hautement ressortir la tendance opiniâtre de
« tout système politique à se perpétuer spontanément. »

Voilà tout ce qu'Auguste Comte a écrit sur la généralité de la loi de la persistance ; il n'y a au fond rien ajouté depuis. C'est sur cette base que je vais construire la démonstration plus précise de l'existence de cette loi en biologie, en sociologie et en morale proprement dite. Mais il faut d'abord indiquer les caractères généraux, communs à cette loi, dans ces trois ordres de phénomènes.

Ce qui caractérise cet ordre de phénomènes, c'est qu'ils se manifestent à nous dans des systèmes déterminés. Ces systèmes sont formés d'éléments distincts, soumis à une loi de développement d'après laquelle ils ont un commencement, marchent vers un maximum et finalement décroissent pour arriver à disparaître. Cela se voit nettement dans le cas des animaux et de l'homme, dont s'occupent la biologie et la morale.. Quant aux êtres collectifs, qui sont le but de la sociologie, leur disparition nous est connue par induction plutôt que par observation directe ; mais cette induction est suffisante pour nous permettre d'assimiler sous ce point de vue les phénomènes sociologiques aux phénomènes individuels. Un caractère essentiel de ces divers phénomènes, conséquence de ce que je viens de dire, c'est donc la *continuité* ; c'est-à-dire la liaison intime de chaque état du système à ceux qui l'ont précédé comme à ceux qui doivent le suivre. Il résulte de là que la notion de temps est essentielle dans l'étude de ces phénomènes; le temps est leur véritable variable indépendante. D'après cela, la loi de la persistance nous apparaît dans les trois groupes de la morale, surtout comme représentant à un moment donné le résultat de tout le travail du passé du système; résultat qui tend à persister indéfiniment avec une intensité plus ou moins grande, et qui nous représente, tantôt une force de *résistance*, tantôt une force d'*impulsion*, suivant le point de vue auquel on se place.

Un second caractère de la loi de la persistance en morale, c'est celui de l'*intermittence*. Ce caractère se présente surtout en biologie et en morale proprement dites, mais on peut en constater aussi l'existence en sociologie. Il consiste en ce que un état acquis du système cesse de manifester son action, du moins d'une manière apparente, pour reparaître soit périodiquement, soit après un intervalle plus ou moins long et d'une manière plus ou moins intense. Les phénomènes de l'habitude et ceux de l'hérédité se rapportent essentiellement à cette forme de la loi de la persistance. Du reste, sous l'aspect que nous venons d'indiquer, la loi de la persistance avait été entrevue, et la conception du péché originel n'est rien autre chose que la théorie théologique de cette loi. De Maistre, dans les *Soirées de Saint-Pétersbourg*, nous en offre une magnifique exposition. Son génie, si naturellement scientifique, avait entrevu toute la portée de cette loi et son influence dans les phénomènes sociaux et moraux. De Maistre a, du reste, été guidé dans ses études par ce grand principe : que le catholicisme ne fait autre chose que donner un caractère surnaturel à une loi naturelle. Mais il est évident que, si un tel état de l'esprit de de Maistre est une transition vers l'état positif, celui-ci constitue seul l'équilibre normal de notre intelligence. Il y a quelque chose de choquant, au point de vue moral, dans la volonté d'un Dieu qui rend les successeurs solidaires des fautes des prédécesseurs ; tandis que, à l'état positif, la constatation de ce fait est la double source de notre résignation et de notre activité modificatrice.

Nous allons actuellement étudier plus spécialement la loi de la persistance, successivement en biologie, en sociologie et en morale, à l'état normal et pathologique.

La loi de la persistance peut être considérée en biologie, dans l'individu ou dans l'espèce. Nous l'examinerons successivement sous ces deux aspects.

Auguste Comte a établi trois lois distinctes, relatives à la vie animale (1). Ces trois lois sont relatives à la fois aux appareils locomoteur et sensisif et au système nerveux central. La première de ces lois est relative au besoin alternatif d'activité et de repos, qui appartient à tous les éléments de la vie animale. L'intermittence est donc un caractère essentiel de celle-ci. — La seconde loi est celle de l'habitude. Elle est un complément de la première ; elle en est néanmoins distincte, ne s'en déduit pas logiquement et résulte de l'observation. Elle consiste en ce que l'activité de la vie animale tend à se reproduire spontanément, sans qu'il y ait nécessité que les excitations qui l'ont d'abord déterminée interviennent de nouveau. En outre, cette tendance à la reproduction spontanée d'une activité antérieure tend à s'assujettir à des lois périodiques. De plus, pour que cette reproduction ait lieu, il est nécessaire qu'il y ait un certain degré de répétition antérieure du phénomène qui tend à se reproduire. En général, l'habitude est d'autant plus persistante et régulière que les phénomènes qu'elle dirige ont été plus souvent et plus régulièrement produits. L'habitude finit ainsi par transformer les mouvements volontaires en mouvements involontaires. — La troisième loi enfin a été désignée par Auguste Comte sous le nom de loi de *perfectionnement*. Elle complète la précédente

---

(1) *Système de Politique positive*, tome 1er, à partir de la page 605. Paris, 1851.

sans s'en déduire, et consiste en ce que les actes devenus habituels s'accomplissent de mieux en mieux.

La loi de la persistance intervient avec une précision croissante dans chacune de ces trois lois de l'animalité. Elle intervient d'abord dans la loi de l'exercice; car c'est grâce à elle qu'il y a continuité dans la vie animale, et que les résultats de l'activité antérieure se conservent pour reparaître après l'intermittence. Il résulte de là que la loi de la persistance donne le germe de la loi de l'habitude. Dans celle-ci, la loi de la persistance se précise, en ce que les phénomènes antécédents de la vie animale tendent à se reproduire identiquement, régulièrement et périodiquement, sans nécessité de l'excitation antérieure. Enfin, dans la loi du perfectionnement, la loi de la persistance acquiert son plus haut degré de précision, en ce que l'activité antérieure des appareils de l'animalité se reproduit, non plus seulement spontanément et régulièrement, mais encore avec plus de facilité. On voit d'après cela l'importance capitale de cette loi de la persistance en biologie.

Considérons-la maintenant dans l'espèce. Elle nous apparaît d'une manière frappante dans la loi de l'hérédité. Les êtres vivants, végétaux ou animaux, se reproduisent semblables dans le temps ou l'espace, par la génération; cela constitue la *loi de la reproduction*. On pourrait, dans la rigueur philosophique, considérer la loi de la reproduction comme n'étant que la loi de la persistance elle-même, étendue aux espèces animales et les caractérisant. Mais, si on ne veut pas étendre jusque-là la loi de la persistance, on ne peut pas méconnaître son existence dans la transmission héréditaire des modifications acquises par les individus pendant leur vie. La loi de la persistance est soumise alors à des particularités propres incontestables, quoiqu'encore trop peu étudiées. On voit en effet les dispositions transmises par les ancêtres se reproduire après avoir sauté une ou deux générations. Il résulte donc de là que la loi de la persistance appliquée à l'espèce est la base de toute la théorie de la modificabilité vitale ; elle est donc, par suite, la base de la théorie du progrès dans les espèces animales et végétales et surtout dans l'espèce humaine.

Mais si elle est la condition du progrès normal, elle est aussi celle de la dégénérescence ; car les modifications anormales tendent, en vertu de cette loi, à se transmettre héréditairement, comme toutes les autres modifications quelconques. C'est qu'en effet la notion d'anomalie ou de perturbation pathologique est essentiellement relative à l'homme. J'en ai établi la vraie théorie, dans la troisième loi de Philosophie première. Nous avons vu, en effet, que ce que nous appelons l'ordre normal dans une série de phénomènes consiste dans la partie moyenne et fondamentale. Celle-ci présente des oscillations en plus ou en moins, qui constituent ce que l'on a appelé les perturbations en cosmologie, les maladies en biologie, les révolutions en sociologie, et les crimes, les péchés, etc., en morale proprement dite. En biologie, nous produisons, dans l'intérêt de l'homme lui-même, de véritables monstruosités végétales et animales, qui se transmettent héréditairement, d'après la loi de la persistance. Nous examinerons plus spécialement le rôle de cette loi dans les phénomènes pathologiques humains, lorsque nous étudierons son extension à la morale proprement dite.

Voyons maintenant le rôle de la loi de la persistance dans les phénomènes de la sociologie ; d'abord normaux, puis pathologiques. D'abord, elle y joue indirectement son rôle, en tant qu'agissant sur l'homme qui est l'élément fondamental de la vie collective. Mais il faut préciser davantage, en étudiant la loi de la persistance dans le phénomène social considéré en lui-même. Celui-ci consiste dans une activité collective ou dans un concours d'activités individuelles ; ce concours est de deux sortes : 1° *simultané* entre les contemporains ; 2° *successif* entre les diverses générations. C'est un concours qui caractérise le phénomène sociologique. D'après cela, toute étude sociologique est celle d'un système dont chaque élément est un homme. L'activité du système consiste en ce que chaque élément agit sur les autres et en éprouve la réaction d'après des lois déterminées, que nous étudierons ultérieurement. La loi de la persistance en sociologie consiste à faire voir comment ces actions et ces réactions maintiennent l'équilibre essentiel du système. Le monde extérieur doit être considéré comme en faisant partie à titre d'obstacle ou d'appui. D'après cela, la loi de la persistance, en sociologie, doit être rapprochée de celle de la conservation du centre de gravité en mécanique.

Considérons donc le concours simultané des éléments du système à un moment donné. La loi de la persistance consistera en ce que le concours des générations antérieures a créé une situation qui persiste sous toutes les formes de l'activité simultanée. Ainsi, par exemple, considérons l'activité économique ; le mode d'agir de chacun des individus dépend essentiellement de l'état de la planète tel que les prédécesseurs l'ont établi, des modes divers de communication, des capitaux acquis mobiliers ou immobiliers, des connaissances spéciales et des habitudes de toute nature. Sous ce poids énorme, le système persiste dans son mode d'activité. Il en est de même au point de vue du langage, dont toutes les bases créées par le travail des siècles persistent toujours à un moment donné. La même considération s'applique à la famille, au gouvernement et à la religion. Nous verrons dans les lois ultérieures comment cette persistance de l'activité simultanée, sous le poids du concours successif, se combine avec une certaine évolution.

Dans les perturbations des sociétés, autrement dit dans les révolutions, la loi de la persistance se manifeste aussi d'une manière certaine. J'appelle révolution tout changement brusque d'une certaine étendue qui se produit dans un système social. Nous verrons plus tard comment ces changements brusques peuvent avoir lieu. Nous supposons, bien entendu, que la révolution ou changement brusque ne désorganise pas le système ; ce qui a lieu quelquefois, surtout par une action extérieure très intense, facilitée par un état intérieur déterminé. Dans les révolutions, la loi de persistance se manifeste par une tendance, plus ou moins intense et habituellement efficace à un certain degré, à un retour vers l'état d'équilibre primitif. C'est cette loi de la persistance qui, combinée alors avec la force qui a déterminé le changement brusque, produit ces oscillations souvent si redoutables qui suivent les grandes révolutions. La France nous en offre un exemple bien décisif.

Grâce à ce retour, dû à la loi de la persistance, la continuité est bien moins rompue en réalité qu'elle ne le paraît d'abord. La gravité de la situation consiste surtout en ce que la continuité est rompue dans les conceptions ; ce qui produit une agitation continue résultant du défaut d'harmonie entre la situation réelle et les théories.

Etudions maintenant la loi de la persistance en morale ; c'est-à-dire dans l'ordre humain individuel. Cette loi est, en morale, de même nature qu'en biologie, seulement avec une intensité et une variété infiniment plus grandes. Il est clair, en effet, que l'influence sociologique crée pour l'homme des conditions de modification extrêmement variées en intensité comme en durée, qui n'ont pas lieu pour l'animal et qui exigent par suite un examen spécial.

Le progrès comme aussi la décadence de l'espèce tiennent à la combinaison de la loi de la persistance avec celle du perfectionnement individuel. Il est clair, en effet, qu'une modification quelconque de l'individu due à une action sociologique se transmet par la génération d'après la loi de la persistance. Cette transmission agit d'une manière d'autant plus intense et d'autant plus étendue que sa durée est plus grande et porte sur un plus grand nombre d'individus.

Cette combinaison de la loi du perfectionnement et de la loi de persistance détermine ainsi la formation des races sociologiques supérieures ou inférieures, des familles privilégiées en plus comme en moins, et des individualités en dessus ou en dessous de la moyenne à des degrés divers. Du reste, c'est une combinaison analogue des deux lois qui produit les races cosmologiques dont j'ai introduit la distinction capitale dans mon cours de Philosophie troisième.

Nous pouvons désigner pour plus de facilité cette combinaison de la loi du perfectionnement avec celle de la persistance spécifique sous le nom de loi du progrès; il est bien entendu que la dégénération doit y être comprise comme cas particulier.

Cette loi du progrès peut être étudiée, soit dans le corps, soit dans l'âme ou le cerveau. Si nous l'étudions dans le corps, nous en verrons une manifestation très variée, soit pour la vie organique, soit pour la vie animale. Les individus naissent ainsi avec des prédispositions ; mais la loi ne produit pas, comme l'ont cru si singulièrement les littérateurs qui ont parlé sur les races, des manifestations effectives indépendamment des circonstances et des actions extérieures. La loi de la persistance produit ainsi surtout des *forces virtuelles*. Nous précisons ainsi, en la rapportant à la loi de la persistance, une distinction capitale, due aux géomètres, entre les forces réelles et les forces virtuelles.

Considérons maintenant cette loi du progrès pour le cerveau, surtout en ce qui regarde les fonctions du cœur et du caractère ; nous traiterons à part ce qui regarde l'intelligence. Il faut appliquer ici notre distinction entre les fonctions *simples* et les fonctions *composées*. C'est surtout dans la transmission des fonctions composées que se manifeste la loi du progrès. Il est probable que le perfectionnement porte sur les tubes de communication qui lient les portions postérieure et antérieure du cerveau; peut-être l'anatomie, dans des progrès futurs, mais bien éloignés, parviendra-t-elle à faire à ce sujet des vérifications d'observation. Quoi qu'il en soit, l'expérience prouve que tous les hommes naissent avec des dispositions, variables de l'un à l'autre, à la gourmandise, à l'avarice, et même sous des formes spéciales ; ce qui se vérifie dans le cas même de la sexualité. Cette loi de la persistance, en la spécifiant davantage, devient une des bases de la théorie de la maladie et, par suite, de la pathologie générale (1). Et d'abord donnons une définition générale de la maladie ; elle résulte des premières lois de Philosophie première. Dans tout ordre de phénomènes, il y a un état moyen que l'on nomme l'état normal. Les mêmes circonstances qui le produisent, agissant avec une intensité différente, peuvent produire une oscillation en plus ou en moins autour de cet état moyen ; c'est ce qu'on nomme l'état anormal. En ce qui regarde l'homme, il constitue ce qu'on appelle la maladie ou l'état pathologique.

La loi de la persistance intervient directement à l'état pathologique : c'est d'après cette loi que la maladie tend à durer spontanément lorsque les circonstances qui l'ont produite ont cessé d'agir. Plusieurs procédés thérapeutiques ont surtout pour destination d'interrompre une telle persistance.

Mais la loi de la persistance se manifeste encore d'une autre manière dans l'état de maladie. Lorsque l'organisme a perdu sa situation d'équilibre, il tend à y revenir spontanément et il y revient effectivement si l'on n'a pas dépassé certaines limites de variation que l'observation et l'expérience déterminent : c'est d'après cela qu'il faut comprendre la distinction capitale entre le *diagnostic* et le *pronostic*, distinction trop négligée par les modernes. Le diagnostic consiste à déterminer la nature de la maladie afin d'y appliquer un traitement approprié qui rétablisse l'équilibre. Le pronostic, au contraire, consiste à apprécier si l'organisme est dans des limites de variation telles qu'en l'abandonnant à lui-même, sauf les soins hygiéniques convenables, il reviendra à l'état normal sans médication active. Les anciens s'étaient beaucoup préoccupés du pronostic et avaient accumulé à ce sujet un grand nombre d'observations empiriques dont on a plus

(1) *Appel aux médecins*, par le Dr G. Audiffrent, page 115. Paris, 1862.

tard pu se rendre compte. La détermination du pronostic constitue ce qu'on a souvent nommé le coup d'œil médical ; Broussais en était doué au plus haut degré.

C'est en vertu de cette loi de la persistance appliquée à l'espèce, que les états pathologiques se transmettent et produisent les prédispositions maladives du corps et du cerveau ; ce sont des forces virtuelles perturbatrices que des circonstances favorables mettent plus tard en évidence ; l'hygiène individuelle et sociale doit consister à éviter ou du moins à diminuer l'influence de ces circonstances.

Etudions maintenant la loi de la persistance au point de vue mental. Celui-ci mérite un examen spécial comme étant essentiellement propre à l'homme. Nous allons considérer la loi successivement au point de vue de l'individu et à celui de l'espèce.

Il est évident que la loi de la persistance est la condition de la continuité nécessaire dans tout travail intellectuel. Toute méditation ou contemplation est une succession d'états intellectuels liés entre eux et dont chacun suppose toujours les précédents. Par conséquent, tout travail intellectuel suppose toujours la persistance à un moment donné des états antérieurs, persistance dont une partie est consciente et dont l'autre ne l'est pas. Mais cette loi de la persistance ne se manifeste pas seulement quand nous établissons une démonstration ou une construction mentale ; elle existe évidemment par la continuité, le plus souvent inconsciente, qui existe entre la construction mentale que nous opérons et les conceptions antécédentes qui lui servent, et qui ont été souvent depuis longtemps établies.

La mémoire doit être rattachée évidemment à la loi de la persistance. Les états antérieurs tendent, en effet, à se reproduire spontanément, et se reproduisent en réalité soit consciemment, soit inconsciemment. La même loi se manifeste dans la sensibilité proprement dite. Le retour des images est une application capitale de cette loi.

Il est évident que cette persistance. dont nous étudions les retours au point de vue dynamique, doit exister aussi au point de vue statique; c'est-à-dire dans les retours d'états anatomiques. C'est là une conséquence nécessaire de l'harmonie si souvent constatée entre l'organe et la fonction ; quoique la vérification en paraisse évidemment très difficile.

Enfin la théorie de l'unité du *moi* et celle de sa continuité reposent nécessairement sur cette loi capitale de la persistance. En effet, la conscience du *moi*, c'est-à-dire de la continuité d'un état actuel avec toute une série d'états antérieurs, suppose nécessairement la persistance de notions, de sensations, etc., que l'on rapporte avec précision à ces états antérieurs. Cette persistance est troublée ou facilitée par des circonstances particulières dont l'étude n'a pu être convenablement faite, puisque véritablement le problème n'avait jamais été posé. Comment expliquer, par exemple, qu'une seule image persiste pour une époque donnée quand toutes les autres ont disparu? Mais cela s'applique à la persistance consciente; il ne faut pas oublier la persistance inconsciente qui joue certainement un rôle capital, quoiqu'à peine soupçonné jusqu'ici, dans l'unité et la continuité du *moi*.

La loi de la persistance mentale joue évidemment un grand rôle dans le progrès de notre espèce. Il est certain que les prédispositions intellectuelles se transmettent, s'améliorent ou se détériorent dans l'espèce; mais il ne se transmet jamais que des prédispositions et nullement des propositions qui, elles, ne surgissent que par l'effet de circonstances extérieures agissant sur des forces virtuelles. Dans l'histoire de l'Humanité, cette loi de la persistance se manifeste surtout par la distinction en *races abstraites* et *races concrètes*. C'est grâce à cette loi que les individus sont prédisposés et préparés à vivre dans le milieu où ils vont surgir.

On voit, d'après cela, qu'en morale la loi de la persistance joue un rôle peut-être plus capital encore qu'en mécanique, et que sa conception en morale ouvre des horizons absolument nouveaux, non-seulement pour expliquer des faits jusqu'ici incohérents, mais aussi pour faire surgir des questions entièrement nouvelles.

En résumé, nous voyons que la loi de la persistance constitue une loi universelle du monde et de l'homme. Elle contribue à établir la fixité en coordonnant les états successifs, par la persistance des états antécédents qui constituent des forces ou actives ou virtuelles.

Cette loi de la persistance a été implicitement appliquée partout par la raison pratique, mais d'une manière nécessairement incohérente. Elle s'en est dégagée successivement par l'action de la raison théorique, d'abord sous forme théologique. Puis, un premier point d'appui scientifique ayant été posé par Kepler et Galilée, Descartes et Leibnitz en ont tenté, sous forme métaphysique, une généralisation qui a été accomplie enfin scientifiquement par le Positivisme.

Celui-ci établit, par cette systématisation scientifique, l'harmonie entre la raison théorique et la raison pratique, de manière à poser les bases de la modification systématique des choses, qui se substitue enfin à leur modification spontanée. Enfin le principe de la persistance, conçu d'une manière logique, remplace définitivement le principe métaphysique de la *raison suffisante*. Il devient un principe d'investigation comme un principe d'action. Toutes les fois qu'un système est arrivé pour nous à un certain état d'équilibre, s'il présente des modifications, nous cherchons en dehors de lui quelles sont les circonstances qui ont pu les produire, et, si nous voulons le modifier, nous cherchons quelles sont les forces nouvelles qu'il faut lui appliquer. Cette loi généralisée est donc ainsi une des conditions fondamentales de l'harmonie entre la théorie et la pratique.

PHILOSOPHIE PREMIÈRE

QUATORZIÈME LEÇON (1)

Onzième loi de Philosophie première
(*Loi de la coexistence*).

Un système quelconque maintient sa constitution active ou passive, quand ses éléments éprouvent des mutations simultanées, pourvu qu'elles soient exactement communes (Galilée).

I

Considérations préliminaires.

La loi que nous allons exposer maintenant est une loi abstraite, ce qui nécessite quelques observations qui s'appliquent, sans doute, à toutes les lois de même nature, mais qui néanmoins sont plus spécialement propres à celle-ci.

Une loi abstraite ne représente jamais la réalité effective, puisque l'on fait abstraction de circonstances dont l'influence a réellement lieu sur le phénomène que l'on considère *in abstracto*. En réalité, tous les phénomènes sont liés entre eux, agissent et réagissent constamment les uns sur les autres. Mais il y a des cas où ces actions et réactions sont assez peu

---

(1) Ceci représente l'ensemble de la quatorzième leçon de Philosophie première, professée, le dimanche 17 mars 1878 (20 Aristote 90), à Paris, 10, rue Monsieur-le-Prince.

intenses, pour qu'on puisse les négliger et considérer un phénomène en dehors d'elles. Dans la loi que nous allons étudier, nous considérerons des actions comme absolument indépendantes : cela n'est vrai qu'approximativement et d'une manière abstraite. Mais cette abstraction est utile, pour permettre d'apprécier une influence indépendamment de toutes les autres.

Auguste Comte énonce cette loi sous sa forme la plus complexe. Voici la rédaction définitive qu'il en a donnée : « Dans
« la seconde (la loi de Galilée) le mouvement se concilie avec
« l'existence, d'après l'aptitude d'un système quelconque à
« maintenir sa constitution, active ou passive, quand ses
« éléments éprouvent des mutations simultanées, pourvu
« qu'elles leur soient exactement communes (1). » Du reste, tout ce qu'a dit Auguste Comte sur cette loi, considérée comme générale, se réduit à l'énoncé précédent.

Or, il est évident qu'il nous présente le résultat final de la loi, bien plutôt que la loi élémentaire elle-même, comme nous allons le voir tout à l'heure. L'énoncé de Comte se rapporte, au fond, au cas du mouvement d'individus qui se déplacent sur un bateau, pendant que le bateau est transporté lui-même, en ligne droite, dans l'espace ; ou bien, au cas de la Terre qui circule autour du soleil, pendant que les animaux accomplissent leurs divers mouvements à sa surface, indépendamment de ce mouvement général. On peut, dans ce cas, appliquer les réflexions générales par où j'ai débuté : les mouvements d'un individu sur le bateau se passent, sans doute, comme si celui-ci était immobile, mais à condition que l'on fasse abstraction des actions qui peuvent résulter du changement de situation que produit le mouvement général. Or, dans le cas de la Terre, ce changement de situation détermine précisément l'influence des saisons qui est si capitale sur le développement de l'animal.

(1) *Système de politique positive*, tome IV, page 178. Paris, 1854.

Il faut donc dégager, de la forme trop complexe donnée par Auguste Comte à cette loi de philosophie première, un caractère plus simple et plus général qui en fournira le véritable énoncé abstrait.

Si nous considérons le cas indiqué par Comte, nous sommes frappés d'un caractère général, à savoir : la coexistence, sans se nuire, sans action ni réaction, dans chaque élément, de ces mouvements propres avec le mouvement commun. Ce caractère nous fournit la partie essentielle et simple de la loi considérée : c'est-à-dire la coexistence, dans un même élément, d'activités différentes se manifestant avec une véritable indépendance, sans avoir à tenir compte des actions et des réactions. Aussi, j'ai désigné cette loi sous le nom de *loi de la coexistence*. J'avais appelé la précédente, *loi de la persistance* et j'imposerai aux deux suivantes les dénominations de *loi de l'équivalence* et de *loi de la conciliation*.

Cette coexistence, dans un même élément, de deux ou plusieurs actions indépendantes les unes des autres, conduit à un complément capital de la loi, à savoir : l'équivalence entre les actions simultanées et les actions successives. On peut concevoir *a priori* que ce complément est une conséquence de la loi de coexistence : car, si des efforts peuvent coexister indépendamment les uns des autres dans un même élément, il paraît logique de penser qu'il est indifférent que cette coexistence se produise au même moment ou en des moments différents. Néanmoins, il faut se méfier de ces raisonnements vagues, où l'on prend les convenances de l'esprit, qui vise au simple, pour des réalités objectives. Il faut donc considérer ce complément comme vérifié suffisamment par l'expérience.

Citons quelques exemples pour préciser nos idées à ce sujet. Je suppose un individu qui se déplace en ligne droite, sur un bateau, dans le sens même du mouvement du bateau. On peut concevoir que le déplacement total dans l'espace sera le même, soit que l'individu se meuve en même temps que le bateau, soit qu'il se déplace après l'arrêt de celui-ci. Dans les deux cas, le déplacement total, par rapport au rivage, sera la somme des deux déplacements. Il y a donc dans ce cas équivalence, que les actions indépendantes soient simultanées ou qu'elles soient successives. Cette équivalence suppose au fond que les actions simultanées s'accomplissent sans réactions particulières, ce qui n'est pas évident par soi-même, quoi qu'en aient pensé plusieurs géomètres, mais vérifié par l'expérience. Ainsi, par exemple, si deux hommes, de force égale, tirent avec la même intensité un même corps A, sur un plan horizontal, dans la même direction, le déplacement sera le même, que les deux actions soient successives ou simultanées. Mais ce que je veux faire observer, c'est que cela n'est nullement évident par soi-même, et que l'observation seule peut décider la question. Car, que savons-nous *a priori* de l'effet des forces? Absolument rien. Qui nous dit que l'action produite par la première force, sur le corps A, ne détermine pas en lui une certaine modification, qui fait que l'action de la seconde force sera tout autre ; de manière à ce que l'équivalence entre les actions simultanées et successives n'aura pas lieu. Et la première observation faite effectivement sur les corps vivants semble mettre en doute cette équivalence.

La loi a lieu aussi pour d'autres influences que celle du mouvement. Ainsi, par exemple, si on fait agir sur un corps A deux sources de chaleur, dont l'une soit celle d'un milieu ambiant, et l'autre celle d'un foyer, l'expérience prouve que ces deux actions indépendantes produisent le même résultat, qu'elles soient successives ou simultanées.

J'avais considéré autrefois cette équivalence, puisque j'avais exposé la théorie de la composition des forces comme une conséquence de la loi de Galilée : et cette composition des forces repose sur cette équivalence. Mais mes vues à ce sujet étaient trop implicites ; c'est à mes conversations avec mon ami, M. Hippolyte Harant, que je dois d'avoir donné à la conception de cette équivalence toute la précision, comme toute l'extension qu'elle comporte (1).

La loi est maintenant, je crois, suffisamment comprise ; mais il faut en préciser la notion, en étudiant sommairement sa relation avec la loi de la persistance, examinée dans la treizième leçon.

La loi de la persistance nous offre la conception de la force élémentaire distincte. Elle en dégage la notion de l'ensemble

---

(1) Quand plusieurs causes interviennent ensemble pour modifier un phénomène, il est impossible de prévoir *a priori* l'effet qui résultera de leur concours, étant connus les effets qu'elles produisent séparément. Pour arriver à une telle prévision il est nécessaire d'admettre un postulat, qu'on pourrait appeler le principe de la superposition des effets. Il consiste en ceci que : dans chaque modification élémentaire du phénomène, tout se passe comme si les effets qui tendent à se produire avaient lieu successivement. De ce principe on déduit aisément la règle de la composition des mouvements en mécanique.

Son application exige cependant une distinction essentielle : les causes diverses dont les effets se composent ne doivent pas être capables de s'influencer mutuellement. Il faut que chacune reste, dans son mode d'action, identique à ce qu'elle était en agissant séparément. Si nous considérons, par exemple, des causes nommées *forces*, et dont la nature intime est ignorée le plus souvent, mais qui se traduisent extérieurement par divers effets : mouvements, flexion ou tension de ressorts, sensations de pression, etc., lorsque deux d'entre elles agissent simultanément, comme deux poids appliqués à un même ressort, n'est-il pas permis de supposer qu'elles sont influencées pour augmenter ou diminuer leur intensité respective ? L'expérience seule peut prononcer.

Disons-en autant de ces agents physiques de nature variée : chaleur, lumière, etc. Deux quantités de chaleur se réunissant dans un même corps ne peuvent-elles pas agir l'une sur l'autre, modifier l'intensité d'action que chacune aurait eue étant isolée ?

Lorsqu'une telle influence a lieu entre les causes de modification d'un phénomène, il est indispensable d'en tenir compte, comme d'une cause nouvelle, dont l'effet préalablement apprécié se superpose à ceux des précédentes, dans l'application de la règle. Il en est un exemple remarquable en mécanique, dans la force centrifuge composée de Coriolis : Si un point matériel est soumis à une force, fonction du temps seul, mais indépendante de la position occupée par le mobile, il suffira de composer les effets dus à l'impulsion acquise au commencement de chaque instant et à l'action de la force ; si, au contraire, la force dépend, quant à sa direction et son intensité, de la position du mobile, comme dans le cas des forces centrales, il est évident que l'impulsion acquise au commencement de chaque instant influe sur la force, pendant cet instant, et fait varier sa direction et son intensité. D'où la né-

général des choses, et elle apprécie ainsi, dans cet ensemble, l'action persistante de chaque force isolée.

La seconde loi, au contraire, étudie la combinaison de deux ou plusieurs de ces forces élémentaires. Elle étudie cette combinaison dans le cas le plus simple : celui où les forces sont considérées comme indépendantes, en dehors de toute action ou réaction, et lorsque celles-ci peuvent être négligées, quoique en réalité elles existent toujours, et ne soient éliminées que par un véritable travail d'abstraction. Ces forces indépendantes sont ainsi combinées dans leur coexistence, ou dans leur état équivalent de succession.

Ce n'est que par un long travail que l'esprit humain a pu ainsi dégager ces influences abstraites, dans la complexité de la réalité concrète. Il y a fallu, comme nous le verrons bientôt, le travail successif des plus grands esprits, au moins pour arriver à une formulation explicite.

De cette loi résulte une théorie générale : celle de la *composition* des actions distinctes et indépendantes. Cette composition a surgi d'une manière scientifique, d'abord dans la mécanique, qui en offrait les lois les plus simples. C'est là seulement que les lois en ont été trouvées et étudiées d'une manière générale. La mécanique offre ainsi un véritable type, et c'est d'après ce type que les conceptions peuvent être étendues, quoique avec moins de précision (du moins

---

cessité de faire intervenir une troisième cause de mouvement : la force de Coriolis, qui se compose avec les deux premières.

Quand le point matériel fait partie d'un système en mouvement, son mouvement relatif, par rapport au système, n'est pas changé, si le déplacement du système est une translation et que le point matériel participe à chaque instant au mouvement commun. Ce résultat est une conséquence facile de la règle de la composition des mouvements ; mais il n'en est plus ainsi autrement. Si, par exemple, une diminution se produit dans la vitesse d'entraînement du point, par rapport au système, la nouvelle vitesse pourra être regardée comme la résultante d'une vitesse égale à la vitesse commune et d'une autre, de sens contraire, qui trouble le mouvement relatif. Un trouble analogue se produirait si le point ne gardait pas toujours la direction commune de la vitesse d'entraînement. (Note remise par M. Hippolyte Harant, le mardi 3 juillet 1888.)

jusqu'ici), à tous les autres ordres de phénomènes. Cette composition s'obtient, comme nous le verrons bientôt, d'après l'artifice logique qui remplace la composition simultanée par la composition successive. Quoique ce grand artifice logique ne soit nettement conçu qu'en mécanique, il a été spontanément, mais profondément conçu, dans la combinaison des efforts humains.

Cette théorie de la composition conduit à la notion de *résultante*, partielle ou totale. La résultante est une force qui peut remplacer l'action de deux ou plusieurs autres forces ou qui leur est équivalente. Cette notion a même surgi d'abord, évidemment, dans l'ordre humain et c'est de là qu'elle est passée en mécanique. Mais elle a acquis là une précision et une netteté qui lui permettront de réagir à son tour sur les études sociologiques et morales.

De la notion de composition et de résultante se déduit celle de l'*équilibre*. Il a lieu quand la résultante est nulle. Cette conception permet, dès lors, à l'esprit humain de préciser la notion des procédés nécessaires pour établir l'équilibre. Il suffit pour cela, évidemment, de trouver une force égale et de sens contraire à la résultante. De cette manière, dans tous les ordres de phénomènes, l'esprit humain a une vue générale qui le dirige dans la recherche des procédés pour établir soit des équilibres partiels, soit l'équilibre total. Il y a donc là une influence directrice sur notre action modificatrice.

Les géomètres ont démontré qu'en général un système de forces n'a pas de résultante unique. Auguste Comte a remarqué l'importance logique de cette notion. Il en résulte, en effet, que l'équilibre n'est pas le cas naturel et spontané, et que, par conséquent, cet équilibre que nous cherchons toujours exige évidemment des efforts plus difficiles que ne le suppose notre confiance naïve. Toutes ces notions, quand elles auront pénétré, par l'enseignement universel, dans toutes les têtes, grâce à un système convenable d'éducation, réagiront, bien plus qu'on ne le croit, sur toute l'activité humaine.

La théorie de la composition conduit à une autre théorie : celle de la *décomposition*. Il est évident, en effet, que, si deux forces peuvent être remplacées par une seule, réciproquement une seule force peut être remplacée par deux autres, qu'on nommera *composantes;* et comme le même artifice peut s'appliquer à chaque composante, il en résulte nécessairement qu'une force peut être remplacée par une infinité d'autres. Il y a plus : il est évident que, si une ou plusieurs forces agissent sur un système et qu'on applique à celui-ci un ensemble de forces qui s'annulent, l'action totale ne sera pas changée. Mais il faut observer que ce n'est là nullement un principe *a priori* purement logique : c'est une conséquence de la loi de la coexistence, ou de l'indépendance des efforts simultanés.

Il résulte de ce que nous venons de dire la possibilité de remplacer un système de forces par une infinité d'autres systèmes différents, mais équivalents. Il y a là une indétermination, qui offre à la déduction logique une carrière pour ainsi dire indéfinie : car on conçoit que l'on puisse ainsi remplacer un système par celui qui permettra d'arriver le plus facilement au résultat cherché.

Cette conception, si féconde au point de vue logique, a une égale importance pour notre action modificatrice. La possibilité, en effet, de remplacer, pour obtenir un résultat, un système par des systèmes équivalents, nous pousse à choisir, parmi tous ceux-là, celui qui s'adapte le mieux à une action voulue.

C'est à Descartes, à Varignon, et finalement à d'Alembert, qu'on doit d'avoir introduit en mécanique de telles conceptions, comme nous le verrons bientôt. Mais leur importance logique et pratique s'accroît quand on considère leur extension à tous les ordres quelconques de phénomènes.

Jetons maintenant une vue d'ensemble sur l'évolution générale de cette loi. Notre but est de montrer ainsi la continuité dans le travail de l'esprit humain, et l'harmonie, d'abord spontanée, et finalement systématique sous l'action positiviste, entre la raison *pratique* et la raison *théorique*.

La raison pratique a utilisé, en effet, tous les éléments de cette loi : 1° la coexistence des forces indépendantes ; 2° l'équivalence des actions simultanées et successives des forces indépendantes ; 3° la composition des efforts et la détermination des résultantes ; 4° les conceptions relatives à l'équilibre ; 5° enfin, la possibilité de substituer les uns aux autres des systèmes équivalents, suivant les besoins de la situation.

La raison pratique a pour but, en effet, notre action modificatrice sur les choses et les hommes. A ce double point de vue, comme nous allons le voir, elle utilise les divers éléments de la loi de coexistence, que nous venons d'énumérer. La modification des choses eût été, en effet, impossible si l'on avait été obligé de tenir compte des actions et des réactions à l'infini. La pratique, dans une infinité de cas, suppose qu'on puisse négliger ces réactions, au moins momentanément. Le travail humain, par exemple, ne peut être convenablement institué et réparti que parce qu'on considère l'action à produire indépendamment de l'action qui en résulte sur les agents, ou de la réaction de ces agents les uns sur les autres. En outre, le travail suppose l'équivalence entre la succession et la simultanéité : car, sans cela, il faudrait qu'il y eût toujours continuité et l'on ne pourrait pas établir les intermittences inévitables dans l'organisation des travaux. Il est certain que l'activité humaine, en agriculture, dans la manufacture et le commerce, emploie constamment des compositions et des décompositions d'efforts, et des substitutions à des systèmes d'autres systèmes équivalents.

Toutes ces considérations sont applicables, évidemment, à l'organisation des sociétés et des gouvernements, de même qu'à l'éducation des individus. Du reste, j'y reviendrai plus tard.

Il est donc évident, d'après cela, que, comme la pratique a existé de tout temps, et qu'elle suppose l'application des notions que je viens d'énumérer, la raison pratique en a eu nécessairement une conception très profonde, quoique implicite et souvent non formulable. La raison pratique lie toujours ses vues à une modification déterminée et spéciale des choses et des hommes. C'est cette liaison qui la rend nécessairement positive ; mais elle est, par cela même, purement empirique, et nécessairement incohérente. Il résulte de là des lacunes inhérentes à la raison pratique, quand elle intervient seule. La conception plus ou moins implicite n'est pas séparée, comme nous venons de le voir, du cas spécial de la modification que l'on veut obtenir. Il est impossible, dès lors, de s'élever à la considération des *cas possibles,* qui suppose toujours abstraction et généralisation. De là, la nécessité de l'intervention de la raison abstraite, qui dégage les faits généraux de tous les cas spéciaux, en éliminant toutes les circonstances accessoires.

La raison théorique rend explicite ce qui était implicite, par suite formulable ce qui ne l'était pas, et apprend ainsi à étudier les variations d'un fait d'après celles des diverses circonstances qui agissent sur lui. Elle rend cohérent et systématique ce qui était incohérent et empirique. Il est donc utile d'apprécier, d'une manière sommaire, l'évolution de la raison théorique, dans le cas de la loi de coexistence.

Le Fétichisme conçoit tous les êtres comme doués de sentiments et de volontés. Il introduit donc ainsi dans l'esprit humain la notion de forces distinctes, indépendantes, et néanmoins pouvant se composer et devenir concourantes. Ces forces sont, du reste, susceptibles d'être mises en jeu (du moins on le croit) par l'action spéciale de la prière. Il est clair que le Fétichisme, premier pas de l'évolution de la raison théorique, constitue ainsi un état moins réel que celui de la raison pratique. Mais on voit aussi qu'il y a là un état plus explicite et plus général de l'entendement que dans la raison pratique proprement dite, puisque l'on considère les forces d'une manière plus ou moins abstraite, indépendamment des modifications effectives à réaliser. C'est là un point de départ important de la raison théorique, mais ce n'est qu'un point de départ.

Le Théologisme, surtout à l'état polythéique, fait faire un pas capital par sa création des dieux, indépendants des corps. Il introduit la conception de forces indéterminées, et apprend à remplacer des systèmes par des systèmes équivalents. C'est au Polythéisme que l'on doit d'avoir appris à construire *a priori* des systèmes de forces pour un but déterminé.

La Métaphysique conserve les résultats obtenus par la théologie en les rendant plus généraux et plus abstraits, au moyen de la substitution des forces aux dieux. On arrive ainsi à considérer les actions en elles-mêmes, indépendamment des circonstances concrètes et accessoires. Il se forme ainsi un milieu général intellectuel abstrait, d'où surgira la série des fondateurs de la Mécanique générale. Les Kepler, les Galilée, les Descartes, les d'Alembert avaient subi l'action de ce milieu; et elle était absolument nécessaire.

Mais si les conceptions sur les combinaisons des forces devenaient ainsi de plus en plus abstraites et générales, elles perdaient de leur réalité et avaient un caractère de plus en plus vague. De là la nécessité de l'évolution scientifique proprement dite, à la fois générale et réelle. La loi a été alors élaborée, en mécanique, par Galilée, Descartes, Varignon, d'Alembert, etc.; conçue dans toute son extension, en 1842, par Auguste Comte; et je l'institue aujourd'hui d'une manière complètement générale.

Grâce à cette institution, l'harmonie entre la raison théorique et la raison pratique pourra être enfin obtenue à cet égard; la raison pratique utilisera de plus en plus la réaction de ces lois de la science réelle, générales et cohérentes.

II

De la loi de la coexistence en Cosmologie.

(Mécanique, Astronomie, Physique, Chimie).

Nous allons apprécier maintenant la loi de la coexistence en cosmologie et spécialement en mécanique. C'est en l'étudiant dans cette dernière science que nous pourrons lui donner toute la précision possible, et construire un type logique, indispensable pour l'extension de cette loi et de ses conséquences les plus générales à tous les autres ordres de phénomènes.

C'est à Galilée qu'est due la découverte de la composition des mouvements, et par suite celle du parallélogramme des vitesses et des forces. Il l'a exposée dans le dialogue quatrième de son ouvrage sur *deux nouvelles sciences,* paru à Leyde en 1638, qui, à tous égards, est un chef-d'œuvre, et *la preuve la plus décisive de son génie* (1).

Galilée trouva la théorie de la composition des mouvements, en étudiant la question du mouvement des projectiles, lequel est dû à la combinaison d'une impulsion unique avec l'action de la pesanteur. Le problème préoccupait depuis longtemps les savants italiens. Tartaglia avait publié, dès 1537, à Venise, sous le titre de *Nova scientia,* un ouvrage des plus curieux où cette question est abordée. Il n'avait pas résolu le problème, mais il l'avait posé. Ceux qui ne seraient pas à même d'avoir l'ouvrage original peuvent consulter le

---

(1) Discorsi e dimostrazioni matematiche, intorno a due nuove scienze attenenti alla mecanica ed i movimenti locali, del signor Galileo Galilei Linceo, filosofo e matematico primario del Serenissimo Grand Duca di Toscana, con un appendice del centro di gravità d'alcuni solidi, in Leida, appresso gli Elzeverii MDCXXXVIII.

résumé qu'en a donné Montucla; ils verront que, si le problème était posé, il était bien loin d'être résolu; et ils sentiront mieux le génie extraordinaire qu'a montré Galilée, en donnant une solution précise et scientifique.

Galilée commence par établir que, si un corps est lancé sur un plan horizontal, il se mouvra en ligne droite, uniformément et indéfiniment, si l'on fait abstraction de tous les frottements quelconques. En second lieu, il admet qu'un corps abandonné à lui-même tombe verticalement, en suivant la loi du mouvement uniformément accéléré, tel qu'il l'avait établie dans le dialogue troisième. Cela posé, il se demande quelle est la ligne que doit décrire un projectile à qui l'on donne une impulsion horizontale et qui reste constamment soumis à l'action de la pesanteur. Galilée admet, sans l'énoncer néanmoins d'une manière distincte et isolément, que ces deux mouvements simultanés sont indépendants l'un de l'autre.

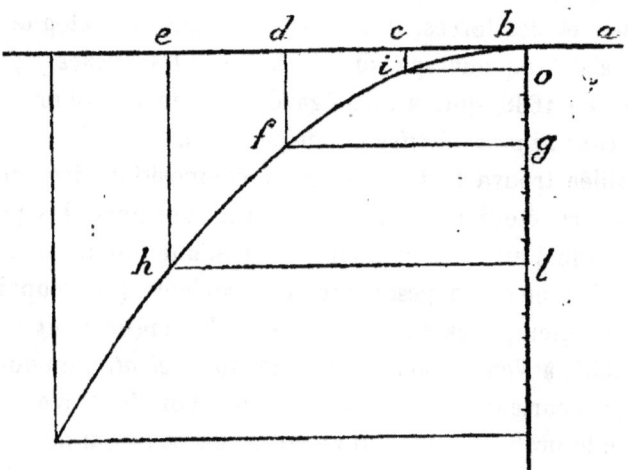

Au bout de l'unité de temps, le mobile aura parcouru *bc*; mais il aura parcouru aussi en même temps un espace égal à *bo*, le même qu'il aurait parcouru s'il avait subi l'action seule de la pesanteur, et il se trouve en *i*, *oi* étant parallèle à bc. Au bout d'un temps double, il aurait parcouru horizontalement bd double de bc, et, sous l'action seule de la pesanteur, il serait descendu d'une quantité bg quadruple de bo ; les deux actions se produisant simultanément et indépendamment l'une de l'autre, le point se trouvera en f, df étant parallèle à bg. En raisonnant de la même manière, on verra qu'au bout d'un temps triple le mobile se trouvera en h, be étant égal à trois fois bc et eh égal à bl étant égal à neuf fois bo. La courbe décrite est évidemment une parabole, d'après la propriété caractéristique de cette courbe, car l'on a évidemment $db : bc :: 2 : 1$ et $bg : bo :: 4 : 1$, donc $db^2 : bc^2 = bg : bo$.

Nous assistons ici à un grand événement mental. Pour la première fois, la théorie d'un mouvement curviligne est expliquée par la combinaison de deux mouvements rectilignes, l'un uniforme et l'autre uniformément varié, qui se combinent au moyen de la loi de la persistance due à Kepler, et de celle de l'indépendance des mouvements simultanés, que Galilée vient de découvrir. Pour bien comprendre toute l'importance de ce pas capital, il suffit de comparer la situation ainsi acquise avec la situation intellectuelle de Kepler qui, tout en ayant compris que tout mouvement est naturellement rectiligne, tout en admettant en même temps la tendance de Mars vers le soleil, par un mouvement rectiligne aussi, n'a pu s'élever à la conception du mouvement curviligne, comme résultant de ces deux-là. Et, quand même il aurait entrevu cette conception, elle serait restée scientifiquement inféconde, faute de la connaissance de la loi de l'indépendance des mouvements simultanés, qui seule permet la combinaison des mouvements rectilignes pour la détermination précise des mouvements curvilignes. On ne peut bien admirer ces grands génies, qui font la gloire éternelle de notre espèce, qu'en assistant pour ainsi dire à la génération de ces idées-mères sur lesquelles repose un immense développement ultérieur.

Il faut voir dans Lagrange, dans la troisième partie de la *Théorie des fonctions*, la théorie de la composition des mouvements, aboutissant final de cette conception des mouvements composés. Il suppose deux mouvements rectilignes d'un même mobile, suivant deux axes rectangulaires, qu'il exprime par les deux formules $x = f_1(t), y = f_2(t)$; t étant le temps et x et y les espaces parcourus. En éliminant t et admettant la loi de l'indépendance des mouvements simultanés on a l'équation de la courbe décrite. Il serait intéressant de suivre la marche de l'esprit humain depuis le point de départ dans Galilée, jusqu'au point d'arrivée dans Lagrange. On verrait que l'intermédiaire décisif a été la théorie des mouvements curvilignes, conçus par Newton comme la combinaison d'un mouvement rectiligne suivant la tangente avec un autre dirigé vers un centre. Mais il a fallu de plus l'immense perfectionnement logique introduit par Descartes, comme conception et comme notation, par sa fondation de la géométrie générale. Je suis persuadé qu'en scrutant profondément la question, l'admiration pour le génie original de Galilée ne pourra qu'augmenter.

On voit donc, d'après cette exposition, que Galilée admet l'équivalence entre l'action simultanée de deux mouvements rectilignes et leur action successive, puisque c'est d'après celle-ci qu'il détermine le mouvement parabolique. Mais il y a plus. Galilée se fait poser des objections dont la solution lui permet de déterminer, dans ce cas, le vrai caractère de la science abstraite comparée avec la réalité concrète.

On sait que Galilée a présenté son œuvre sous la forme de dialogues entre Salviati (c'est lui-même) et Sagredo et Simplicio. Or, ceux-ci font à Galilée les objections suivantes : Le mouvement parabolique résulte de deux mouvements rectilignes, l'un uniforme et l'autre uniformément varié; or, celui-ci s'accomplit suivant l'axe de la parabole qui, perpendiculaire à l'horizon, passe par le centre de la terre. Or, l'auteur suppose qu'ensuite la chute s'accomplit suivant des lignes droites, parallèles à cet axe. Cette supposition est fausse, et, par suite, la conclusion l'est aussi.

Le second mouvement qui sert à produire la parabole est supposé rectiligne et uniforme; mais cela n'a pas lieu ; car on ne peut négliger la résistance du milieu, qui retardera de plus en plus ce mouvement.

Ces objections, dit Galilée, sont absolument exactes, de même que les conclusions qu'on en tire; mais elles ne le sont que *in concreto* et non pas *in abstracto*. C'est cette distinction capitale que Galilée établit avec soin.

L'importance des vues de Galilée, sur la nature des conceptions nouvelles qu'il établit, est trop grande pour que je ne traduise pas intégralement :

Salviati. — « Toutes les difficultés que l'on vient de présen-
« ter me paraissent si bien fondées qu'il me semble impossible
« d'y répondre; pour moi je les admets comme le ferait sans
« aucun doute l'auteur lui-même. J'admets que les lois, si
« bien démontrées *in abstracto*, cessent d'être vraies *in con-
« creto*, et s'altèrent tellement que ni le mouvement hori-
« zontal ne reste uniforme, ni le mouvement varié ne se
« fera suivant l'accélération supposée, ni la courbe du pro-
« jectile ne sera parabolique, etc., etc. Je demande donc seu-
« lement qu'on ne conteste pas à notre auteur ce que les
« plus grands hommes ont admis, quoique faux. Et l'autorité
« seule d'Archimède peut nous rassurer : lequel, dans sa
« Mécanique et sa première quadrature de la Parabole,
« admet comme un principe vrai que l'axe de la balance ou
« le peson est une ligne droite dont tous les points sont éga-
« lement distants du centre commun des graves, et qu'en
« outre les cordes auxquelles les poids sont suspendus sont
« parallèles. On excuse une telle supposition parce qu'en
« réalité, dans tous nos instruments, les longueurs que nous
« considérons sont tellement petites, par rapport à la grande
« distance du centre de la Terre, que nous pouvons prendre

« la petite partie d'un cercle très grand pour une ligne
« droite, et deux verticales aux extrémités de la droite
« comme si elles étaient parallèles. Si l'on devait, dans la
« pratique, tenir compte de telles minuties, il faudrait blâ-
« mer les architectes qui élèvent de hautes tours, en menant
« avec la perpendiculaire des lignes supposées équidis-
« tantes. Par conséquent, nous pouvons dire qu'Archimède
« et les autres géomètres, dans leurs spéculations, suppo-
« sant qu'on est à une distance infiniment grande du centre,
« dans ce cas leurs assertions ne sont pas fausses, et les dé-
« monstrations sont exactes. Quand ensuite nous voulons
« appliquer, dans une distance terminée, nos démonstra-
« tions, établies sur la supposition d'une distance infiniment
« grande, nous défalquons ce qui tient à une telle supposi-
« tion... Quant à la perturbation venant de la résistance du
« milieu, elle est plus considérable et offre une variété telle
« qu'il est impossible de pouvoir la renfermer sous forme
« scientifique en des règles déterminées, attendu que, si nous
« considérons seulement la résistance de l'air aux divers
« mouvements que nous avons étudiés, nous trouverons des
« perturbations à l'infini suivant la figure, le poids, et la vi-
« tesse du mobile. Quant à ce qui regarde la vitesse, suivant
« qu'elle sera plus grande, plus grande sera la résistance de
« l'air ; elle agira d'autant plus que le mobile sera moins
« lourd ; de telle sorte que si un mobile, dont la vitesse doit
« croître proportionnellement au temps, quelque lourd
« qu'il soit, vient d'une très grande hauteur, la résistance
« de l'air sera telle qu'elle empêchera sa vitesse de croître, et
« la réduira à un mouvement uniforme.... de même le mou-
« vement qui sur un plan horizontal devrait être perpétuel
« et uniforme, abstraction faite de tous les obstacles, sera
« modifié par la résistance de l'air et finira par devenir nul,
« et d'autant plus vite que le mobile sera plus léger. Toutes
« ces circonstances de pesanteur, de vitesse et de figure va-
« rient d'une telle infinité de manières qu'elles ne peuvent

« donner lieu à une véritable science ; pour pouvoir traiter
« scientifiquement ces questions, il faut faire abstraction de
« ces circonstances ; et l'on retrouvera les conclusions dé-
« montrées, abstraction faite des résistances, dont on pourra
« se servir dans la pratique avec les limitations qu'indiquera
« l'expérience. Et l'utilité n'en sera pas petite, par la possi-
« bilité qui en résultera de choisir les matériaux de manière
« à ce qu'ils soient les moins sujets à la résistance du mi-
« lieu..... »

Galilée indique ensuite deux systèmes d'expériences : le premier relatif à la résistance de l'air d'après la nature des matériaux, et le second se rapportant à la vitesse du mobile. Galilée indique enfin les expériences qu'il a faites sous le premier point de vue, en déterminant le temps plus ou moins grand qu'emploient des boules de plomb, de pierre, etc., à tomber d'une même hauteur, en faisant varier leur poids. Il étudie, au contraire, l'influence de la résistance de l'air sur la vitesse du mobile, en mettant des boules de plomb de même poids à l'extrémité de pendules de même longueur et il fait osciller les deux pendules en les écartant diversement de la verticale (1).

Nous sommes, comme je l'ai déjà dit, en face d'un grand événement : la fondation d'une science abstraite, faite sciemment par un puissant génie qui a la compréhension philosophique de sa création.

Les anciens avaient sans doute fondé une grande science abstraite, la Géométrie, mais ils nous ont donné cette création capitale, sans nous en donner la théorie philosophique. Ils obéissaient à une évolution naturelle. Mais il est nécessaire d'avoir au moins deux cas analogues pour pouvoir tenter de découvrir la loi.

Galilée nous donne le second cas. Il distingue l'abstrait du concret. Il montre que la science abstraite résulte, non seule-

(1) *Discorsi et dimostrazioni matematiche*, pages 243-248.

ment de ce qu'on élimine certaines circonstances, pour en considérer surtout une seule, mais aussi de ce que l'on se place dans des conditions plus simples que celles que nous offre la réalité concrète.

Mais alors se présente une question capitale : comment appliquer à la réalité ces sciences abstraites ? C'est la question du passage de l'abstrait au concret. Galilée, avec une précision et une profondeur admirables, montre comment, par des expériences spéciales, on peut tenir compte des circonstances d'abord éliminées. Il montre, en même temps, comment la théorie abstraite permet de se placer, dans la pratique, dans la situation qui approche le plus de celle que la science a supposée.

A partir de Galilée, les diverses sciences abstraites sont graduellement créées, suivant la hiérarchie découverte par Auguste Comte. Celui-ci a terminé le mouvement, par la création de la sociologie et de la morale positives, et il a enfin opéré la systématisation définitive des sciences abstraites, et posé le problème général du passage de l'abstrait au concret, dans tous les ordres de phénomènes.

La conception de l'indépendance des efforts simultanés conduit nécessairement à la composition de ces efforts en appréciant séparément l'effet de chacun d'eux. Galilée a, en mécanique, posé la base de cette composition, en établissant le parallélogramme des vitesses et celui des forces qui leur sont proportionnelles. La démonstration consiste à faire voir que les deux mouvements uniformes, suivant deux lignes droites concourantes, se composent suivant une ligne droite, Si les deux vitesses sont représentées suivant deux lignes droites concourantes, la vitesse résultante sera la diagonale du parallélogramme construit sur les deux vitesses composantes, et comme les forces sont proportionnelles aux vitesses, il en résulte le parallélogramme des forces. Voilà à quoi se réduit la participation de Galilée dans la théorie de la composition des forces.

Mais la composition des forces et des mouvements conduisait à une idée corrélative, à savoir : la décomposition de ces mêmes forces. Cependant le passage de la première idée à la seconde n'a été ni aussi facile, ni aussi rapide qu'on pourrait le croire. Je vais insister sur ce sujet, parce que je regarde la génération et l'avènement des idées-mères comme ayant été trop peu étudiés, ou même pas du tout étudiés, dans l'histoire des sciences.

Descartes me paraît être le premier qui ait introduit l'idée de la décomposition des mouvements, d'une manière vague, mais néanmoins distincte. On peut lire à ce sujet le discours second de sa Dioptrique, qui porte le titre *De la réfraction*. Cet ouvrage parut en 1637, avec la Géométrie, les Météores et le Discours de la méthode, en un même volume, à Leyde. C'est dans cette même ville que parut, l'année suivante, le chef-d'œuvre où Galilée donnait la loi de la décomposition des mouvements. Mais c'était la loi rigoureuse et scientifique, tandis que la décomposition conçue par Descartes était vague et beaucoup trop subjective.

Descartes veut démontrer *a priori* la loi de la réflexion. Il ne cherche pas, comme Ptolémée, le chemin minimum d'un point à un autre, en passant par un plan. Il conçoit une molécule qui est lancée obliquement vers une ligne droite.

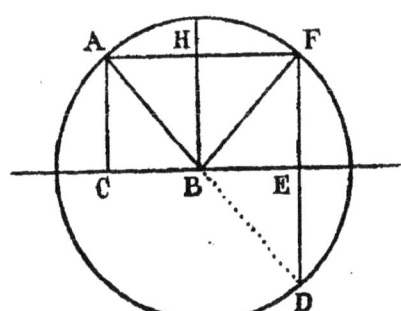

Descartes suppose une balle lancée suivant AB. Il admet qu'il y a deux choses dans son mouvement : l'intensité de la force et la direction. Il pose en principe que les deux choses sont absolument indépendantes ; ce qui est contraire aux principes de la mécanique, et n'est admis par Descartes que comme une vue de l'esprit, afin d'arriver à une démonstration *a priori* de la loi de la réflexion de la lumière. Il considère ensuite la direction du mouvement, qu'il appelle *détermination*, et il introduit de la manière suivante l'idée de sa décomposition :

« De plus, il faut remarquer que la détermination à se
« mouvoir vers quelque côté peut, aussi bien que le mouve-
« ment, et généralement que toute autre sorte de quantité,
« être divisée en toutes les parties, desquelles on peut ima-
« giner qu'elle est composée et que l'on peut aisément ima-
« giner que celle de la balle qui se meut d'A vers B est
« composée de deux autres dont l'une la fait descendre de la
« ligne AF vers la ligne CE, et l'autre en même temps la fait
« aller de la gauche AC vers la droite FE, en sorte que ces
« deux jointes ensemble la conduisent jusqu'à B suivant
« la ligne droite AB. Et ensuite il est aisé à entendre que la
« rencontre de la Terre ne peut empêcher que l'une de ces
« deux déterminations, et non point l'autre en aucune façon.
« Car elle doit bien empêcher celle qui faisait descendre la
« balle d'AF vers CE, à cause qu'elle occupe tout l'espace
« qui est au-dessous de CE, mais pourquoi empêcherait-elle
« l'autre, qui la faisait avancer vers la main droite, vu qu'elle
« ne lui est aucunement opposée en ce sens-là? Pour trouver
« donc justement vers quel côté cette balle doit retourner,
« décrivons un cercle du centre B, qui passe par le point A,
« et disons qu'en autant de temps qu'elle aura mis à se mou-
« voir depuis A jusqu'à B, elle doit infailliblement retourner
« depuis B jusqu'à quelque point de la circonférence de ce
« cercle..., et que nous supposons le mouvement de cette
« balle être toujours également vite. Puis afin de savoir pré-
« cisément auquel de tous les points de cette circonférence
« elle doit retourner, tirons trois lignes droites AC, HB et
« FE perpendiculaires sur CE, et en telle sorte qu'il n'y ait
« ni plus ni moins de distance entre AC et HB qu'entre HB
« et FE; et disons qu'en autant de temps que la balle a mis
« à s'avancer vers le côté droit depuis A, l'un des points de
« la ligne AC, jusqu'à B, l'un des points de la ligne HB, ell

« doit aussi s'avancer depuis la ligne HB jusqu'à quelque
« point de la ligne FE, car tous les points de cette ligne FE
« sont autant éloignés de HB en ce sens-là, l'un comme
« l'autre, et autant que ceux de la ligne AC, et elle est aussi
« autant déterminée à s'avancer vers ce côté-là, qu'elle l'a été
« auparavant. Or est-il, qu'elle ne peut arriver en même
« temps en quelque point de la ligne FE, et ensemble à
« quelque point de la circonférence du cercle AFD, si ce n'est
« au point D, ou au point F, d'autant qu'il n'y a que ces
« deux où elles s'entrecoupent l'une et l'autre ; si bien que
« la Terre l'empêchant de passer par D, il faut conclure
« qu'elle doit aller infailliblement vers F. Et ainsi vous voyez
« facilement comment se fait la réflexion, à savoir selon un
« angle toujours égal à celui qu'on nomme l'angle d'inci-
« dence (1). »

J'ai reproduit tous ces raisonnements de Descartes pour donner un spécimen, dans un cas important et chez un homme de génie, d'un véritable raisonnement métaphysique. Descartes connaissait la loi de la réflexion de la lumière. Sa prétendue démonstration consiste, en assimilant le mouvement de la lumière à celui d'une balle, à douer le mouvement de celle-ci de toutes les conditions nécessaires pour trouver la loi de la réflexion comme conclusion. Le véritable esprit scientifique consisterait à partir d'un fait expérimental, et à en déduire rigoureusement la loi de réflexion. L'esprit métaphysique consiste, au contraire, en connaissant la loi, à se donner les propriétés nécessaires pour qu'on puisse l'en déduire. Au fond, ces prétendues démonstrations sont des transformations subjectives du fait observé (2).

(1) *Descartes*, DIOPTRIQUE : *Discours second*. Descartes emploie ensuite, dans ce même discours, un raisonnement analogue pour démontrer la loi de la réfraction.

(2) Quant aux démonstrations qui consistent à partir de l'hypothèse que le chemin est *minimum*, quant à la distance dans la réflexion, quant au temps dans la réfraction, elles sont métaphysiques, car on prend d'une façon absolue le principe relatif de l'hypothèse la plus simple, qui est la première loi de philosophie première.

Ces vues de Descartes sont évidemment vagues; mais l'idée de la décomposition du mouvement y est énergiquement introduite. Néanmoins il fallait faire un pas nouveau pour que cette notion fût introduite en mécanique d'une manière scientifique.

Ce pas fut accompli par Varignon qui publia, en 1687, le plan d'une nouvelle Mécanique fondée tout entière sur la composition et la décomposition des forces. Il appliqua la décomposition à la théorie du plan incliné, qui jusque-là avait été traitée par des procédés ingénieux mais indirects de Stevin. La force verticale, qui sollicite un corps pesant placé sur un plan incliné, est décomposée en deux, d'après le parallélogramme des forces. L'une, normale au plan, est détruite par sa résistance; l'autre, parallèle, est la seule efficace et produit le mouvement. Une nouvelle notion est alors introduite dans l'entendement humain : la décomposition d'une force en deux forces dont l'une est efficace et l'autre détruite par des résistances. On n'a pas assez compris la portée du pas accompli par Varignon, parce que l'on est habitué, en science, à apprécier davantage les théorèmes spéciaux que les conceptions, néanmoins plus fécondes, qui portent sur la méthode.

On conçoit, d'après ce que nous venons de dire, qu'une force pouvant être remplacée par deux forces, et chacune des composantes par deux autres, une force peut ainsi être remplacée par un système équivalent. Ainsi donc une force appliquée à un point peut être remplacée par un système quelconque de forces passant par le même point : conception que la pratique avait spontanément introduite, mais que la science a démontrée comme conséquence éloignée de l'indépendance des mouvements simultanés.

On doit à d'Alembert, dans cette voie, un pas nouveau, très original et d'une grande portée déductive. Ce principe consiste en ce que, si l'on introduit dans un système de forces d'autres forces qui se détruisent ou se fassent équilibre, le nouveau système est équivalent au premier. Or, il peut arriver qu'on choisisse le nouveau système équivalent de manière à ce qu'il permette des déductions que le premier n'eût pas permises facilement. La formation d'une série d'équivalences, qui est un grand artifice de notre entendement, est aussi un grand procédé de la pratique.

D'Alembert, dans son traité de Dynamique, a employé cet artifice, pour démontrer *a priori* le parallélogramme des vitesses et des forces, par des considérations purement subjectives, sans rien emprunter à l'expérience. D'Alembert a ainsi déterminé une véritable rétrogradation métaphysique dans la conception de la mécanique rationnelle qui semblait ainsi cesser d'être une science d'observation et d'expérience. Cette situation a dominé tous les géomètres, sauf Lagrange, qui néanmoins ne s'est pas explicitement prononcé sur la nature des bases de la mécanique générale.

Auguste Comte, le premier, a traité systématiquement le problème de la nature de la mécanique rationnelle. Il a démontré que les bases étaient expérimentales; il a fait voir l'inanité des démonstrations *a priori* de ses principes fondamentaux (1).

Sans doute les deux grands fondateurs de la mécanique, Galilée et Newton, avaient pris pour base des faits d'expérience universelle, mais ils ne s'étaient pas prononcés explicitement sur la question philosophique de la nature de la science correspondante. Auguste Comte a, le premier, résolu le problème. On lui doit la même solution pour la géométrie qu'il déclarait, dès 1819, une *science naturelle*; tandis que les géomètres anciens avaient pris certains points de départ sans s'expliquer sur leur nature.

Nous avons ainsi étudié, en mécanique, la loi de la coexistence. Mais elle joue aussi un rôle en astronomie,

---

(1) Voir la quinzième leçon du *Cours de Philosophie positive*, t. 1er; Paris, 1830.

d'abord en tant que celle-ci est au fond une question de mécanique générale. Mais en outre la loi de la coexistence a été invoquée pour repousser une objection fondamentale contre le mouvement de la Terre. On prétendait, en effet, que, dans un bâtiment se mouvant en ligne droite, si on laisse tomber une balle du haut du mât, elle doit tomber en arrière de toute la quantité dont le navire s'est déplacé. Il en résultait qu'en assimilant la Terre au navire, une balle tombant du haut d'une tour devrait tomber en arrière de tout le déplacement de la Terre pendant la durée de la chute. Il n'était sans doute pas nécessaire de connaître la loi de la coexistence pour répondre à l'objection; il suffisait de faire l'expérience du navire, et de constater que la balle tombe au pied du mât. Mais la loi de la coexistence explique la chute de la balle dans le navire en mouvement et permet de déterminer la courbe qu'elle décrit dans l'espace.

Nous allons étudier maintenant la loi de la coexistence en physique et en chimie. Posons d'abord deux considérations générales qui serviront de base à notre appréciation.

L'activité physique et chimique consiste en ce que des corps, placés en présence les uns des autres, ou en contact, déterminent les uns dans les autres des modifications particulières, dont un certain nombre, en chimie spécialement, altèrent la constitution intime de ces corps. Ces modifications sont toujours mutuelles, ce qui constitue l'action et la réaction. Or, le premier emploi de la coexistence est, au point de vue logique, de considérer l'action des corps A, B, C, etc., sur le même corps M, indépendamment de la réaction de M sur A, B, C, etc. C'est là une première simplification logique, indispensable dans l'étude des sciences abstraites.

En second lieu, et c'est ici le rôle spécial de la loi de la coexistence, si les corps A, B, C agissent simultanément sur le corps M, on peut considérer l'action successive et séparée de A, B, C sur M, et le résultat sera le même que si l'action était simultanée. On peut, d'après cela, arriver à la composition des efforts par l'étude de chacun d'eux étudié isolément.

Les corps A, B, C sont de deux sortes : ce sont des corps simples ou composés, mais ayant chacun leur individualité absolue ; alors la loi de coexistence s'applique directement telle que nous venons de l'apprécier. Ou bien A, par exemple, est un mélange : alors chacun des éléments du mélange agit sur M comme s'il était seul ; de sorte que le mélange A joue le rôle d'un ensemble de corps isolés a, b, c, qui agiraient simultanément.

Toutes les propriétés de la loi de coexistence que je viens d'indiquer se réalisent en physique et en chimie. En Barologie, la loi de coexistence se vérifie dans les conditions ci-dessus indiquées, car les phénomènes rentrent dans ce cas dans la mécanique générale.

La loi de la coexistence se vérifie dans le cas d'un mélange de gaz, quand on y considère la loi de Mariotte. Ainsi, si, dans un vase à parois inextensibles, on introduit plusieurs gaz qui se mélangent sans action chimique, la pression totale du mélange sur les parois est égale à la somme des pressions de chacun d'eux considéré comme s'il occupait à lui seul le volume total. Par exemple, si des gaz différents occupent isolément des volumes V et V' sous des pressions P et P' et sont introduits dans un même vase de volume u, la pression π du mélange sera égale à la pression $P \frac{u}{V}$ du premier gaz rapporté au volume u, et à la pression $P' \frac{V'}{u}$ du second gaz rapporté aussi au volume u. Ainsi chaque gaz agit comme s'il était seul.

La loi de Berthollet, sur la diffusion des gaz différents dans un même vase, n'est au fond qu'une application de la loi de coexistence, appliquée aux fluides élastiques. Chacun d'eux se répand, en effet, dans le volume total du vase comme s'il était seul; il n'y a pas superposition comme dans le cas des liquides.

Les deux applications de la loi de coexistence que nous venons de considérer ont lieu quand le gaz est remplacé par une vapeur, pourvu que celle-ci ne soit pas à l'état de saturation.

La loi de la diffusion d'un mélange gazeux dans un liquide nous présente encore une vérification de la loi de coexistence. On sait que, quand un gaz est, sous pression constante, en contact avec un liquide, il pénètre dans ce liquide, de telle sorte que le rapport de la densité du gaz dissous au gaz extérieur non dissous est constant, quelle que soit la pression. Or si, au lieu d'un gaz, on met un mélange en rapport avec le liquide, chaque gaz du mélange se comporte, dans sa diffusion, comme s'il était seul.

La diffusion d'un mélange de gaz, à travers un solide, nous présente aussi la même vérification de la loi de coexistence.

Si on soumet le mélange d'un gaz à l'action d'une machine pneumatique, l'action de cette machine s'exerce sur chacun des gaz, comme s'il était seul.

L'action du poids d'un corps sur un autre est égale à la somme des actions des parties de ce corps, soit qu'on les fasse agir simultanément, soit successivement. Beaucoup d'esprits seraient disposés à considérer cela comme évident *a priori;* mais il n'en est rien, et l'on obéit, en l'admettant sans démonstration expérimentale, à la disposition de notre entendement à prendre comme une réalité objective, ce qui résulte de la tendance cérébrale à l'hypothèse la plus simple.

Si l'on étudie les actions calorifiques des corps les uns sur les autres, on y vérifie la loi de la coexistence telle que nous l'avons précédemment définie. Si plusieurs corps A, B, C agissent calorifiquement sur le corps M, leur action simultanée peut être remplacée par l'action successive de chacun d'eux. M. H. Résal (1) a démontré, à cet égard, un beau théorème qui ramène la composition et la décomposition des actions calorifiques à celle des lois de composition et de décomposition des forces de la mécanique générale. Si, par exemple, on considère l'action calorifique d'un point placé à l'origine des coordonnées de trois axes rectangulaires, cette action calorifique d'une intensité F peut être remplacée par trois composantes qui seront les projections de F sur les trois axes.

Dans le mélange des solides et des liquides entre eux, ou des liquides seuls, la température finale du mélange résulte de l'action calorifique de chacun des corps, considéré comme s'il agissait isolément, en tenant compte, bien entendu, du coefficient de chaleur spécifique propre à chacun des corps. Si, par exemple, on introduit dans un poids P" d'eau à la température T" deux corps solides, le premier de poids P, de température T et de chaleur spécifique C, et le second de poids P', de température T' et de chaleur spécifique C', la chaleur spécifique de l'eau étant prise pour unité, la chaleur gagnée par l'eau est égale à la somme des chaleurs perdues par les deux corps agissant successivement ou simultanément. Si on appelle θ la température du mélange, l'équation qui résulte de la loi de coexistence sera :

$$P(T-\theta)C + P'(T'-\theta) = P''(\theta - T'')$$

Il faut rapporter à la loi de coexistence le théorème de Daniel Bernouilli sur la coexistence des petites oscillations. Supposons un système en équilibre, et pouvant osciller de plusieurs manières, autour de la position de stabilité.

« Cela posé, dit Auguste Comte, le théorème de Daniel
« Bernouilli consiste en ce que toutes les espèces d'oscilla-
« tions infiniment petites, produites par les divers dérange-

(1) *Théorie de la chaleur*, par H. Résal, membre de l'Académie des sciences; 1 vol., Paris, 1884.

« ments simultanés, quelle que soit leur nature, ne font
« simplement que se superposer, en coexistant sans se
« suivre, chacune d'elles ayant lieu comme si elle était seule.
« On conçoit aisément l'extrême importance de cette belle
« proposition, pour faciliter l'étude d'un tel genre de mouve-
« ments, puisqu'il suffit d'après cela d'analyser isolément
« chaque sorte d'oscillations produite par chaque perturba-
« tion séparée. Cette décomposition est surtout de la plus
« grande utilité dans les recherches relatives au mouve-
« ment des fluides, où un tel ordre de considérations se
« présente presque constamment. Mais la propriété décou-
« verte par Daniel Bernouilli n'est pas moins intéressante
« sous le rapport physique que sous le point de vue logique.
« En effet, envisagée comme une loi de la nature, elle ex-
« plique directement, de la manière la plus satisfaisante,
« une foule de faits divers que l'observation avait depuis long-
« temps constatés et qu'on cherchait vainement à concevoir
« jusqu'alors. Telle est, par exemple, la coexistence des
« ondes produites à la surface d'un liquide, lorsqu'elle se
« trouve agitée à la fois, en plusieurs points différents, par
« diverses causes quelconques. Telle est, surtout, dans
« l'acoustique, la simultanéité des sons distincts produits
« par divers ébranlements de l'air. Cette coexistence, qui a
« lieu sans confusion entre les différentes ondes sonores,
« avait évidemment été souvent observée, puisqu'elle est une
« des bases essentielles du mécanisme de notre audition ;
« mais elle paraissait inexplicable ; on n'y voit plus mainte-
« nant qu'une conséquence immédiate du beau théorème de
« Daniel Bernouilli (1). »

La loi de coexistence s'applique en optique : elle sert de
base à la théorie et à la pratique de l'action éclairante des
corps. L'action éclairante d'un corps est égale à la somme de

---

1) Auguste Comte, *Cours de Philosophie positive*, t. 1er, p. 733-735
Paris, 1830.

celles de ses diverses parties, soit qu'elles agissent simultanément ou successivement, les parties étant considérées ici quant à la surface et non pas quant à la masse.

Enfin on peut, en électrologie, comme en magnétologie, vérifier cette loi générale, quand on considère l'action des corps les uns sur les autres à ce double point de vue.

La loi de la coexistence se vérifie aussi dans les actions chimiques. On en voit surtout une grande application dans l'action chimique de l'atmosphère sur les corps inorganiques, comme sur les végétaux et les animaux qui sont à la surface de la Terre. L'atmosphère est un mélange d'oxygène, d'azote, de vapeur d'eau, d'acide carbonique et d'un nombre quelquefois assez considérable de substances adventices. Or, ces parties agissent chacune isolément et leur action simultanée est équivalente à leur action successive. C'est là une base essentielle de la théorie du rôle chimique de l'atmosphère.

La considération de la loi de coexistence en chimie nous offre une transition naturelle pour son étude en biologie.

III

De la loi de la coexistence en Morale.

(Biologie, Sociologie, Morale).

Nous allons étudier maintenant la loi de coexistence en morale et montrer qu'elle y existe réellement, de manière à nous convaincre de sa pleine universalité.

Mais il faut rappeler que par morale nous entendons non seulement la morale proprement dite, c'est-à-dire la théorie de l'homme individuel, mais aussi la sociologie qui étudie la condition collective du développement de l'homme et la biologie qui, par la théorie de la vie, constitue un préambule nécessaire, logique et scientifique, de la sociologie et de la morale.

D'après cette conception, l'on voit que démontrer la loi de coexistence en morale, c'est faire voir qu'elle a lieu dans les phénomènes organiques, et, comme nous en avons démontré la réalité dans les phénomènes inorganiques, sa pleine généralité sera donc complètement établie.

Pour atteindre ce résultat, il faut préalablement rappeler la conception de la loi de coexistence et les diverses formes qu'elle comporte.

Sa forme la plus générale consiste dans l'indépendance des phénomènes simultanés. Cela veut dire qu'il existe des phénomènes dans lesquels on peut négliger les actions et réactions réciproques, de manière à ce que ces phénomènes se manifestent simultanément et indépendamment les uns des autres. Cette loi n'est évidemment qu'une approximation, mais elle donne une première base générale dans l'étude complète et réelle des phénomènes. Elle permet de dégager, dans la réalité effective des faits, une partie essentielle qui suffit dans beaucoup de cas et qui, dans d'autres, n'a besoin que d'être complétée par l'étude des actions et des réactions qu'on avait d'abord dû négliger. Dans ce cas, comme dans tous ceux que présentent les sciences réellement abstraites, nous isolons les diverses conditions des phénomènes ; ce qui nous permet la conception explicite des faits, au lieu d'un aperçu implicite, réel, mais confus et vague, et, par suite, insuffisant pour permettre une action modificatrice vraiment systématique.

Une seconde forme de la loi consiste dans une modification de la précédente, qu'il est utile, néanmoins, de considérer séparément, parce qu'elle joue un grand rôle en morale. Il est évident, en effet, que, s'il y a indépendance dans les phénomènes simultanés, il peut se faire qu'il y en ait, parmi ceux-ci, un plus général au moyen duquel s'accomplissent tous les autres. De là cette seconde forme de la loi : le mouvement général d'un système, quand il est strictement commun à toutes ses parties, n'altère pas les mouvements particuliers qui s'accomplissent dans ce système.

Enfin, la troisième forme de la loi, qui est corrélative aux deux précédentes, consiste à établir l'équivalence entre les phénomènes simultanés et les phénomènes successifs, quand on néglige les actions et réactions réciproques.

J'ai dit que la seconde forme de la loi joue en morale un rôle capital. Cela est évident, car les phénomènes organiques s'accomplissent dans un milieu général fourni par le monde inorganique. L'étude des phénomènes organiques aurait été impossible, si on avait été obligé de considérer les deux mondes, organique et inorganique, comme un seul système et qu'il eût fallu tenir compte de toutes les actions et réactions réciproques. Au lieu de cela, on a étudié les phénomènes organiques dans leur évolution propre, en considérant le monde inorganique comme fournissant simplement les conditions du développement.

Un second caractère général de la loi de coexistence, en morale, tient à ce que les phénomènes de cette science sont à la fois continus et intermittents. Ce double caractère nécessite l'intervention de la loi de coexistence, surtout sous sa troisième forme. On combine en effet l'intermittence avec la continuité, grâce à l'équivalence entre les phénomènes simultanés et indépendants et leur action successive.

Nous allons maintenant éclaircir ce que ces notions ont de trop abstrait, en les appliquant successivement à la biologie, à la sociologie et à la morale.

Considérons, d'abord, l'être vivant, au point de vue purement végétatif, tel que nous le montrent les végétaux, par exemple. Il consiste en un système d'éléments qui agissent et réagissent les uns sur les autres, d'après des lois déterminées. Mais ce système ne peut maintenir son activité qu'autant qu'il reçoit du monde extérieur des actions qui font de celui-ci un excitant, un aliment ou un régulateur. A ce triple point de vue, la loi de l'indépendance des actions simultanées et de leur équivalence avec les actions successives se manifeste, dans certaines limites du moins, et avec un degré d'approximation suffisant pour que nous fassions de cette loi la base de nos études et de nos modifications. Ainsi, il est évident que les actions excitatrices de la chaleur, de la lumière, de la vapeur d'eau, de l'électricité, etc., etc., sont assez indépendantes les unes des autres, pour qu'on puisse les étudier isolément, et qu'on puisse les faire agir d'une manière équivalente, soit successivement, soit simultanément.

Si l'on considère le monde extérieur comme *aliment*, on verra que les diverses parties de l'atmosphère, comme les divers éléments qui entrent dans la composition de la terre, sont considérés comme agissant chacun pour son propre compte, soit simultanément, soit successivement. Lorsque cette indépendance n'est pas absolument vraie, elle l'est assez cependant pour qu'on doive la prendre toujours comme un premier degré d'approximation. Une grande partie de l'agriculture repose sur l'application implicite d'un tel principe; mais il est nécessaire de le considérer d'une manière explicite, afin d'en juger la vraie portée et d'en diriger l'application avec plus de précision.

Quant à l'action du monde, considérée comme régulatrice, les diverses actions se produisent, en effet, avec indépendance et elles sont, suivant les circonstances, successives ou simultanées. On peut le vérifier en décomposant l'action régulatrice des saisons dans les divers éléments par lesquels elles règlent l'évolution même de la vie végétative. L'action régulatrice, du reste, nous apparaît souvent comme un simple complément des actions excitatrice et alimentaire.

Considérons maintenant la loi de la coexistence dans la vie animale, quant à l'activité musculaire d'abord. Au point de vue musculaire, l'animal est un appareil purement mécanique, soumis à toutes les lois de la composition et de la décomposition des forces. Et comme celles-ci reposent sur la loi de la coexistence, il en résulte que l'animal, à ce point de vue, est nécessairement soumis à une telle loi.

Si nous considérons la sensibilité proprement dite, en tant que sensation et image, nous y voyons la vérification de la loi universelle de la coexistence ou de l'indépendance des actions simultanées. Ainsi il est évident que la loi a lieu pour les sensations de nature différente, qui se produisent chacune indépendamment des autres : ainsi la sensation du tact se produit en même temps que celles de la chaleur, de la lumière, du son, etc., etc. Ces diverses sensations coexistent indépendamment les unes des autres, et on peut les faire agir, soit successivement, soit simultanément. Une telle loi est implicitement supposée dans tout l'ensemble de notre vie. Son application graduelle est une des conditions de l'éducation de tous les animaux, car l'éducation peut, en effet, rendre plus précise une simultanéité d'abord confuse.

Mais la même loi se manifeste pour les sensations et les images relatives à un même sens. Ainsi, par exemple, il est certain que l'œil, comme l'oreille, perçoivent au même moment des sensations distinctes et indépendantes; mais aussi que l'on peut rendre indifféremment, tout en obtenant le même résultat, ces sensations simultanées ou successives.

Quant aux images, elles coexistent successivement ou simultanément avec les sensations proprement dites ; c'est une des bases du travail cérébral.

Enfin, la loi s'étend aux images elles-mêmes. Il est très certain que, dans les ganglions sensitifs, les images homogènes ou hétérogènes existent souvent d'une manière suffisamment indépendante les unes des autres et que l'activité cérébrale les fait agir tantôt simultanément, tantôt successivement. Ces considérations se manifestent surtout dans l'homme, quand il a reçu tout le développement qui résulte de l'évolution sociale.

Quant aux fonctions cérébrales proprement dites, on peut

les considérer dans un premier degré d'approximation, comme constituant un ensemble de forces indépendantes les unes des autres : par suite, on peut leur appliquer les lois de la composition et de la décomposition des forces qui reposent tout entières sur la loi de Galilée. Ce n'est sans doute qu'un premier degré d'approximation, mais dont il est absolument nécessaire de tenir compte, et qui représente le premier degré fondamental de la réalité.

Quant à l'action modificatrice de l'animal sur lui-même ou sur le monde extérieur, il repose sur l'application plus ou moins implicite d'une telle loi. C'est grâce à elle que le concours de deux ou plusieurs animaux, pour obtenir un certain résultat, peut être remplacé par les actions successives du même animal, ajoutant à une action déjà produite une autre action. Mais c'est dans le cas de l'homme vivant en société que la loi prend toute son extension. Il était bon néanmoins d'en montrer le germe dans l'animal proprement dit.

Etudions maintenant la loi de coexistence, dans les phénomènes sociologiques. Les phénomènes sociologiques sont caractérisés par le concours des générations contemporaines, travaillant sous le poids des résultats obtenus par les générations qui les ont précédées. L'activité sociale est produite par des agents indépendants, plus ou moins isolés les uns des autres, mais qui cependant, dans leur action propre, concourent, directement ou indirectement, avec d'autres agents semblables, en utilisant tous les résultats du passé.

D'après cette conception caractéristique des phénomènes sociaux, il est facile de voir que la loi de la coexistence doit nécessairement s'y appliquer, et c'est là en effet qu'elle apparaît comme la condition même d'un tel ordre de phénomènes. Expliquons cela sommairement :

Voyons d'abord les phénomènes de la vie pratique, surtout économique. Un ouvrier qui travaille seul, par exemple, un agriculteur dans sa vigne, met en action la loi de la coexistence en utilisant les résultats du passé. Il les fait concourir simultanément ou successivement dans son travail personnel. Ainsi, l'outil dont il se sert, la terre appropriée qu'il remue, la nature du végétal qu'il s'agit de modifier, etc., toutes ces choses constituent des forces indépendantes et isolées qu'il assemble et fait concourir au même moment, ou bien qu'il distribue successivement dans une période de temps déterminée.

Mais l'existence de la loi et son application sont bien plus frappantes encore, quand plusieurs individus concourent pour l'exécution d'un travail déterminé, comme par exemple dans l'organisation d'une manufacture. Sans doute, il y a des actions et des réactions que le chef doit prévoir et dont il doit tenir compte, mais néanmoins la base de l'œuvre repose toujours sur le concours d'actions indépendantes et sur l'équivalence habituelle entre les efforts simultanés et ceux qui sont successifs.

Si nous considérons le travail intellectuel, non pas en lui-même, mais dans les matériaux contemporains ou passés qu'il utilise, la loi se vérifie encore. Tout individu qui procède à une opération mentale emploie nécessairement, pour la construction qu'il veut opérer, un ensemble de documents et d'idées que les contemporains ou les prédécesseurs ont élaborés. Mais ces documents et ces idées sont des éléments indépendants et isolés qu'il emploie en négligeant essentiellement toute réaction des uns sur les autres, et il les emploie tantôt successivement, tantôt simultanément. La combinaison, dans le travail mental, de l'intermittence avec la continuité rend, du reste, nécesaire cette équivalence entre la simultanéité et la succession.

La vie morale nous présente aussi l'existence de cette loi, en tant du moins que dans cette vie morale nous utilisons le concours des autres. Il est évident, en effet, que, dans les affections composées que développe à un si haut degré la vie sociale, nous utilisons pour la construction morale, comme pour la construction mentale, des éléments indépendants, que nous combinons, du reste, successivement ou simultanément, suivant les circonstances. Ces éléments indépendants consistent, soit dans des préjugés moraux de diverses natures, soit dans les diverses images d'êtres morts ou vivants.

Mais un élément caractéristique de la vie collective consiste dans la réaction de l'ensemble sur les parties, ou, en d'autres termes, dans la constitution d'un gouvernement, Or, la loi de la coexistence joue un rôle essentiel dans l'*organisation*, dans l'*action* du gouvernement et même dans les illusions auxquelle expose plus ou moins son fonctionnement.

L'organisation gouvernementale consiste toujours en des appareils ou des individualités, séparables et distincts, concourant vers une même destination qu'aucun d'eux n'a déterminée, mais qui résulte d'une volonté supérieure et indépendante. Il est clair qu'une telle organisation repose tout entière sur l'indépendance des efforts simultanés. Une puissance supérieure trace à chaque individualité, ou à des groupes déterminés, une sphère précise d'action ; et elle fait concourir ces diverses forces élémentaires comme le mécanicien dans la composition des forces. Le mécanicien politique utilise des lois analogues à celles dont se sert le mécanicien proprement dit dans l'établissement des conditions d'équilibre.

Dans le fonctionnement proprement dit d'un tel mécanisme, l'homme politique utilise constamment, sous forme habituellement implicite, il est vrai, la loi de la coexistence : 1° il substitue constamment, suivant les circonstances, suivant le nombre des individus qu'il peut utiliser, ou suivant leur nature, des concours successifs à des concours simultanés, ou réciproquement; 2° dans l'ensemble des mesures que décrète le gouvernement, il part habituellement de l'abstraction des actions et réactions, en ne considérant que certains phénomènes en eux-mêmes, indépendamment des autres : sans cela le problème deviendrait trop compliqué. Si des actions et des réactions se produisent au bout d'un temps plus ou moins considérable, on en tient compte par une nouvelle mesure spécialement adaptée au cas. Ainsi, par exemple, si on ouvre une nouvelle voie de communication entre deux points A et B, on considère surtout l'action qui doit se produire entre ces deux points et les points immédiatement adjacents, sans se préoccuper des actions et réactions souvent très éloignées qui peuvent en résulter. Quand on a ouvert l'isthme de Suez entre l'Occident et l'Inde, on s'est préoccupé essentiellement des conséquences commerciales, pour les deux points extrêmes et les points adjacents, mais on a plus ou moins négligé d'abord les conséquences qui devaient en résulter pour l'équilibre des diverses puissances planétaires. Il en est de même quand on prend une mesure judiciaire en elle-même, et pour satisfaire un but déterminé, en négligeant les actions ou réactions financières, administratives ou politiques, qui peuvent en résulter.

Cette manière de procéder est naturellement imposée par la faiblesse de notre intelligence en face de la complication des phénomènes, mais aussi parce que, les actions et les réactions étant habituellement très lentes, il y a possibilité de les négliger, pendant un certain temps, et de considérer le phénomène qu'on veut modifier isolément et en lui-même. Néanmoins, il y a là une source d'illusions qu'il est important de signaler ; et c'est dans une saine éducation des véritables hommes politiques qu'on pourra trouver **un remède** à des inconvénients inévitables à un certain degré.

Nous allons actuellement étudier la loi de la coexistence dans la morale proprement dite, c'est-à-dire dans l'homme individuel, agissant dans toute la complexité qu'a créée la vie sociale. Considérons d'abord la vie morale proprement dite.

Et d'abord, si nous considérons, dans l'homme, la distinction entre le corps et l'âme, ou le cerveau, nous verrons que, malgré la solidarité de tout le système organique, l'indépendance des phénomènes se manifeste dans un degré assez étendu pour que la pratique en tienne un grand compte. Ainsi, la vie cérébrale se manifeste, et souvent de la manière la plus intense et la plus normale, malgré de profondes imperfections de la vie organique, et souvent le cerveau agit énergiquement presque au moment où la vie organique va cesser.

Mais il faut considérer maintenant la vie cérébrale elle-même et les forces impulsives du cœur et du caractère ; il y a là des forces distinctes, susceptibles de degrés infinis d'intensité, entre certaines limites. En outre, par la combinaison constante de ces impulsions avec des vues plus ou moins précises, il se forme, sous l'action sociale surtout, des fonctions composées qui peuvent varier à l'infini en nature et en intensité.

Chacune de ces forces a son domaine propre et indépendant ; cette indépendance peut être représentée par la constitution anatomique même du cerveau. La substance grise de celui-ci se compose, en effet, d'une infinité de cellules, ayant sans doute des connexions, mais qu'il faut considérer, néanmoins, comme ayant une sphère propre et indépendante d'action. On a donc ainsi une infinité de forces distinctes ; et il faut voir comment, dans cette mécanique cérébrale, intervient nécessairement la loi de coexistence.

Pour bien comprendre cela, il faut distinguer l'idée de *combinaison* de celle d'*action* et de *réaction*. Il y a action et réaction entre deux forces, quand elles modifient réciproquement leur degré d'intensité, et c'est ce que nous étudierons dans la 15e leçon de philosophie première. Il y a, au contraire, combinaison quand les forces ne modifient pas leur intensité et qu'elles produisent un résultat total qui provient de l'action indépendante de chacune d'elles. C'est cette combinaison que nous allons apprécier ici d'une manière générale. Il y a sans doute toujours action et réaction à un certain degré, mais elles sont négligeables et l'on doit même, dans l'ensemble des cas, en faire abstraction.

Considérons, d'abord, l'action d'une force impulsive cérébrale unique. La loi de la coexistence y apparaît évidemment. Ainsi l'impulsion unique d'un de nos penchants : vanité, avarice, gourmandise, etc., etc., peut être remplacée par une succession d'actions plus faibles de ce penchant, mais qui s'ajoutent pour produire le même résultat, et cette action successive n'a nullement besoin d'être continue, le penchant reprenant son action, après une intermittence plus ou moins prolongée. Cette loi est évidemment une condition de l'éducation morale de l'individu, pour augmenter ou diminuer nos fonctions impulsives, simples ou composées.

Considérons maintenant le cas de la combinaison de deux ou de plusieurs forces : par exemple, la combinaison de la vanité avec la gourmandise. Sous l'excitation de la première force, l'homme se place dans une situation où la vanité puisse se satisfaire, par le développement de la gourmandise elle-même. Les deux forces se combinent quelquefois simultanément, mais le plus souvent elles agissent successivement, l'initiative appartenant tantôt à l'une, tantôt à l'autre. En combinant ainsi les diverses forces impulsives, de toutes les manières quelconques, on peut s'expliquer et comprendre le mécanisme général de la vie morale de l'homme.

Mais il faut, dans ces combinaisons et dans ces compositions et décompositions des forces, apprécier sommairement le rôle du caractère. Il y a là trois forces qui agissent constamment, plus ou moins, sur les autres forces et interviennent toujours dans le système d'équilibre plus ou moins stable qui tend à surgir. L'une de ces forces, le courage, est *excitatrice*, c'est-à-dire qu'elle pousse les autres à agir ; la seconde, la prudence, *retient* l'action ; et la troisième, la persévérance, la *maintient*.

Le système de l'éducation humaine prend évidemment pour l'une de ses bases cette grande loi de la coexistence, le plus souvent il est vrai d'une manière implicite et empirique ; mais le Positivisme vient apporter son incomparable systématisation. Ainsi, il est certain qu'une base essentielle de l'éducation consiste à faire intervenir constamment les fonctions du caractère ; et c'est ainsi que l'homme tend à devenir maître de lui-même. Quant aux autres fonctions, la sagesse pratique consiste à faire intervenir tantôt l'une, tantôt l'autre, pour obtenir un résultat déterminé.

Voyons maintenant la loi de la coexistence dans l'activité intellectuelle. Rappelons d'abord la destination de celle-ci. Elle a pour but de construire une représentation de la réalité qui soit telle que la succession même de nos pensées traduise la succession des choses : de telle sorte que nous puissions, par une évolution mentale, remplacer et précéder l'observation. Ainsi, par exemple, l'astronomie est arrivée à un degré suffisant de perfection, pour qu'un astronome puisse, à Paris, par des combinaisons de son esprit, déterminer l'heure exacte du lever du soleil à Constantinople, pour un jour donné de l'année. Le cerveau arrive à un pareil résultat par des images résultées de sensations ; on les combine par la contemplation concrète et abstraite. La méditation proprement dite détermine ensuite la loi de succession, représentative de celle des choses elles-mêmes. Et, enfin, cette construction est traduite par une succession coordonnée de signes, qui la rendent définitivement communicable. Voyons sommairement la loi de la coexistence dans ces diverses phases de la construction mentale.

Il est évident que cette loi se manifeste dans la production des images, base de tout travail mental ; il y a d'abord évidemment coexistence des images homogènes, que l'on peut le plus souvent considérer comme étant véritablement indépendantes, et avec elles coexistent les images hétérogènes dont j'ai montré le rôle dans la première partie de mon *Cours de philosophie première*.

Il est bien certain que, dans la contemplation concrète,

le cerveau combine les images et les assemble de manière à construire la représentation d'un être. Il y a là une sorte de mécanique mentale ; et la construction définitive d'un être n'est rien autre chose qu'un certain état d'équilibre établi entre les diverses images.

La contemplation abstraite n'agit pas seulement par composition, mais aussi par décomposition, pour arriver à construire un type plus ou moins abstrait. L'expérience constate évidemment que, dans la contemplation, il y a équivalence entre les combinaisons simultanéés et les combinaisons successives, ce qui nécessite l'intermittence du travail intellectuel.

Les mêmes considérations s'appliquent à la méditation proprement dite. Le cerveau essaie, en effet, des hypothèses successives qui tendent à représenter l'évolution même des choses, et il opère le rapprochement des images en négligeant, au moins dans une première approximation, les actions et les réactions réciproques.

Concluons cette exposition systématique de la loi de coexistence. Nous avons d'abord établi les diverses formes qu'elle comporte et leur équivalence nécessaire. Nous avons prouvé qu'une pareille loi a été appliquée et conçue, mais d'une manière implicite, par la raison pratique. Puis nous avons montré que cette conception était nécessairement spéciale et incohérente. Nous avons fait voir ensuite l'intervention nécessaire de la raison théorique pour rendre cette loi explicite, générale et cohérente ; de telle sorte qu'en réagissant sur la raison pratique, on peut établir à cet égard la véritable harmonie mentale. Nous avons ensuite indiqué l'évolution successive de cette loi, d'abord en mécanique, d'où l'a dégagée pour la première fois le génie de Galilée ; et nous avons montré, enfin, son extension à la physique et à la chimie. Finalement, nous avons établi la pleine universalité d'une telle loi, en montrant successivement son rôle dans la Morale c'est-à-dire en biologie, en sociologie et en morale proprement dite.

Mais si c'est Galilée qui, le premier, a établi scientifiquement, dans un cas décisif, la loi de coexistence dont je termine aujourd'hui la systématisation, néanmoins elle s'est graduellement développée, sous forme implicite, pendant toute l'évolution préliminaire de notre espèce.

Le Fétichisme a introduit l'idée de volonté plus ou moins arbitraire, mais c'est le Théologisme qui, par la création des dieux, a fait surgir dans l'entendement humain la conception de forces indépendantes que l'on combine de toutes les manières possibles. On a ainsi une conception vague, mais forte, de la composition des forces et des divers systèmes d'équilibre.

L'évolution militaire a appliqué, elle, la loi de la coexistence dans son organisation, qui repose toujours sur la combinaison simultanée et successive d'efforts indépendants.

Enfin l'industrie a appliqué implicitement cette loi, dans son action modificatrice des choses, comme dans son organisation administrative.

Mais tout cela restait incohérent. Le Positivisme intervient pour systématiser ; il montre la généralité de la loi et rend nettement explicite ce qui n'était qu'implicite. Il fonde alors dans ce cas la véritable harmonie mentale, qui consiste toujours en ce que la raison abstraite, prenant pour point de départ la raison pratique, réagit à son tour sur elle, la rend cohérente et la coordonne vis-à-vis de sa véritable destination : l'Humanité.

Enfin, il faut concevoir cette loi comme constituant aussi un grand artifice logique, au moyen duquel nous organisons l'abstraction, base de toute coordination et de toute modification systématique. Il y a toujours, en effet, dans le système général des choses, action et réaction. Mais au moyen de cette loi et par une première approximation qui est suffisamment en rapport avec la réalité des choses, nous faisons volontairement abstraction de ces actions et réactions, pour ne considérer d'abord que la combinaison des efforts indépendants, simultanés ou successifs.

PHILOSOPHIE PREMIÈRE

QUINZIÈME LEÇON (1)

Douzième loi de philosophie première :

(*Loi de l'équivalence*).

Il y a toujours équivalence entre l'action et la réaction, si leur intensité est mesurée conformément à la nature de chaque conflit.
(**Huyghens, Newton.**)

I

Considérations préliminaires.

Nous avons commencé l'étude des lois de l'activité générale des choses. Nous avons dirigé une telle étude d'après le principe de la complication croissante, qui doit présider à l'exposition comme il préside à l'évolution effective. Grâce à la notion de *force*, dont nous avons donné la théorie positive, tous les modes innombrables d'activité peuvent être représentés par un système de forces se combinant d'une infinité de manières différentes suivant des modes de liaison qui peuvent varier aussi à l'infini. La première de ces lois universelles est celle de la *persistance*. Elle représente, soit

---

(1) Ceci représente l'ensemble de la quinzième leçon de Philosophie première, professée, le dimanche 24 mars 1878 (27 Aristote 90), à Paris, 10, rue Monsieur-le-Prince.

l'action d'une force unique, soit la manière dont se constitue une force unique comme résultat final de l'activité antérieure d'un nombre quelconque de forces agissant sur un point ou sur un système. Nous avons étudié ensuite la loi de la *coexistence :* c'est celle qui préside à l'action de forces distinctes, simultanées ou successives, considérées comme indépendantes les unes des autres. Mais, dans les deux cas, nous avons considéré seulement l'action de B sur A, en négligeant la réaction qui existe toujours, de A sur B. C'est cette loi de la réaction, accompagnant toujours l'action, que nous allons étudier dans tous les ordres de phénomènes, sous le nom de loi de l'*équivalence.*

Quand on considère le spectacle général des choses et tous les objets A, B, C,... qui nous entourent, nous constatons dans ces divers corps des changements continuels qui s'accomplissent avec une vitesse plus ou moins considérable. Le temps est la variable indépendance propre aux fonctions qui représentent, ou peuvent représenter, les variations de phénomènes qui s'accomplissent dans ces corps A, B, C,... Mais l'expérience constate que ces variations ne sont pas en réalité indépendantes les unes des autres, et que A, B, C... forment au fond un système unique ; les variations étant en fait solidaires les unes des autres. Néanmoins il ne peut y avoir de construction scientifique qu'autant qu'on isole les éléments du système général des choses et qu'on étudie, par exemple, les relations qui lient les variations de A à celles de B, en ne considérant ainsi que deux éléments du système. Si l'on ne procédait ainsi, il serait absolument impossible de trouver les lois effectives. C'est là le travail d'abstraction sur lequel repose la science réelle. Il faut ensuite, bien entendu, quand ces lois élémentaires sont trouvées, tâcher de reconstituer systématiquement et explicitement l'état réel ; de manière à établir l'harmonie entre ce résultat de la raison théorique et l'état synthétique et implicite de la raison pratique.

Il y a deux cas à considérer, suivant qu'il s'agit de phénomènes de même nature ou de phénomènes de natures différentes. Considérons d'abord le premier cas. Si le corps B est placé en face de A, ou au contact, et que, par suite, il en résulte dans A une série de phénomènes, on dit que B agit sur A. Mais l'expérience prouve que, si B produit sur A des phénomènes d'une certaine nature, il en résulte toujours dans B une modification parfaitement déterminée dans les phénomènes de même espèce qui existent en lui. On dit alors qu'il y a réaction de A sur B. Ainsi, par exemple, si un corps B ayant une certaine quantité de mouvement mv vient frapper A, la quantité de mouvement de A en est altérée en plus ou en moins, et cette quantité de mouvement altérée dans A représente l'action de B. Mais la quantité de mouvement de B, à son tour, se trouve modifiée et cette modification représente ce qu'on nomme la réaction de A. Si un corps B tire A, à son tour, A tire B. — Considérons un autre ordre de phénomènes : par exemple, les phénomènes calorifiques. Supposons A et B placés en face l'un de l'autre et ayant entre eux une différence déterminée de température. Le plus froid A s'échauffe ; on dit alors qu'il reçoit l'action de B. Mais, le plus chaud B, à son tour, se refroidit ; c'est ce qui constitue la réaction de A. Ces actions et réactions entre phénomènes homogènes ou de même nature sont réglées par une loi générale, universelle et qui s'applique à tous les ordres de phénomènes distincts ; on la nomme la loi de l'égalité entre l'action et la réaction.

Mais un second cas se présente, c'est celui de deux phénomènes de natures différentes. B étant placé en face de A détermine en lui une variation dans un des phénomènes qui caractérisent celui-ci ; mais cette variation, déterminée ainsi en A dans un de ces phénomènes, détermine une variation dans un autre phénomène de A ; de telle sorte que l'action de B produit ainsi dans A une première variation phénoménale qui est liée à une seconde d'une nature différente. La loi qui lie ces deux variations successives de deux phénomènes distincts dans A par l'action de B se nomme la loi de l'*équivalence*. Il est évident que, par une généralisation de la loi de l'égalité entre l'action et la réaction, B nous présente aussi une variation corrélative entre les deux mêmes ordres de phénomènes qui ont été modifiés dans A. On a alors une réaction, non plus simple, mais composée, de A sur B. L'on pourrrait étendre ces considérations à un nombre quelconque de phénomènes. On aurait ainsi l'action totale de B sur A et la réaction totale de A sur B. Mais il n'y a évidemment de science possible qu'autant qu'on considère les phénomènes deux à deux. Ainsi, par exemple, supposons que B, plus chaud que A, soit placé en face de lui. Il en résultera dans A un échauffement qui représentera l'action calorifique de B; mais cet échauffement est suivi dans A d'une variation plus ou moins considérable de son volume. On peut alors se proposer de trouver la loi de variation du volume de A, d'après la loi de variation de sa température par l'action de B. Nous désignerons sous le nom de loi de l'équivalence la relation qui lie la variation du volume de A, d'après celle de sa température.

On peut considérer cette loi de l'équivalence comme une généralisation de la loi de l'action et de la réaction. Auguste Comte n'avait considéré la loi que sous son premier aspect de l'action et de la réaction ; mais elle restait évidemment, sous cette forme, tout à fait insuffisante et ne correspondait nullement à la situation atteinte par l'élaboration scientifique. Je lui ai donné, dès le début de mes travaux sur la philosophie première, son véritable degré d'extension. J'ai pu, dès lors, il y a bientôt trente ans de cela, indiquer de nouvelles études scientifiques. J'ai pu, grâce une conception vraiment positive, dégager ce qu'on a appelé l'équivalent mécanique de la chaleur du voile métaphysique qui le couvrait, faute d'une appréciation suffisamment générale de la réalité effective.

Nous allons maintenant, pour bien comprendre l'esprit de cette loi, apprécier la marche de son évolution, depuis le point de départ donné par la raison pratique, jusqu'à la systématisation que le Positivisme lui fait accomplir dans la raison théorique.

La raison pratique, ayant pour destination d'organiser la modification des choses pour la satifaction de nos besoins, a dû nécessairement avoir la conception des actions et réactions des corps les uns sur les autres, de même que celle de séries de phénomènes équivalents à d'autres séries. La raison pratique a donc eu nécessairement un sentiment profond de cette grande loi de philosophie première. Mais cette conception a été le plus souvent implicite, par suite non formulée, et se transmettait même par simple imitation. En second lieu, elle a été spéciale, même quand elle a été formulée. Et quand je dis spéciale, c'est que la loi se rapportait, non à un ordre de phénomènes, mais aux modifications de certains phénomènes propres à certains corps. Enfin ces conceptions spéciales constituaient nécessairement un état incohérent de l'intelligence humaine. Le problème qui s'imposait dès lors à la raison théorique était d'abord de formuler la loi dans chaque ordre spécial de phénomènes pour en déduire enfin la systématisation définitive. Grâce à cette construction graduelle de la raison théorique, la réaction sur la raison pratique pouvait être organisée, et par cette réaction on devait arriver à constituer les cas possibles que la pure raison pratique ne peut jamais donner. Cette première réaction de la raison théorique, sous forme scientifique, c'est-à-dire réelle mais spéciale, devait servir au développement des forces humaines, et elle y a réellement servi. Sous sa forme définitive, ou philosophique, la réaction de la raison théorique sur la raison pratique organisera, par une vue d'ensemble, le règlement qui permettra d'instituer la modificabilité dans son opportunité et son degré. Telle est la marche générale de l'évolution de cette grande loi pour arriver finalement à la véritable harmonie mentale en rapport avec l'harmonie générale de l'existence humaine. Précisons cette conception générale en suivant les phases principales de son évolution.

Voyons d'abord l'évolution propre à la Grèce et au moyen-âge. La raison théorique y est générale, coordonnée, mais métaphysique, c'est-à-dire donnant aux notions abstraites, trop vagues, une réalité objective ; tandis que la raison scientifique est réelle, mais spéciale, et n'embrasse que quelques-uns des aspects des choses. Nous voyons, en effet, les philosophes s'élever à la conception générale de la matière, aux idées de production, d'altération, de modification, aux idées générales d'action et de réaction, à la conception des éléments par la combinaison desquels on puisse expliquer l'immense variété que nous présente l'activité des choses qui nous entourent. La lecture du *Timée* de Platon, du *Traité du Ciel* d'Aristote, de sa *Métaphysique*, et de son ouvrage sur *la production et la destruction* des choses, donne une idée plus que suffisante de ce premier travail abstrait pour arriver à une conception des immenses transformations qui s'accomplissent constamment autour de nous. Mais si nous examinons le résultat de cette grande élaboration, nous voyons qu'il est seulement logique, et ne produit pas de résultat scientifique effectif. Il prépare l'esprit humain à organiser l'étude élémentaire des divers phénomènes, il ébauche des notions à cet égard ; mais il n'arrive à rien de définitif. Cela tient à ce que ces premières spéculations portent sur des *notions* et non pas sur des *lois*. Ainsi on spécule sur les idées de production, d'altération, de mélange et même de combinaison ; mais on ne recherche ni on ne trouve aucune loi expérimentale, en même temps qu'abstraite, portant sur ces divers ordres de phénomènes. On parle du *pesant* et de la *pesanteur*, mais on ne recherche ni on ne trouve aucune loi relative à ce phénomène. Or, c'est la loi qui est la condition effective de la modification pratique, en même temps qu'elle règle la stabilité mentale en saisissant la constance dans la variété. Aussi Platon pense, dans le *Timée*, qu'il ne peut pas y avoir de véritables sciences des choses périssables et constamment variables qui nous entourent. Toute l'évolution scientifique a bien démontré le contraire. La distinction entre la *substance* et les *accidents* est bien une tentative pour satisfaire à ce besoin, en séparant ce qui paraît immuable de ce qui paraît variable, mais c'est une distinction vague et qui n'aboutit nullement ; car on place la substance dans une sorte d'entité et l'accident dans une variation phénoménale, de telle sorte que ces deux aspects sont sans corrélation véritable. Ainsi ces philosophes n'ont jamais pu s'élever à une véritable définition de la matière, et le fait est que le Positivisme seul pourra y arriver en subordonnant les phénomènes les plus variables au phénomène le plus fondamental et le plus stable sans être immuable. Ainsi, toute cette évolution philosophique a eu un résultat capital, elle a introduit des notions abstraites, elle a isolé les divers phénomènes, les a considérés séparément. Elle l'a fait sans doute d'une manière imparfaite, mais elle l'a fait. Cependant elle n'a pas trouvé de lois abstraites ; par suite, elle ne pouvait être que préparatoire et se trouvait nécessairement en dehors de la raison pratique, qui a toujours nécessairement besoin des lois, sous forme implicite ou explicite.

Pendant que la raison purement philosophique établissait ainsi des notions générales et abstraites, insuffisantes faute de trouver les lois, la science commençait son évolution abstraite, mais spéciale. La raison des philosophes grecs, préparée par leurs spéculations abstraites philosophiques, instituait les lois générales de la forme par la fondation de la géométrie. Là, au lieu de spéculer indéfiniment sur l'idée de forme, on cherchait et on trouvait des relations abstraites, qui saisissaient la constance au milieu de toutes les formes possibles. Ainsi Thalès constatait que dans tous les triangles imaginables il y avait quelque chose de constant, à savoir que la somme des trois angles est toujours égale à deux droits. Mais ces lois étaient constatées seulement dans les constructions simples créées par l'esprit humain, d'après l'observation élémentaire, il est vrai, de la réalité ; néanmoins il était nécessaire de faire un pas de plus et de trouver, si l'on peut ainsi parler, des lois plus objectives. Ce pas, les astronomes le firent, en découvrant les lois géométriques du mouvement des corps célestes. Cette découverte supposait néanmoins la théorie préable des lois géométriques.

Archimède fit un pas de plus, en découvrant deux lois mécaniques, celle du levier et celle des corps flottant sur l'onde. On avait là des lois abstraites et réelles, mais spéciales.

Cette situation de l'esprit humain dura essentiellement, sauf des modifications secondaires, jusqu'à Descartes.

Depuis Descartes, l'évolution philosophique se trouve liée à une évolution scientifique plus étendue, qui permettra enfin au Positivisme de donner une conception positive et générale de la matière, conçue dans ses divers modes d'activité et dans leur corrélation réciproque. Dans cette évolution, trois grands esprits nous apparaissent d'abord : Descartes, Newton et Leibnitz. Examinons d'abord la conception de Descartes.

Ce mouvement philosophique est de même nature que celui que nous a présenté l'antiquité ; mais avac une précision croissante tenant à l'influence croissante et à l'extension graduelle de l'évolution scientifique. Celle-ci aborde successivement chaque série de phénomènes distincts, en détermine les lois spéciales, de manière à permettre enfin une systématisation d'ensemble ; mais, il faut bien le dire, à partir de Lavoisier, qui a définitivement complété l'évolution scientifique, au degré nécessaire pour permettre une véritable systématisation philosophique, celle-ci a continué à s'embourber dans des spéculations purement métaphysiques, complètement en dehors de la situation mentale acquise par l'esprit scientifique. Le problème, en définitive, est d'établir une conception positive de la matière, qui représente les lois de sa stabilité et celles de ses variations.

Descartes a cherché un caractère fondamental de la matière auquel il pût subordonner tous les autres, et par les modifications duquel il pût expliquer tous les phénomènes qui nous entourent. Descartes crut trouver ces caractères dans l'étendue et le mouvement ; c'est-à-dire dans les deux grandes propriétés révélées par la vision. La matière est donc, pour lui, de l'étendue susceptible de recevoir toutes sortes de formes et toutes sortes de mouvements possibles. Descartes a publié ces vues dans les *Principes de philosophie*, qui parurent à Amsterdam, en 1644, en latin. C'est le plus vaste système de matérialisme qui ait jamais paru, puisqu'en définitive tous les phénomènes quelconques sont ramenés à la forme et au mouvement. Cette conception philosophique se lie à l'élaboration scientifique de Descartes. Il est clair que si tous les phénomènes de la matière sont des phénomènes de forme, il est nécessaire que la géométrie soit assez générale pour étudier les affections de toutes les formes quelconques. Descartes a fondé cette géométrie générale. Il est évident aussi que, ces formes présentant toutes sortes de mouvements, il est nécessaire d'avoir une théorie des lois générales de tous les mouvements possibles. Mais Descartes a complètement manqué la solution de ce dernier problème, et la gloire en revient à Newton, s'appuyant sur les découvertes successives de Kepler, de Galilée et de Huyghens. Il n'est pas besoin d'ajouter que, quoique l'explication de toutes les choses par la forme et le mouvement soit une tentative d'une rare audace, dont l'influence logique a été immense, elle reste néanmoins vague et confuse et dénuée de cette précision inhérente à l'esprit scientifique.

Il y avait dans la conception de Descartes un vice philosophique capital, à savoir l'impossibilité de définir la quantité de matière, et l'incapacité de donner un moyen précis et rigoureux pour la déterminer. Un second vice consistait en ce que les propriétés diverses de la matière ne rentraient que par des hypothèses vagues et invérifiables dans l'étendue et le mouvement. Newton le premier a résolu le problème de définir d'une manière positive la quantité de matière en donnant les moyens de la mesurer, de manière à nous permettre de la suivre dans ses transformations quelconques ; et il y est arrivé en traitant d'une manière distincte un phénomène que Descartes avait trop vaguement fait rentrer dans l'étendue et le mouvement. C'est ce qu'il faut maintenant voir.

Tout corps à qui l'on veut communiquer un mouvement, ou chez qui on veut l'arrêter ou le diminuer, présente une résistance. Cette résistance nous est révélée par une sensation distincte du sens de la musculation et constitue un phénomène *sui generis*, irréductible aux sensations de forme et de mouvement données par la vue. Or, la mécanique générale ne pouvait être fondée qu'en tenant compte précisément de ces phénomènes et en cherchant à les mesurer. Sans cela, on ne faisait dans l'étude des mouvements que ce qu'on a appelé depuis de la cinématique, ce que Carnot avait appelé des mouvements géométriques, et dont la théorie résultait des deux lois de Kepler et de Galilée. Mais Newton fit précisément le pas capital en appréciant ces phénomènes de résistance et en les mesurant. Cela le conduisait nécessairement à une conception de la matière différente de celle de Descartes ; car, d'après Descartes, il n'y avait lieu à apprécier que le volume, quoique, même à ce sujet, ses idées soient vagues. Mais le *vis inertiæ*, ou le *vis insita* de Newton exige une autre considération, puisque deux volumes égaux ayant la même vitesse sont bien loin d'avoir la même force de résistance ou d'impulsion. Il fallait donc une autre définition de la matière. C'est la première définition des *Principia mathematica :* « Definitio I. — Quantitas materiæ est mensura ejusdem orta ex illius densitate et magnitudine conjunctim. » On voit, d'après cela, que la quantité de matière résulte de la combinaison du volume avec la densité, ou rapprochement des molécules. Mais cela ne donne pas une mesure de la quantité de matière. Newton y est conduit par la notion de quantité de mouvement. La quantité de mouvement est le produit de la quantité de matière par la vitesse, ou de la masse par la vitesse. Et, en effet, Newton définit de cette manière ce qu'il appelle des *quantités de matières égales*. Ce sont celles « qui, étant impressionnées par une même force pendant un même temps, acquièrent d'égales vitesses ; et, généralement, la quantité de matière est inversement proportionnelle à la vitesse ainsi imprimée » (1). La quantité de matière est donc ainsi définie et mesurée. C'est là un pas capital, scientifiquement et philosophiquement. Nous verrons bientôt comment ce pas est définitivement complété et généralisé par Lavoisier. Constatons seulement le progrès immense accompli sur Descartes par l'introduction précise d'un mode d'activité, distinct de la forme et du mouvement, soumis à une mesure exacte.

Leibnitz réagit aussi contre la conception de Descartes, d'une manière plus générale que Newton sans aucun doute, mais aussi d'une manière infiniment moins scientifique et moins efficace. Elle n'a eu qu'une simple valeur logique : et Leibnitz n'a jamais pu se dégager de la confusion métaphysique.

Le système de Leibnitz à cet égard consiste dans ce qu'on a appelé la *monadologie* (2).

D'après lui, tout ce qui existe, y compris l'homme, est formé de *monades*. Celles-ci sont des êtres simples, c'est-à-dire sans étendue ; ces êtres simples, en nombre infini, sont tous

---

(1) Livre II, proposition 24, Théorème 19 ; d'après les articles de M. Biot dans le *Journal des savants* sur la correspondance de Newton avec Cotes.

(2) Leibnitz, *La monadologie*, publiée d'après les manuscrits et accompagnée d'éclaircissements, par Emile Boutroux, maître de conférences à l'Ecole normale supérieure. — Paris, 1881, librairie Charles Delagrave, 15, rue Soufflot. 1 vol. in-12 de 232 pages.

distincts et différents les uns des autres. Ils sont actifs, soit actuellement, soit virtuellement ; ce sont, sous ce rapport, des forces. Chaque monade tend à se développer, ou se développe, d'après une loi qui lui est propre et, dans cette activité, chaque état dépend de l'état antérieur. L'état passager par lequel passe l'activité de la monade est une perception qui, lorsqu'elle acquiert assez d'intensité pour donner lieu à la conscience, donne lieu à une aperception. La réunion des monades en quantité plus ou moins considérable forme les divers êtres composés. On le voit, nous nageons ici en pleine métaphysique : au lieu de coordonner des observations et de chercher les lois des phénomènes observés, Leibnitz construit *a priori* le système d'après des convenances intellectuelles appliquées à des observations imparfaites. En premier lieu, au lieu de réagir comme Descartes contre l'évolution métaphysique par la réduction de tous les phénomènes aux lois de la géométrie et de la mécanique, il opère un mouvement profondément rétrograde en étendant la conception des êtres dits simples ou sans étendue. Cette conception qui, à beaucoup d'égards, nous paraît si singulière, s'explique par un abus de l'évolution du génie abstrait qui, à l'état métaphysique, donne une réalité objective à des abstractions. C'est de cette manière que, séparant de la conception d'étendue celle de certains modes d'activité, on a conçu ceux-ci comme ayant une réalité effective en dehors des corps étendus. De là les notions d'*âme* et de *force*. Il est inutile de dire qu'au point de vue scientifique aucun être quelconque n'est concevable sans étendue et sans mouvement. L'insuffisance de la philosophie cartésienne à cet égard c'est, comme dans toute doctrine matérialiste, d'avoir méconnu l'existence d'autres propriétés différentes et irréductibles à celle-là. C'est à ce point de vue que la tentative rétrograde de Leibnitz a eu une valeur organique, en affirmant, contre Descartes, l'existence d'un nombre pour ainsi dire infini de modes d'activité distincts dans les choses qui nous entourent. Mais la conception de Leibnitz, par cela même, n'a pu avoir qu'une valeur logique, comme formule de réaction contre l'exclusivisme de la doctrine progressive de Descartes. Elle a rappelé à l'esprit des penseurs la notion de modes multiples d'activité des choses ; mais elle n'a séparé avec précision aucun de ces modes d'activité élémentaire et n'en a nullement déterminé les lois. C'est l'évolution scientifique qui a rempli cet office, aussi progressif qu'organique, en continuant le mouvement commencé par l'étude abstraite de l'étendue, instituée par Thalès et Pythagore.

Au XVIIIe siècle, on a, en effet, institué l'étude positive de la thermologie ; on a étudié les lois principales de la chaleur et surtout créé les moyens de mesure et d'observation précise. Ç'a été là un événement décisif, car la barologie et l'optique rentraient, au fond, dans la géométrie et la mécanique. On a aussi découvert les lois principales de l'activité électrique. Le mouvement scientifique isolait ainsi et constituait *in abstracto* l'étude des lois des ordres distincts des phénomènes, et réalisait la constitution de la science abstraite que la métaphysique n'avait qu'ébauchée par des notions abstraites vagues, sans la conception positive des lois, qui ne peut jamais résulter que de leur détermination réelle.

Mais le pas décisif sans lequel la conception positive de la matière, conçue d'une manière abstraite, ne pouvait avoir lieu, fut accompli par la fondation de la chimie positive. Celle ci étudie les lois de la composition et de la décomposition des corps ; elle a pour but de suivre les transformations multiples de toutes les substances. Par conséquent, pour qu'elle pût être établie sur des déterminations précises, il fallait nécessairement avoir un moyen scientifique et d'une application facile pour constater à chaque instant la quantité de matière ; ce n'est que de cette manière qu'il y avait possibilité de mesurer exactement les diverses transformations de celle-ci. Ce pas capital a été accompli par Lavoisier.

La quantité de matière, pour Lavoisier, est mesurée par le poids de la matière. Pour lui, et désormais pour tous les savants, le poids de la matière reste constant au milieu de toutes ses transformations quelconques. Comme l'a dit si justement M. Dumas, Lavoisier a fait de la balance l'instrument chimique par excellence et, suivant sa juste formule, on peut dire que « rien ne se perd, rien ne se crée, tout se transforme » et que le poids reste constant. La quantité de matière est donc mesurée par son poids.

Il est important de remarquer que la conception de Lavoisier n'est nullement contradictoire à celle de Newton; elle ne fait que la transformer, en remplaçant la quantité de mouvement, conçue d'une manière générale, par celle qui est due à l'action de la pesanteur. Si nous appelons m la masse d'un corps et g l'accélération de la pesanteur, p le poids de cette masse m, on aura : $p = m g$; d'où la formule : $m = \dfrac{p}{g}$, d'après laquelle la masse est proportionnelle au poids. Mais, outre cette grande création, Lavoisier et ses successeurs en ont accompli une autre, en démontrant que les corps vivants sont composés des mêmes éléments que les corps inorganiques; par conséquent, l'on peut ainsi s'élever à une conception qui s'applique à tout ce qui existe.

Descartes, Newton et Lavoisier me paraissent avoir posé les bases d'après lesquelles on peut construire enfin une conception positive et abstraite de la matière. Etendue, mouvement et pesanteur, constituent, par leur réunion et leur concours constant d'après des lois déterminées, la matière proprement dite, dont la pesanteur sert à apprécier la quantité. Cette matière ainsi constituée nous présente une série de phénomènes distincts et irréductibles de chaleur, de lumière, d'électricité, de composition, et de décomposition, de vitalité organique ou animale. Mais, au milieu de toutes ces transformations et de tous ces modes d'activité dont on connaît les principales lois, le poids reste constant et nous permet toujours de mesurer la quantité de matière.

Néanmoins il est utile de faire quelques observations pour bien montrer et rappeler la relativité de nos connaissances. La pesanteur reste constante et est susceptible d'être mesurée par nos diverses balances à la surface de la terre. Cependant, on peut concevoir une situation où ce poids, tout en existant, n'aurait pas pu être apprécié et où, par suite, la fondation scientifique fût devenue impossible. L'esprit humain n'aurait pu alors constituer une raison théorique capable de systématiser la raison pratique, en découvrant les lois abstraites de chaque ordre de phénomènes que la pratique étudie dans leur concours effectif. Supposons, en effet, que le mouvement de la terre soit assez rapide pour que la force centrifuge soit à l'équateur équivalente à la pesanteur, les corps pour nous cesseront de peser. Supposons, au contraire, que nous soyons placés entre la lune et la terre dans une zone convenable pour que les deux gravitations vers la terre et son satellite soient équivalentes, la pesanteur n'existera plus pour nous. Ces observations sont nécessaires pour bien faire sentir combien est illusoire la recherche d'une synthèse objective et qu'il n'y a de possible que la synthèse subjective qui systématise tout pour et par l'Humanité.

Résumons maintenant la conception positive de la matière par la notion scientifique du *système*.

On appelle, en mécanique, système un ensemble de points liés entre eux, soumis chacun à des forces déterminées, et qui agissent et réagissent les uns sur les autres d'après la loi de l'action égale à la réaction; cette action et cette réaction étant mesurées, en mécanique pure, suivant les principes posés par Newton. C'est cette notion qu'il faut généraliser. En premier lieu, au lieu de *points*, il faut dire *éléments*, pour que la conception s'applique à tout ce qui existe. Par éléments nous entendons des systèmes partiels plus ou moins complexes, liés à d'autres systèmes. Dans ce cas, le mode de liaison n'est pas seulement assujetti à la loi de l'action égale à la réaction, mais à la loi plus générale de l'*équivalence*, dont la première n'est qu'un cas particulier. D'après cette loi de l'équivalence, telle que nous l'avons établie, l'action du système B sur le système A produit dans celui-ci toute une série régulière de phénomènes de nature différente de l'action de B sur A, et réciproquement A réagit sur B de la même manière. La liaison de tous les systèmes partiels forme le système général dont nous faisons partie, c'est-à-dire notre système planétaire, dont le soleil est le centre général.

Mais la théorie, comme la pratique de l'espèce humaine, exigent nécessairement que l'on considère des systèmes partiels et même que, dans chacun d'eux, on ne considère qu'un mode d'action, en regardant les autres comme constants. Cette considération nécessaire des systèmes partiels est une condition essentielle de toute synthèse subjective, la seule qui nous soit accessible et utile. La lenteur de certaines évolutions phénoménales rend cette considération des systèmes partiels, outre que nécessaire, tout à fait suffisante pour nos besoins théoriques et pratiques. Cette considération des systèmes partiels conduit à la distinction, fournie par la mécanique générale, entre les forces intérieures et les forces extérieures. Cette distinction est capitale. Tout déplacement du centre de gravité d'un système suppose toujours une force extérieure, et cette précieuse notion doit être généralisée et s'étendre à tous les systèmes quelconques physico-chimiques, biologiques, sociologiques et moraux. Enfin, il faut distinguer, dans les forces intérieures ou extérieures d'un système, les forces actives et les forces passives ou résistantes. Cette distinction fondamentale a une plus grande importance au point de vue subjectif qu'au point de vue objectif; mais, en définitive, c'est celui-là qui nous intéresse.

On voit, d'après ces considérations, combien sont encore métaphysiques les considérations sur la matière. La distinction entre la matière et la force tient évidemment à un aperçu insuffisant. Elle représente tout au plus la distinction entre l'étendue et les autres modes d'activité ; mais elle a le grave inconvénient de donner à ces divers modes d'activité une sorte de réalité objective distincte, tandis que c'est par une pure abstraction qu'on les considère à part. Mais la conception de la matière manquerait d'une précision suffisante si, en s'appuyant sur toute la philosophie seconde, on ne pouvait pas donner le tableau des modes effectifs et irréductibles d'activité, dont le concours constitue les divers systèmes matériels qui se présentent à nous, avec des degrés plus ou moins grands de complication. Ces diverses propriétés qui concourent pour former les divers systèmes partiels, qui finalement forment le système planétaire, sont : l'étendue, l'activité mécanique, l'activité physique (pesanteur, chaleur, lumière, électricité, magnétisme, son), l'activité chimique et enfin les activités biologique, sociologique et morale. Cette conception générale étant ainsi établie, nous allons enfin pouvoir étudier la loi générale d'équivalence à la fois historiquement et dogmatiquement, dans les degrés successifs de la cosmologie et de la morale.

II

De la loi d'équivalence en cosmologie (mathématique, physique, chimie).

La notion d'action et de réaction, comme celle d'équivalence, nous est sans doute fournie par l'homme et la société, mais d'une manière vague et trop implicite pour donner lieu à une véritable construction scientifique. La grande loi capitale, fondée par Auguste Comte, et qui est une des bases inébranlables de la philosophie positive, est que l'esprit humain a déterminé les relations scientifiques qui lient les divers ordres de phénomènes, en passant des plus simples aux plus compliqués. C'est, en effet, dans cet ordre que se sont faites la découverte et l'extension générale de la loi d'égalité entre l'action et la réaction et de la loi d'équivalence. L'antiquité avait créé la géométrie ou étude de l'étendue; mais celle-ci ne pouvait nous révéler la loi de l'action et de la réaction, puisque les sensations visuelles sur lesquelles elle repose ne donnent nullement l'idée d'effort et de résistance. La loi a donc dû surgir en mécanique, et c'est là, en effet, que Newton l'a formulée pour la première fois, en fondant la mécanique générale, préparée par Galilée et Kepler, et qui avait résisté aux efforts de Descartes.

Newton fit paraître la loi de l'égalité entre l'action et la réaction en 1687, dans la première édition de son grand ouvrage sur les principes mathématiques de la philosophie naturelle. C'est la troisième, parmi les lois du mouvement, que Newton donne au commencement de son ouvrage. En voici l'énoncé : « Actioni contrariam semper et æqualem esse reactionem : sive corporum duorum actiones in se multas semper esse æquales et in partes contrarias dirigi. » Ce que Mme du Châtelet traduit ainsi : « L'action est toujours égale et opposée à la réaction : c'est-à-dire que les actions de deux corps l'un sur l'autre sont toujours égales et dans des directions contraires. » Newton constate, par l'examen des phénomènes les plus vulgaires et les plus universellement connus, que toute action d'un corps sur un autre amène une réaction. Il y avait là un pas capital à accomplir, et bien plus difficile qu'on ne le croit, quoique cette loi fût implicitement appliquée dans tous les arts mécaniques; et cependant personne avant Newton n'en avait dégagé le concept abstrait. Mais pour que la loi pût être réellement mathématique, il fallait que l'action pût être mesurée, afin de démontrer qu'elle est exactement égale et de sens contraire à la réaction. C'est ce que Newton a fait en introduisant la notion de quantité de mouvement, c'est-à-dire le produit mv de la masse par la vitesse, et en montrant que l'action ou la réaction est mesurée par la quantité de mouvement perdue ou gagnée. Newton explique par cette loi la communication des mouvements par le choc, dont il institue une vérification expérimentale, même en tenant compte de la résistance de l'air. On peut mesurer la grandeur du pas accompli en voyant Galilée, dans les *Dialogues* publiés en 1637, signaler la résistance de l'air et indiquer son rôle, mais en déclarant que la variété d'action est trop grande pour qu'il soit possible de trouver aucune loi.

Une anecdote caractéristique montre combien la découverte de Newton était difficile. On sait qu'en 1713 Newton se décida à donner une nouvelle édition des *Principia mathematica*; il s'adressa, pour corriger les épreuves, au fameux Roger Cotes, fellow du collège de la Trinité, à Cambridge, qui avait été protégé par Newton. Mais le correcteur, qui était un homme supérieur, comme on le sait, signala en même temps à Newton les lacunes à remplir et les éclaircissements nécessaires. On a publié à Cambridge, en 1850, cette précieuse correspondance, sur laquelle M. Biot a fait, dans le *Journal des Savants*, un travail des plus intéressants. A propos de la gravitation de la lune vers la terre, et vers la fin de la corection de l'ouvrage, Cotes fait à Newton la singulière objection suivante : Il lui paraît que la lune gravite vers la terre, mais non pas la terre vers la lune, comme l'énonçait Newton,

il propose à celui-ci un *erratum* pour corriger cette prétendue erreur. Ainsi Cotes, géomètre éminent, avait pu étudier à fond les *Principia mathematica*, sans pourtant se rendre compte de la grande loi de l'action égale à la réaction. « Newton, dit M. Biot, ne se fâcha point, il écrivit une première fois à Cotes pour lui montrer par des exemples simples, de la dernière évidence, que son objection est réfutée par les phénomènes, contraire aux lois de la mécanique et aux principes de la physique expérimentale ; ce qui le met dans la nécessité d'ajouter à son livre un dernier paragraphe destiné à prévenir de semblables interprétations. Dans une seconde lettre, il lui rappelle patiemment les mêmes vérités générales, sans acune aigreur. ».

Grâce à cette loi de Newton, la conception du *système* a pu enfin pénétrer en mécanique. Avant Newton, il n'y avait rien que des vues vagues et tout à fait insuffisantes à ce sujet. On sait depuis Newton qu'un système est un ensemble de corps liés entre eux, soumis, du reste, à des forces quelconques, mais agissant et réagissant les uns sur les autres d'après la grande loi de l'action égale à la réaction. Il applique cette grande conception au système du monde, régi par cette loi que les corps qui le composent s'attirent en raison directe des masses et en raison inverse du carré des distances.

Je n'ai pas à suivre, bien entendu, l'histoire si admirablement faite, du reste, par Lagrange, de la fondation de la théorie de l'équilibre et du mouvement des systèmes. Mais il faut montrer maintenant comment, dans les phénomènes mécaniques, la loi de l'égalité entre l'action et la réaction fut complétée par ce que j'appelle la loi de l'*équivalence*. Les divers arts mécaniques ont pour but, non seulement de déplacer les corps, de vaincre des résistances, mais aussi de modifier la forme elle-même de ces corps, soit en rapprochant les molécules, soit en les éloignant, de manière à produire de nouvelles formes appliquées à une certaine destination. Dès lors, on voit qu'il s'établit par l'activité mécanique une certaine relation entre cette activité et les modifications géométriques des corps. Les géomètres sont arrivés à pouvoir représenter, dans une même conception, toutes les modifications mécaniques ou géométriques que l'on peut faire éprouver à un corps par les diverses manifestations de l'activité mécanique elle-même. Pour comprendre ce grand résultat, il faut préciser les deux notions de *force vive* et de *travail mécanique* et en montrer l'équivalence.

Supposons une masse m animée d'une vitesse v, la force vive est la masse multipliée par le carré de la vitesse; c'est-à-dire mv^2. Le travail mécanique d'une machine quelconque qui parvient à vaincre une résistance f le long d'un certain chemin e, est $f.e$. Et si ce chemin parcouru l'est avec une vitesse uniforme v pendant un temps t, le travail mécanique sera fvt. On a ainsi une conception par laquelle on peut apprécier la valeur d'une machine, quel que soit le sujet auquel elle s'applique. Cette conception était nécessaire et s'imposait depuis que, par la machine à vapeur, on avait créé l'industrie abstraite; la machine à vapeur pouvant s'appliquer à tous les travaux mécaniques quelconques et sa valeur devant être appréciée indépendamment de la nature de son application. Mais il est évident que le travail mécanique accompli par une machine quelconque peut toujours être représenté par le travail nécessaire pour élever un poids p à une hauteur h. Tout travail mécanique pourra donc être représenté par $p \times h$; or, l'on sait qu'un corps qui tombe d'une hauteur h, acquiert une vitesse v au bas de sa chute, telle que l'on a

$v = \sqrt{2gh}$ ou $v^2 = 2gh$; d'où $h = \dfrac{v^2}{2g}$. D'autre part, on sait que $p = mg$. Ceci posé, on a $ph = mg \times \dfrac{v^2}{2g}$ ou $ph = \dfrac{1}{2} mv^2$. Tout travail mécanique peut donc être représenté

comme ce qui est nécessaire pour communiquer à une masse m la moitié de sa force vive. Mais, pour faciliter les énoncés, on appelle maintenant force vive, non plus mv^2, mais $\dfrac{1}{2} mv^2$; de sorte que tout travail mécanique est dit égal à une force vive.

Cette considération du travail mécanique mesuré par la force vive a l'avantage de nous permettre de considérer sous un point de vue commun, par suite, de mesurer et de comparer tous les travaux mécaniques quelconques, quelle que soit la variété pour ainsi dire infinie qu'ils nous présentent. Ainsi les travaux mécaniques ont pour destination le transport des corps par les moteurs inorganiques ou organiques ; mais ils ont aussi pour destination les modifications à apporter dans la forme des corps, de même que les modifications plus ou moins profondes de leur constitution mécanique. Le travail de l'agriculteur qui remue la terre, celui du forgeron qui donne une forme particulière au fer en frappant ou en limant, celui du tailleur, du cordonnier, etc., sont des résultats du travail mécanique. Dans tous ces cas, en dehors de l'adresse, si on considère l'intensité de ces divers modes d'activité, on voit qu'ils sont le résultat de l'absorption d'une certaine quantité de force vive. Du reste, les ingénieurs ont fait à ce sujet de nombreuses expériences et publié des travaux d'une grande importance. Ces travaux constituent l'organisation du passage de l'abstrait au concret. Ceux qui veulent se faire des idées précises sur cette grande question de la relation entre la raison pratique et la raison théorique, peuvent lire, par exemple, dans la *Théorie des fonctions analytiques*, de Lagrange, le chapitre VII sur la loi des forces vives. On a alors la conception purement abstraite, qui est le premier degré de la raison théorique. Puis, en lisant l'*Introduction à la mécanique industrielle, physique ou expérimentale*, de Poncelet, on a le second degré de la raison théorique, la raison concrète proprement dite ; c'est-à-dire l'établissement des coefficients et des formules relatifs à chacun des modes spéciaux de résistance. Mais c'est évidemment aux praticiens, ou à la raison pratique, à réaliser effectivement, dans chacun des cas spéciaux, par des conditions nombreuses d'habileté et de connaissances spéciales. On voit ici, par conséquent, dans un type qui peut servir dans l'ordre moral et social, par quel vaste échafaudage systématique l'Humanité est arrivée à organiser pour son utilité la modification effective des choses. Dans le cas qui nous occupe, la force vive est donc le procédé par lequel on peut apprécier l'équivalence de l'ensemble des phénomènes hétérogènes de l'activité mécanique proprement dite.

Abordons maintenant la loi de l'action et de la réaction, et de l'équivalence, dans l'ordre des phénomènes physiques proprement dits. La barologie nous présente une transition ; puisque, partie fondamentale de la physique, le phénomène de la pesanteur qu'elle étudie joue un rôle directement mécanique. Mais c'est en thermologie que la loi de l'action égale à la réaction se présente à nous directement. Deux corps A et C mis en présence agissent et réagissent calorifiquement l'un sur l'autre. Les lois de l'échauffement et du refroidissement sont l'expression de la détermination de ces actions et réactions calorifiques. Newton en a donné la première approximation dans la loi qui porte son nom ; mais c'est la théorie de l'équilibre mobile de température, par Prévôt, de Genève, qui a systématiquement introduit l'idée d'action et de réaction. Si nous considérons les phénomènes électriques, nous constatons entre les corps électrisés des actions et des réactions exactement comme dans le cas de la chaleur, mais sous des formes plus compliquées. Il en est de même dans les phénomènes lumineux ; seulement, dans ce cas, les actions et réactions se présentent en général entre un nombre considérable de corps quelconques, sans que l'on ait suffisamment étudié à part le cas de deux corps et l'échange de lumière qui peut s'opérer entre eux, en considérant surtout l'intensité de cette lumière.

En physique, c'est surtout la considération de l'équivalence entre des phénomènes hétérogènes qu'il faut apprécier. Prenons pour exemple la chaleur. Son augmentation ou sa diminution dans un corps modifient profondément l'état géométrique ou mécanique du corps. Boerhaave a le premier formulé ce principe général que les corps se dilatent quand ils s'échauffent et se contractent quand ils se refroidissent. De même la modification de la température détermine des modifications profondes dans la cohésion des molécules d'un corps. Ainsi donc les modifications thermologiques du corps déterminent des modifications géométrico-mécaniques et l'on peut concevoir qu'il y ait entre elles une certaine relation d'équivalence. De même l'on a constaté de tout temps que le frottement comme le choc déterminent dans les corps des modifications thermologiques. La pratique a constaté un tel phénomène de toute antiquité. Mais il y a quelque chose de plus.

La modification thermologique d'un corps détermine un changement dans l'état du corps ; de telle sorte que l'absorption par un corps A d'une certaine quantité de chaleur le fait passer de l'état solide à l'état liquide, et de l'état liquide à l'état gazeux. C'est Blake qui, le premier, a fait cette grande découverte et a désigné sous le nom de chaleur latente la quantité de chaleur nécessaire pour faire une pareille transformation. Cette chaleur est absorbée ou devient latente, non seulement pour le passage d'un état à un autre état, mais aussi pour une simple modification dans le volume. Et réciproquement, le changement dans l'état du corps, ou dans sa constitution mécanico-organique, détermine un dégagement de chaleur. Les quantités de chaleur absorbées dans ces diverses transformations varient suivant la nature des corps; et il y a un coefficient spécifique qui varie d'un corps à l'autre. C'est ce qu'on appelle la chaleur spécifique des corps. Ainsi deux corps d'un même poids, pour passer d'une température à un autre, exigent des quantités différentes de chaleur. C'est à Crawford qu'est due cette grande découverte. De même les quantités de chaleur nécessaires pour fondre ou vaporiser les corps sont différentes dans les divers corps. C'est surtout Laplace et Lavoisier qui ont étudié la relation précise qui existe entre ces phénomènes calorifiques et les changements d'état des corps. Mais pour que ces relations fussent précises, il fallait nécessairement prendre une unité de mesure. C'est ce qu'ont fait Laplace et Lavoisier et, quoiqu'ils n'aient pas introduit le mot de *calorie* qui est tout à fait moderne, ils en ont nettement introduit la conception.

On prend maintenant pour calorie, ou unité de quantité de chaleur, la quantité de chaleur nécessaire pour élever un kilogramme d'eau de un degré. Laplace et Lavoisier avaient pris, au contraire, pour unité de chaleur la quantité de chaleur nécessaire pour fondre un poids donné de glace. Les recherches de Laplace et de Lavoisier sur les relations entre les phénomènes calorifiques et les phénomènes mécanico-géométriques et de changement d'état se rapportaient, du reste, à deux ordres de phénomènes différents, tantôt au degré de température, tantôt à la quantité de chaleur. L'étude des changements dans l'état géométrique des corps, c'est-à-dire dans la dilatation des longueurs et des volumes, se rapporte surtout à la température, et celle des changements d'état à la quantité de chaleur; mais il est facile de passer d'une considération à l'autre, puisque l'on sait quelle est la quantité de chaleur nécessaire pour élever un kilogramme d'un corps d'un degré de température. Dans la pratique, tantôt l'une des considérations l'emporte sur l'autre. Laplace et Lavoisier ont constaté, d'ailleurs, que le poids n'est altéré par aucune modification dans l'état calorifique du corps. La théorie positive, en dehors de toute hypothèse invérifiable, de l'équivalence entre les phénomènes calorifiques et les phénomènes géométrico-mécaniques, se trouvait donc ainsi établie d'une manière solide et inébranlable sur des expériences directes. C'est là la véritable direction où il faut rester pour faire des découvertes réelles et effectives.

Mais Laplace et Lavoisier ont fait un pas de plus en introduisant la considération hypothétique des forces vives dans la théorie de l'équivalence entre les phénomènes thermologiques et les phénomènes géométrico-mécaniques. Il paraît probable que, si les expériences sont dues surtout à Lavoisier, l'introduction de la considération des forces vives est surtout due au grand géomètre Laplace. Ces considérations se trouvent dans le mémoire lu à l'Académie, en 1783, par Laplace et Lavoisier (1).

« Les physiciens, disent Laplace et Lavoisier, pensent que la chaleur n'est que le résultat des mouvements insensibles des molécules de la matière : c'est ce mouvement intestin des molécules qui constitue la chaleur. Pour développer cette hypothèse, nous observerons que, dans tous les mouvements dans lesquels il n'y a point de changement brusque, il existe une loi générale que les géomètres ont désignée sous le nom de *principe de la conservation des forces vives* : cette loi consiste en ce que, dans un système de corps qui agissent les uns sur les autres d'une manière quelconque, la force vive, c'est-à-dire la somme des produits de chaque masse par le carré de sa vitesse est constante. Si les corps sont animés par des forces accélératrices, la force vive est égale à ce qu'elle était à l'origine du mouvement, plus à la somme des produits des masses par les carrés des vitesses dues à l'action des forces accélératrices. Dans l'hypothèse que nous examinons, la chaleur est la force vive qui résulte des mouvements insensibles des molécules d'un corps : elle est la somme des produits de la masse de chaque molécule par le carré de sa vitesse. »

Après avoir fait quelques applications ingénieuses de cette conception, Laplace et Lavoisier disent qu'il faut, d'après cela, changer les mots : *chaleur libre, chaleur combinée* et *chaleur dégagée* en ceux de *force vive, perte de force vive* et *augmentation de force vive.*

Après ces considérations, ces illustres savants ne s'occupent plus ni de mouvements moléculaires ni de forces vives ; ils ne considèrent plus la chaleur que comme de la chaleur, c'est-à-dire comme un phénomène *sui generis* susceptible d'augmentation et de diminution, qu'ils cherchent à mesurer et dont ils apprécient les effets. Et c'est là certainement ce

---

(1) Second mémoire. Sur le principe de la chaleur, et sur les moyens d'en mesurer les effets, par A.-L. Lavoisier et P. S. de Laplace.

qu'ils avaient de mieux à faire. Toutes les découvertes réelles se sont faites en restant dans cette direction, quoique la force vive reparaisse de temps en temps ; ainsi Clausius, dans ses Mémoires sur la chaleur, indique qu'il est probable que celle-ci n'est que de la force vive ; c'est sans doute pour empêcher la prescription. Cette tendance à vouloir réduire la chaleur à du mouvement tient sans doute au désir naturel et légitime de mieux coordonner les phénomènes ; mais elle constitue une hypothèse absolument invérifiable. A ce titre, elle doit être éliminée, outre qu'elle tend à détourner des expériences, seule source sérieuse de découvertes, pour encombrer de dissertations algébriques. Après tout, la sensation calorifique est en elle-même aussi nette que la sensation visuelle de mouvement. Ce qu'il reste de positif dans toutes ces recherches, c'est la corrélation qui existe entre des séries de phénomènes distincts : ici, par exemple, la liaison entre l'augmentation de la chaleur d'un corps et son passage à l'état liquide ou à l'état gazeux, et réciproquement, le dégagement de chaleur quand le corps repasse de l'état gazeux à l'état liquide, ou de l'état liquide à l'état solide. C'est ce que Laplace et Lavoisier ont très nettement expliqué dans la formule suivante :

« Si dans une combinaison ou dans un changement d'état
« quelconque, il y a une diminution de chaleur libre, cette
« chaleur reparaîtra tout entière, lorsque les substances
« reviendront à leur premier état ; et réciproquement, si dans
« la combinaison ou dans le changement d'état il y a une
« augmentation de chaleur libre, cette nouvelle chaleur dispa-
« raîtra dans le retour des substances à leur état primitif. »
Laplace et Lavoisier arrivent à exprimer cette belle observation en une formule plus précise encore et dont on conçoit l'application à tous les ordres de phénomènes. La voici : « Toutes les variations de chaleur, soit réelles, soit
« apparentes, qu'éprouve un système de corps, en changeant
« d'état, se reproduisent dans un sens inverse, lorsque le

« système repasse à son premier état. » Ce principe n'est au fond que la vérification du principe des conditions d'existence qui n'est lui-même qu'une forme du principe des lois naturelles, à la fois base et résultat de l'état scientifique. Il est évident, en effet, que tout état d'un système est toujours lié à certaines conditions, varie avec elles d'après des lois régulières, et que les mêmes conditions reparaissent pour le même état de ce système.

Mais il fallait faire un pas de plus ou, du moins, préciser le pas accompli, mesurer chacune des conditions qui varient l'une au moyen de l'autre, et la mesure de l'une peut être considérée comme l'*équivalent* de la mesure de l'autre. Appliquons cela à la production ou à la disparition de la chaleur. L'augmentation de la chaleur dans un corps lui procure une puissance motrice, et, réciproquement, la puissance motrice exercée sur un corps produit en elle de la chaleur. Mais pour que cette relation entre la chaleur et la puissance motrice pût être précise, de manière à ce que la mesure de l'une pût être considérée comme l'*équivalent* de la mesure de l'autre, il fallait que cette puissance motrice fût exactement mesurée et que l'on déterminât quelle fonction de la masse, de la vitesse et du temps il fallait employer à cet égard. C'est surtout Carnot qui, dans son *Essai sur les machines*, a appelé l'intention et précisé, mieux qu'on ne l'avait fait jusqu'à lui, la fonction qui devait mesurer le travail de la machine. C'est ce qu'il a appelé le *moment d'activité*, ce qu'on a appelé depuis travail mécanique, et qui est toujours équivalent à une certaine quantité de force vive perdue ou gagnée. Il n'est donc pas étonnant que ce soit son fils, Sadi Carnot, qui ait le premier porté l'attention et précisé cette relation entre la chaleur et la force motrice, et préparé la voie à la théorie de l'équivalent mécanique de la chaleur (1). On exprime cet équivalent mécanique en calories;

(1) Réflexions sur la puissance motrice du feu et sur les machines

et Joule l'a surtout déterminé, en mesurant la quantité de chaleur produite par le travail mécanique dû au frottement. Il faut considérer que ces conceptions ne sont rien autre chose que le dernier degré de précision donné aux observations fournies par la raison pratique. On a observé de tout temps que le frottement produit de la chaleur ; plus tard, les savants ont constaté que la chaleur dilate les corps, par suite produit du travail mécanique. La machine à vapeur a fait voir qu'en vaporisant l'eau on détermine une puissance mécanique plus ou moins considérable. On a enfin conçu d'une manière abstraite la relation entre ces deux ordres de phénomènes. Puis on a pu mesurer exactement cette relation ; parce que, d'un côté, les physiciens avaient obtenu, par la détermination de la calorie, la mesure de la quantité de chaleur, et que, d'un autre côté, les géomètres avaient mesuré l'activité mécanique par la conception du moment d'activité ou du travail mécanique. On a donc eu ainsi la relation précise qui lie les variations de deux ordres distincts de phénomènes, dont l'un est dit l'équivalent de l'autre. La raison théorique, à son tour, réagissant sur la raison pratique, lui a donné une sytématisation et une précision qui lui manquaient spontanément. Mais il faut dégager cette conception de toute métaphysique, ne pas réaliser des abstractions et ne voir là, en réalité, que la précision définitive donnée à la conception de loi naturelle.

De pareilles considérations s'appliquent aux relations qui existent entre tous les divers phénomènes physiques. Ainsi, par exemple, l'électricité est produite par le frottement ; il y a donc une relation précise à trouver entre le travail mécanique et la quantité d'électricité produite. De même, la vaporisation est une condition de production d'électricité. Or, la vaporisation résulte, soit de la diminution de pression, et

propres à développer cette puissance, par S. Carnot, ancien élève de l'Ecole polytechnique. — Paris, chez Bachelier, libraire, 1824, in-8, 118 pages.

alors il y a une relation d'équivalence entre le travail mécanique nécessaire pour produire cette diminution de pression et la quantité d'électricité produite ; soit aussi de l'action calorifique et, par conséquent, on peut aussi établir une relation d'équivalence entre la quantité de chaleur et la quantité d'électricité. Quand, au contraire, on considère l'action d'un corps électrisé sur un corps bon conducteur, c'est alors la forme la plus simple de la loi d'équivalence qui intervient, à savoir celle de l'égalité entre l'action et la réaction. On peut appliquer ces considérations à tous les ordres de phénomènes physiques. Mais on ne doit jamais oublier que l'essentiel consiste toujours dans l'étude directe des phénomènes, et que les découvertes réelles seraient toujours compromises si l'on se plaçait trop au point de vue déductif. Ainsi ce point de vue aurait certainement empêché les découvertes d'Œrstedt, de Volta et de Faraday sur les courants. Néanmoins il ne faut pas exagérer, car on voit par les travaux d'Ampère comment, en partant de la loi d'attraction et de répulsion de deux éléments de courant, il a pu construire une théorie mathématique qui a permis de prévoir des faits nouveaux que l'expérience a vérifiés.

Nous allons maintenant aborder la loi de l'équivalence dans les phénomènes chimiques. La complication de ces phénomènes fait que nécessairement la loi s'y présente avec une bien plus grande imperfection. Il est clair qu'il a fallu toute une immense élaboration préliminaire pour faire simplement la constatation des phénomènes de composition et de décomposition, en tenant compte de l'influence spécifique propre aux diverses substances mises en rapport les unes avec les autres. C'est là une énorme base expérimentale qui est bien loin d'être complète, et qui repose nécessairement sur les résultats obtenus par les divers arts chimiques de la nutrition, de l'habillement et de la matière médicale. Mais la constitution scientifique n'a pu avoir lieu que depuis la découverte des divers gaz, et l'introduction, par Lavoisier, de la balance, comme instrument chimique essentiel. La loi de l'égalité entre l'action et la réaction n'a pu encore se dégager d'une manière précise, la chimie n'ayant pas encore atteint un état suffisamment abstrait, qui probablement ne pourra vraiment exister que quand les divers corps pourront être considérés, directement ou indirectement, à l'état gazeux. Mais la loi de l'équivalence s'y présente, au contraire, d'une manière indirecte, quoique non encore suffisamment précise.

Les phénomènes chimiques dépendent de conditions déterminées de température, de lumière, d'électricité et de pression. Toutes les combinaisons artificielles que nous produisons sont obtenues en faisant intervenir des conditions d'affinité spécifique, et aussi des conditions physiques sans lesquelles les propriétés spécifiques ne pourraient être mises en jeu. Ainsi, si l'on veut décomposer de l'eau, il faut d'abord réduire l'eau en vapeur, puis faire passer cette vapeur d'eau sur du cuivre chauffé au rouge : voilà quelles sont les conditions nécessaires pour mettre en jeu l'activité chimique. Mais si, au lieu de considérer la succession des phénomènes qui conduisait à la formation d'une certaine quantité d'oxyde de cuivre et d'un poids déterminé d'hydrogène, nous considérons les quantités produites, la notion d'équivalence apparaît immédiatement ; et l'on peut même remarquer que ce sont surtout les nécessités industrielles qui en rendent la considération nécessaire. Il faut évidemment un nombre déterminé de calories pour vaporier une certaine quantité de vapeur d'eau. On peut mesurer cette quantité exactement. Il faut, en outre, une certaine quantité de calories pour chauffer le cuivre à la température convenable. On a donc ainsi une quantité déterminée de chaleur ; mais qui, au lieu d'être simple, se compose de deux éléments qui peuvent être combinés soit par addition, soit par toute autre fonction mathématique. D'un autre côté, on peut déterminer rigoureusement le poids de l'oxyde de cuivre produit, en même temps que le poids de l'hydrogène. On a ainsi deux éléments d'un nouvel équivalent que l'on peut aussi combiner par addition ou suivant toute autre fonction. Le problème alors consiste à trouver l'équivalence qui existe entre la quantité de chaleur employée et le produit chimique obtenu. Seulement il y a ici deux éléments dans chacun des deux équivalents; et ce n'est que par des expériences nouvelles qu'on pourrait arriver à déterminer comment il faut les combiner, pour avoir la véritable équivalence entre la quantité de chaleur et la quantité du produit chimique. — Si on considère l'action de l'électricité proprement dite, on voit qu'elle joue un grand rôle chimique. Ainsi, si on excite des étincelles électriques dans un mélange d'oxygène et d'hydrogène, on détermine la production d'une certaine quantité d'eau. Si au lieu de considérer seulement la succession du phénomène, qui néanmoins est au fond la chose capitale, on introduit la notion de mesure, il y aura une relation d'équivalence à établir entre la quantité d'eau produite et la quantité d'électricité employée. Il est utile de remarquer que la détermination des équivalences, qui repose sur la mesure des phénomènes considérés, ne peut jamais venir qu'après l'étude de la succession des phénomènes, et doit être rigoureusement subordonnée à celle-ci, qui est toujours la plus importante.

Mais comme les phénomènes physiques eux-mêmes de chaleur, d'électricité, etc., correspondent à un équivalent de travail mécanique, il s'ensuit que, philosophiquement, l'on peut concevoir une relation entre les quantités des phénomènes chimiques et une certaine quantité, ou une certaine fonction de travail mécanique. Ainsi se trouve conçue d'une manière générale une relation entre les équivalents, c'est-à-dire entre les quantités mesurées des divers ordres de phénomènes. Néanmoins, quand cet ordre d'études se développera, et il est à peine ébauché, il ne faudra marcher que graduellement, l'expérience à la main, en craignant toujours la danger séduisant des combinaisons algébriques qui donne une systématisation plus apparente que réelle.

Nous avons considéré jusqu'ici la relation du phénomène chimique au phénomène physique, en partant de celui-ci pour arriver à l'autre. Il faut considérer maintenant les phénomènes en sens inverse. La raison pratique avait découvert depuis longtemps, empiriquement et implicitement, une pareille relation. C'est en déterminant, en effet, des phénomènes chimiques, qu'on produisait des phénomènes physiques, surtout de chaleur et de lumière ; c'est là-dessus qu'étaient fondés nos procédés de chauffage et d'éclairage. Mais ce n'est que quand les chimistes de la seconde moitié du XVIIIe siècle ont constitué la distinction capitale du phénomène physique et du phénomène chimique que cette distinction a pu être faite d'une manière explicite. C'est à Lavoisier que l'on doit la grande découverte que tout phénomène chimique est accompagné de manifestations physiques de chaleur, de lumière et d'électricité, et je me sers du mot manifestations pour désigner ou la production ou la déperdition. Le théorème de Lavoisier est relatif à la succession des deux ordres de phénomènes ; l'intensité n'y est considérée que d'une manière secondaire. Si on l'y introduit, on arrive alors à la notion de l'équivalence. Ainsi, par exemple, en mesurant la quantité d'oxygène absorbée par sa combinaison avec une substance et la quantité de chaleur produite, on a un équivalent soit de la quantité de chaleur, soit de la quantité de combinaison. On pourrait le faire pour la lumière comparée à la quantité du phénomène chimique produit, si les moyens photométriques étaient plus parfaits. Quoi qu'il en soit, ce qui rendra plus compliquée la détermination de ces équivalents quand on l'abordera sérieusement, c'est qu'il faudra y tenir compte de coefficients spécifiques ; et ce sera souvent difficile quand on considérera des substances composées.

C'est surtout dans la théorie de ce qu'on a appelé les

courants que la considération des équivalents devra jouer un grand rôle, vu l'immense importance industrielle toujours croissante de ces courants. Au lieu du mot *courant* qui repose sur la théorie hypothétique d'une électricité en mouvement, précisément dans le cas où toute électricité a disparu, j'ai proposé celui de *circuit* qui permet de considérer le phénomène en dehors de toute hypothèse trop subjective. J'appelle *circuit* un conduit fermé, composé de substances différentes, qui acquiert la propriété de dévier l'aiguille aimantée, lorsqu'il se produit des inégalités physiques ou chimiques dans certaines de ses parties. Les inégalités physiques ont lieu, par exemple, dans le cas des circuits thermo-électriques. Dans le cas le plus général, le circuit est mis en action par des phénomènes chimiques. Il est clair que l'on peut établir une relation d'équivalence entre le phénomène physique de la déviation mesurée, et la quantité du phénomène chimique ou physique. Mais il y a un cas plus général encore, c'est celui où l'on établit une relation d'équivalence entre les quantités de deux phénomènes chimiques. Ainsi, par exemple, si les deux électrodes arrivent dans de l'eau, il y a une certaine quantité d'eau décomposée, mais il y a aussi une quantité de phénomènes chimiques déterminés dans la pile proprement dite. Dans ce cas-là, quand, après avoir constaté la succession de ces phénomènes, on veut introduire la notion de mesure, on arrive à établir les équivalents de deux ordres de phénomènes chimiques distincts. Enfin, dans le cas des courants déterminés par le mouvement de rotation d'un électro-aimant, on peut établir une relation entre la quantité de travail mécanique et des quantités distinctes de phénomènes chimiques ou physiques.

Après avoir établi ainsi toutes ces diverses sortes d'équivalents, un problème se posera, encore bien éloigné de ce que la science actuelle peut atteindre ; il consistera à voir si tous ces phénomènes mesurés ne peuvent pas être représentés par quelques équivalents qui se combin   d'après certaines lois mathématiques. Mais avant de poursuivre de telles recherches, il faut avoir une conception générale de l'équivalence ; ce qui, je crois, n'avait pas été fait jusqu'ici d'une manière systématique.

Il faut maintenant, pour terminer cette difficile exposition, établir une conception précise du concours de toutes ces équivalences pour former un ensemble. Le problème a été pressenti, mais d'une manière à la fois insuffisante et trop métaphysique. Je prends pour base de mon examen les vues de Helmholtz, qui me paraissent la théorie la plus remarquable sur ce sujet (1). Helmholtz admet d'abord la distinction entre la matière et la force quoiqu'il déclare ces deux éléments inséparables. Pour lui, la matière, c'est l'étendue et la quantité de masse, la quantité de masse étant éternellement invariable. Cette matière représente pour lui l'existence du corps à l'exclusion de toute action quelconque sur d'autres objets ou sur nos organes (2). La force, au contraire, c'est l'action ou l'activité des corps sur nous-mêmes ou sur les autres corps ; Helmholtz formule sur la force le théorème suivant : « La quantité de force capable d'agir, qui « existe dans la nature inorganique, est éternelle et inva- « riable, tout aussi bien que la matière (3) ». C'est ce principe, dit Helmholtz, que j'ai donné sous le nom de principe de conservation de la force. Il explique en quoi consiste ce principe de la conservation de la force, en montrant que, comme il le dit, rien ne vient de rien, mais tout se transforme. Le travail mécanique ne peut jamais produire qu'un autre travail mécanique au plus égal ; le travail mécanique détermine de la chaleur, la chaleur du travail mécanique, et l'on

---

(1) Mémoire sur la conservation de la force, précédé d'une exposition élémentaire de la transformation des forces naturelles, par H. Helmholtz, traduit de l'allemand par Louis Pérard. Paris, Victor Masson et fils, 1869, in-8, 237 pages.
(2) Helmholtz, p. 59.
(3) Helmholtz, p. 26.

peut comparer ces quantités l'une à l'autre, exprimer les kilogrammètres en calories et réciproquement. Il montre comment les phénomènes chimiques déterminent de la chaleur et réciproquement ; comment la lumière détermine des phénomènes chimiques et réciproquement ; enfin, cherchant à systématiser de plus en plus, il pense que le problème final de la physique est d'arriver à ramener « tous les phéno-
« mènes naturels à des forces invariables, attractives et ré-
« pulsives, dont l'intensité dépend de la distance des centres
« d'action (1). » Il pense enfin que toutes ces études sont justifiées et imposées par cet axiome : « Tout changement
« dans la nature est dû à une cause suffisante » (2). On voit immédiatement que l'illustre physicien allemand, malgré sa vigueur scientifique, n'est pas encore complètement dégagé de l'esprit métaphysique. Il conserve encore le principe de la raison suffisante, qui n'est au fond qu'un pressentiment métaphysique du principe des conditions d'existence et de l'équivalence des phénomènes mesurés dans leurs manifestations successives. Helmholtz conserve aussi l'espoir de ramener toute la philosophie naturelle à la mécanique rationnelle.

Il nous faut exposer en face de ces vues la théorie positive qui doit remplacer définitivement les conceptions, encore empreintes de métaphysique, de l'un des esprits les plus éminents de notre époque. En premier lieu, il faut admettre le théorème qui se dégage de toute l'investigation scientifique, à savoir qu'il y a des phénomènes distincts, irréductibles les uns aux autres, révélés en général par des sensations absolument différentes, mais quelques-uns l'étant indirectement par des mouvements qui sont les conséquences de ces phénomènes, comme dans le cas des phénomènes électro-magnétiques. Maintenant, faisons un pas de plus et éliminons définitivement la distinction

---

(1) Helmholtz, p. 62.
(2) Helmholtz, p. 58.

entre la matière et la force. La matière, dit Helmholtz, c'est l'étendue avec une quantité donnée de masse. Précisons ces deux notions. D'abord l'étendue est manifestée surtout par l'activité lumineuse, directe ou indirecte de l'objet; on pourrait donc avoir, à la rigueur, un équivalent lumineux de l'étendue. A ce titre seul, la matière en tant qu'étendue rentrerait tout naturellement dans la théorie générale des équivalences, c'est-à-dire des intensités d'action mesurées; seulement l'étendue, comme tout autre phénomène irréductible, peut être directement mesurée par la comparaison des étendues entre elles. Mais il y a plus. L'étendue n'existe que par une attraction ou une répulsion qui, sous le nom de cohésion ou d'élasticité, constitue toutes les étendues véritablement existantes, sous forme solide, liquide ou gazeuse. L'étendue, sous ce rapport, rentre donc dans ce qu'Helmholtz a désigné d'une manière un peu vague sous le nom de force. — Voyons de même la notion de masse. Elle nous est révélée, et nous avons fait suffisamment l'historique de cette grande découverte de Newton, par la résistance au mouvement, ce que Newton a appelé *vis inertiæ*, ou plus simplement par le poids du corps qui, en un point donné de la terre, reste, suivant le théorème de Lavoisier, absolument invariable; là est la base inébranlable de tout l'édifice chimique. A ce point de vue, la notion de masse rentre donc, dans ses manifestations, sous la loi générale des activités mesurées. Mais si le poids est invariable, ce n'est qu'en un lieu déterminé; ce qui suffit sans doute pour nos besoins pratiques, mais ce qui, théoriquement, n'est pas exact. Le poids du corps varie suivant qu'il s'éloigne de la terre ou pénètre en elle. Et si nous considérons, je ne dis pas l'ensemble de l'univers, ce serait une notion hypothétique, mais de notre monde planétaire, la pesanteur n'est plus qu'un cas particulier des gravitations des corps les uns vers les autres. Ce qui reste invariable, c'est la masse, en tant que coefficient de la quantité de mouvement communiquée ou reçue dans les chocs ou les attractions des corps les uns sur les autres. Donc, en définitive, l'étendue, comme la masse, doivent entrer avec leurs équivalents propres dans la conception générale des actions et réactions que nous présente le spectacle de notre monde ; chacune de ces actions distinctes étant mesurée directement, et leurs équivalents n'étant rien autre chose que la mesure des intensités de ces divers phénomènes distincts dans leur succession régulière.

Essayons maintenant de trouver une formule qui donne la conception de l'harmonie de ces intensités équivalentes dans un système donné. Nous prenons pour cela le système le plus général qu'il nous faille considérer, à savoir notre système planétaire, composé du soleil et des planètes qui circulent autour de lui avec leurs satellites. Soit un phénomène d'une certaine nature et soit q la quantité mesurée de ce phénomène. Supposons un autre phénomène, s'il est de même nature que le premier, son équivalent par rapport à celui-ci sera $- q$, d'après la loi de l'action égale à la réaction. Si le phénomène est différent, et c'est là le cas le plus général, l'équivalent de q sera un nombre différent q' auquel nous donnerons le signe —, afin que le cas de l'action égale à la réaction puisse rentrer comme cas particulier dans notre formule générale. Ainsi par exemple, s'il s'agit de la chaleur et du travail mécanique q égale 1 calorie et q' sensiblement 451 kilogrammètres ; mais si, au lieu de considérer deux phénomènes, nous considérons tous ceux de notre monde, mesurés par leurs équivalents, nous aurons évidemment $\Sigma (q - q') = K$; K n'est nullement une quantité constante. Pour que K fût constant, il faudrait qu'à un moment donné l'équilibre fût établi entre tous les divers phénomènes mesurés par leurs équivalents, et fût établi d'une manière durable et stable. C'est ce qui n'a jamais eu lieu et l'expérience nous montre des changements continuels. Ces changements sont représentés par la variation de K. Tâchons de nous faire une idée positive de la loi de ces variations. En fait, $K = f(t)$

t étant le temps. Tâchons de voir les conditions principales d'après lesquelles K varie suivant le temps. La condition fondamentale tient à ce que les actions et réactions qui caractérisent les divers phénomènes naturels mettent en évidence précisément des activités virtuelles qui ne se manifestaient pas auparavant. Ainsi, par exemple, supposons une valeur de K obtenue à un moment donné du temps, et que, à cet instant, un aérolithe vienne frapper la terre. Le travail mécanique disparu fera surgir une quantité de chaleur équivalente, mais le nombre qui l'exprime sera différent de celui qui exprime le travail mécanique lui-même. Dès lors, le nombre K devra évidemment varier. Et, d'après le principe des lois naturelles, base fondamentale de toute la mentalité scientifique, K devra varier d'après une loi régulière, jusqu'ici tout à fait inconnue d'ailleurs, puisque le problème n'a pas encore été posé. On voit, d'après cela, combien le principe de la conservation invariable de la force, conçu par Helmholz, et jusqu'ici universellement accepté est incertain et même métaphysique. Il est clair que l'illustre physicien réalise inconsciemment l'abstraction force et que c'est alors qu'il la conçoit comme invariable, de même que la matière. Ce qui est vrai, c'est qu'il y a des variations continuelles entre les divers phénomènes et que, si on les mesure d'après leurs divers équivalents, il en résulte entre eux une fonction générale qui varie régulièrement d'après le temps.

Dans notre conception nous ne prenons que le monde, c'est-à-dire notre système planétaire. En fait, il n'est pas isolé d'autres mondes distincts, et notre soleil envoie constamment dans les espaces stellaires une quantité inconnue de chaleur et de lumière et probablement aussi de masse de matière, qu'il nous est impossible d'apprécier. Ce n'est donc que par rapport à nous, c'est-à-dire par rapport à la durée de notre espèce que nous pouvons faire abstraction de cette action de notre monde par rapport aux autres. Il faut aller plus loin encore dans cette voie et reconnaître que, quoique théoriquement il faille concevoir l'ensemble de notre monde, néanmoins la science réelle doit surtout poursuivre ses investigations sur la surface même de notre terre ; celles-ci seules sont vraiment efficaces, non seulement au point de vue pratique, mais aussi pour donner des bases réelles aux généralisations purement théoriques. Ainsi, quelle que soit la conception scientifique générale de la pesanteur, conçue comme variant suivant la position, néanmoins toute la chimie positive reposera toujours sur le théorème fondamental de Lavoisier : que le poids des corps reste absolument invariable et qu'au milieu de toutes les transformations que les substances peuvent éprouver, le poids total ou d'arrivée doit être strictement égal au poids du point de départ. C'est que, en réalité, il n'y a d'autre synthèse raisonnable que la synthèse subjective ; c'est-à-dire celle qui mesure la nature et l'étendue de nos recherches d'après les besoins successifs de l'Humanité.

III

De la Loi d'équivalence en morale. (biologie, sociologie. morale).

Après avoir étudié la loi de l'équivalence en cosmologie, nous allons, en suivant l'ordre de complication croissante, l'étudier en morale. Il est bon, pour la clarté de l'exposition, de rappeler de nouveau quel est, au point de vue positiviste, la composition de la morale. Elle se compose de trois parties successives : 1° la biologie, c'est-à-dire la théorie générale de la vitalité et des êtres vivants, végétaux et animaux; elle est la base de la morale ; 2° la sociologie, c'est-à-dire la théorie générale des êtres collectifs, mais spécialement, de l'Humanité formée par le plus éminent des êtres vivants, l'homme ; 3° enfin, la morale proprement dite, c'est-à-dire la théorie de l'homme individuel, tel que l'évolution de l'Humanité l'a développé, et conçu comme un élément de cette Humanité elle-même. Au fond, toutes ces trois théories successives concourent vers un même but, c'est-à-dire la théorie de l'Humanité, préparée par la théorie de la vie, et complétée par celle de l'organe par lequel l'Humanité accomplit ses destinées.

L'élément propre à ces trois degrés successifs de la morale, c'est l'être vivant, dont il faut donner une conception générale. L'être vivant est un véritable système d'éléments distincts, liés entre eux, agissant et réagissant constamment les uns sur les autres, et conservant la constitution fondamentale au milieu d'une infinité de variations successives. Ces variations constituent la vie proprement dite et consistent dans un mouvement continu, intestin et général, de composition et de décomposition chimiques. Cet être vivant, né d'un être semblable, se développe et grandit, décroît et meurt en rendant sa dépouille au monde inorganique, après s'être reproduit, ou du moins avoir pu le faire. Quand l'être vivant n'a que les caractères que je viens de définir, il prend le nom de végétal, et sa vie est dite la vie organique.

L'animal est un être vivant possédant la vie organique, mais à laquelle s'ajoutent trois propriétés distinctes, la *sensibilité*, la *locomotion* et la *coordination*. Par la sensibilité, l'animal reçoit l'impression du monde extérieur et, par la locomotion spéciale ou générale, il réagit contre ce monde extérieur au moyen de la contractilité propre à quelques-uns de ses tissus. La coordination est une fonction intermédiaire entre la sensibilité et la contractilité; elle a pour destination de combiner les renseignements passés ou présents de la sensibilité, de manière à construire des projets, grâce auxquels les efforts contractiles sont coordonnés vers un but déterminé, et poursuivent ainsi une certaine finalité. Cette vie animale repose sur la vie organique, qui lui est absolument indispensable et qui disparaît avec elle.

Il faut accepter les propriétés distinctes qui caractérisent ainsi les êtres vivants comme des faits irréductibles, constatés par l'observation et servant de base à nos explications, et qu'il est irrationnel de vouloir ramener à d'autres plus simples par des hypothèses illusoires. Il faut concevoir que la loi de l'équivalence se manifeste au milieu de ces faits conçus comme des données, au-delà desquels il ne faut pas remonter.

Mais ces êtres vivants sont, après tout, de la matière et rien que de la matière; car Lavoisier a démontré et les chimistes depuis ont constaté que la matière vivante est absolument composée des mêmes éléments que la matière inorganique. A ce titre seul on conçoit *a priori*, que la loi de l'équivalence que nous avons constatée en cosmologie doit être appliquée à la matière vivante, mais avec certaines modifications qui résultent de la spécialité qu'elle nous manifeste.

En premier lieu, il est évident que les phénomènes vitaux sont infiniment plus compliqués que les phénomènes inorganiques; par suite, il est infiniment plus difficile d'arriver à une mesure exacte de ces divers phénomènes; et par cela même, l'établissement de leur équivalence réciproque devient aussi plus difficile à obtenir. En second lieu, ces phénomènes nous présentent un *consensus* de plus en plus intime, de telle sorte qu'il devient très difficile d'isoler chaque phénomène du corps vivant, de manière à chercher son équivalence, soit avec un phénomène du monde extérieur, soit avec un phénomène intérieur de l'être vivant lui-même. Il est évident d'après ces considérations que la loi de l'équivalence en morale ne pourra pas y être établie avec une très grande approximation, et qu'il faudra dans l'état actuel de la science se contenter de vues générales très précieuses, mais non pas très précises.

Nous allons actuellement étudier la loi de l'équivalence, d'abord en biologie, puis en sociologie et enfin en morale proprement dite; c'est l'ordre naturel, puisque c'est celui de la complication croissante. Nous allons d'abord apprécier la loi dans le végétal ou dans la vie organique proprement dite.

Pour bien comprendre en biologie la loi de l'action et de la réaction et de l'équivalence, il faut poser le dualisme capital entre le monde et l'être vivant. Pressenti par Buffon, conçu nettement par Bichat, il a été finalement systématisé par Auguste Comte. Celui-ci a conçu ce qu'il a appelé la biocratie, c'est-à-dire l'alliance de la vie contre la mort. Dans le dualisme dont je viens de parler, le monde extérieur fournit à l'être vivant l'*aliment*, l'*excitant* et le *régulateur*. C'est sous cette triple forme que le monde extérieur agit sur l'être vivant. A son tour l'être vivant réagit sur le monde extérieur et il en devient le grand modificateur, au moins à la surface de la terre, seul cas qui réellement nous intéresse, car c'est à cette surface seule que les êtres vivants peuvent exister et que l'Humanité peut se développer.

Nous allons étudier ce dualisme et cette double action et réaction, d'abord dans le végétal, puis dans l'animal, d'après l'ordre d'importance objective décroissante et subjective croissante. Il est clair en effet qu'objectivement l'importance de l'animalité est infiniment moins grande que celle de la végétalité, dont elle semble n'être qu'un complément ; tandis qu'au point de vue subjectif, c'est-à-dire humain, c'est l'inverse qui a lieu.

Le monde extérieur agit sur le végétal : 1° par le soleil, les planètes ou leurs satellites ; 2° par le sol, solide ou liquide auquel le végétal est attaché ; 3° par l'air ambiant, avec tous les éléments multiples qui le composent et leurs modifications incessantes. Le soleil est le grand agent d'action du monde extérieur sur le végétal. Il agit directement et d'une manière prépondérante par sa chaleur et sa lumière ; et indirectement par son action incessante sur le sol et l'air, de manière à modifier sans cesse les conditions d'action de ceux-ci sur le végétal. Il résulte de cette action du monde sur le végétal toute une série de phénomènes intérieurs dans celui-ci, qui déterminent dans le monde extérieur des modifications qui constituent la réaction du végétal. En premier lieu, le végétal modifie le sol, comme l'air, en leur enlevant un certain nombre d'éléments, et les modifie aussi en leur en rendant d'autres, sous des formes plus ou moins compliquées. Ainsi, par exemple, le végétal enlève de l'oxygène à l'air et lui rend de l'acide carbonique; il enlève au sol de l'ammoniaque ou des sels particuliers et lui rend à son tour d'autres produits. Enfin, le végétal opère une immense action modificatrice sur la terre en mourant, et en rendant à cette terre des dépouilles qui, modifiées par l'action du soleil, du sol et de l'air, constituent sa plus grande réaction sur la surface de notre planète. Cette réaction, continuée pendant des siècles, a fourni la base essentielle de la vie animale.

Mais tous les phénomènes que je viens d'indiquer sont liés les uns aux autres et se succèdent d'après une loi déterminée. Si on arrivait à les isoler et à les mesurer, chacun d'eux pourrait être considéré comme l'*équivalent* de l'autre. On aurait donc ainsi les équivalents propres à ces divers phénomènes. Jusqu'ici il est difficile de s'élever au-delà de la conception générale de ces équivalents; leur détermination précise est un sujet nouveau d'investigation qui exigera beaucoup de temps, si elle est jamais possible d'une manière suffisamment précise. Mais la conception générale suffit en philosophie première.

La quantité de chaleur fournie par le soleil est l'élément capital de la vie végétale; c'est cette chaleur qui est la première condition du développement de la vie organique. A un équivalent donné de chaleur correspond une quantité déterminée de substance organique. Mais comme cette substance organique produite dépend aussi d'autres conditions, la difficulté est précisément de préciser la quantité d'action de l'équivalent organique de la chaleur. Si cet équivalent orga-

nique pouvait être déterminé, on le comparerait à l'équivalent mécanique proprement dit, et l'on verrait quelle fonction il en est ; ce sont là des résultats que la science a à peine conçus, bien loin de les avoir déterminés. La lumière, après la chaleur, est l'élément essentiel de la vie organique :
« Une partie de cette lumière, a dit Helmholtz, se distingue
« par une grande activité chimique, elle peut faire et défaire
« certaines combinaisons : les rayons qui jouissent de cette
« propriété, au plus haut degré, sont les bleus et les violets,
« on les appelle rayons chimiques : ces mêmes rayons sur-
« montent dans les feuilles vertes la puissante affinité des élé-
« ments de l'acide carbonique ; en tirent l'oxygène qui rentre
« dans l'atmosphère et retiennent dans la plante le carbone,
« avec d'autres substances qui forment le ligneux, l'amidon,
« l'huile ou la gomme. Les rayons chimiques disparaissent
« dès qu'ils rencontrent les parties vertes des plantes (1) ».
La lumière est donc un élément de production ou de décomposition organique ; il y aurait donc à chercher l'équivalent organique de la lumière. Par la même raison, il y a des équivalents organiques de la vapeur d'eau, de la pression atmosphérique. Néanmoins, il est de toute évidence que la théorie de tous ces équivalents doit être précédée de celle des lois, des actions et réactions du monde extérieur et du végétal, dont la détermination des équivalents n'est que le complément précis.

Nous allons maintenant étudier la loi de l'équivalence dans la vie animale. Le dualisme entre le monde et l'animal est la base, comme la conséquence, de la loi de l'action et de la réaction ; car ce sont ces actions et réactions combinées entre le monde et l'animal, qui constituent ce dualisme. Il a pour base le dualisme entre le végétal et l'animal ; car l'animal a besoin préalablement du végétal, puisque le premier est caractérisé surtout par la nécessité où il est de se

---

(1) Mémoire sur la conservation de la force, page 46.

nourrir du second. En second lieu, l'activité prolongée du monde végétal a constitué une appropriation nécessaire à la vie de l'animal. Enfin, en troisième lieu, le résultat des actions et réactions animales réagit sur les résultats des actions et réactions végétales, de manière à maintenir un équilibre indispensable à l'existence de ces deux sortes d'êtres. Ces deux sortes de dualisme sont donc connexes et corrélatifs l'un à l'autre, ce qu'il ne faut jamais oublier, si l'on veut comprendre l'ensemble réel des choses. Mais le dualisme entre le monde et l'animal, outre qu'il est plus précis que celui qui existe entre le monde et le végétal, a un caractère particulier de finalité d'autant plus marqué que l'animal est plus élevé dans la série ; car la réaction de l'animal sur le monde ne se compose pas, pour les animaux supérieurs surtout, d'efforts désordonnés. Ces efforts sont coordonnés entre eux vers un but général, qui est la conservation de l'animal lui-même. Etudions d'une manière générale ces actions et réactions du monde et de l'animal.

L'action du monde extérieur sur l'animal se compose d'*excitants* et d'*aliments*. Les excitants se composent de l'action de la chaleur, de la lumière, de la pesanteur, de l'électricité et du magnétisme. Ces excitants sont indispensables, non seulement à la vie organique de l'animal, mais aussi à la vie animale proprement dite. Leur action, à ce double point de vue, se produit de deux manières : soit par l'absorption de ces divers agents, comme dans les corps inorganiques proprement dits, modifiée ici par la spécialité du cas, soit par les sensations conscientes ou inconscientes, que ces excitants produisent dans l'animal. En second lieu, le monde extérieur agit sur l'animal, en lui fournissant des aliments sous forme solide, liquide ou gazeuse. Il est nécessaire, comme je l'ai déjà dit, qu'il y ait dans les éléments solides des êtres qui aient déjà vécu. Ces aliments sont indispensables à la conservation et au développement de l'animal et reçoivent une élaboration intérieure d'où résultent les divers tissus ou éléments nécessaires à la vie de l'animal. Telle est l'action générale du monde extérieur sur l'animal. Elle s'accomplit d'après des lois régulières de succession dont l'ensemble est actuellement assez bien connu.

Cette série d'actions détermine de la part de l'animal une réaction sur le monde extérieur. Cette réaction se réduit toujours finalement à produire du travail mécanique; et ce travail mécanique résulte toujours de la contraction de la fibre musculaire. Mais ces efforts musculaires sont coordonnés, de sorte que, finalement, la réaction sur le monde extérieur se ramène finalement à la notion de contraction musculaire coordonnée. Cette contraction musculaire suppose, pour être accomplie, les divers éléments d'action du monde extérieur que nous avons analysés, aliments ou excitants. Elle suppose aussi des conditions intérieures, qui sont : 1° la sensation proprement dite; 2° l'action coordinatrice plus ou moins confuse, plus ou moins complète, d'où résulte finalement ce qu'on peut appeler l'ordre de contraction. Ces deux sortes de phénomènes ont pour base le système nerveux proprement dit. Enfin, en troisième lieu, il faut l'action de la circulation proprement dite, qui sert, non seulement comme condition de la nutrition, mais aussi comme excitant ou déprimant proprement dit, soit sur l'appareil coordinateur, soit sur le système sensoriel.

Ces diverses opérations successives sont liées entre elles et s'accomplissent suivant des lois plus ou moins connues. Mais si on mesure l'intensité de chacune d'elles, comparée à celle qui lui est connexe, on a ainsi les *équivalents* de chacune de ces actions et réactions. Leur réunion constitue à chaque instant une sorte d'intégrale où les équivalents sont liés entre eux par la formule que j'ai déjà indiquée $\Sigma(q'-q) = \mathrm{K}$; K étant une fonction du temps que nous pouvons représenter ainsi : $\mathrm{K} = f(t)$. K varie avec chaque animal et même avec chaque individu.

La réaction de l'animal sur le monde extérieur se réduit

finalement, comme nous l'avons vu, en une contraction musculaire et, par suite, toujours évaluable en équivalent de travail mécanique. L'on peut, d'après cela, concevoir que les équivalents de sensibilité, d'alimentation, de sensation, d'excitation, sont finalement évaluables, par suite, en équivalents de travail mécanique et sont une certaine fonction de celui-ci. Mais la détermination de ces divers équivalents est bien loin aujourd'hui de pouvoir être accomplie, faute de pouvoir convenablement isoler les divers phénomènes, en les considérant deux à deux, tous les autres restant constants ; faute aussi de pouvoir mesurer ces phénomènes d'après des procédés ou des instruments réellement comparables. Néanmoins, il est utile, au point de vue philosophique, de considérer la possibilité de la détermination de ces équivalents, afin de donner plus de précision à la conception des actions et des réactions successives du monde et de l'animal.

Mais un certain nombre d'animaux ne vivent pas isolés ; ils combinent leur activité modificatrice avec celle d'autres animaux et constituent ce qu'on peut appeler des êtres collectifs. L'homme a constitué l'être collectif qui a dominé ou arrêté le développement de tous les autres ; c'est donc dans l'espèce humaine qu'il faut étudier l'être collectif, l'étude des êtres collectifs animaux n'ayant qu'une valeur logique, importante quoique secondaire. L'étude de la structure et du développement des êtres collectifs est le but de la sociologie. C'est en sociologie maintenant qu'il nous faut étudier la loi de l'action et de la réaction, et celle complémentaire de l'équivalence.

Mais il est nécessaire de rappeler ici quelques notions sur la conception de l'être collectif. Nous appellerons, en général, être collectif, la réunion d'un certain nombre d'individus qui, en un point de la planète, travaillent d'après une direction déterminée, sous le poids des prédécesseurs, pour les successeurs. Néanmoins cette conception trop générale serait insuffisante pour le but que nous nous proposons, et il nous faut rappeler la définition que nous avons si souvent donnée de la nation ou patrie, qui est l'être collectif fondamental. Une nation est une réunion de familles qui, s'étant approprié une portion de la planète, travaille sous le poids de ses prédécesseurs pour les successeurs. Ce qui caractérise donc la nation, c'est une division des fonctions, combinée avec un concours de plus en plus étendu. Ce concours est donc ou simultané entre les contemporains, ou bien successif, d'après les prédécesseurs ; le concours successif tendant à l'emporter sur le concours simultané, à cause de la prépondérance croissante des morts sur les vivants. La nation est composée, comme on voit, de petits êtres collectifs qui sont des familles ; l'homogénéité devant toujours exister entre les parties et le tout. Les actions et les réactions de plus en plus nombreuses entre les nations tendent à constituer un être collectif unique et prépondérant, qui est l'Humanité.

Il y a une notion dont j'ai, je crois, le premier, introduit en sociologie la considération explicite : c'est celle de masse. Il est clair, en effet, que, dans les actions et réactions qui se manifestent dans les deux formes du concours, le nombre des individus qui concourent joue évidemment un rôle considérable et qu'il faut en tenir compte pour évaluer l'intensité de l'action et de la réaction. J'ai déjà fait remarquer autrefois que, à mesure que la masse augmente en sociologie, la stabilité devient plus grande, par la difficulté de trouver des forces perturbatrices suffisamment fortes pour vaincre la loi d'inertie, qui est propre, sous des formes particulières, aux êtres collectifs comme à tous les autres corps quelconques.

Il faut aussi préciser la notion de *l'individu* dans l'existence de l'être collectif ; il peut être considéré à cet égard sous un double point de vue. En premier lieu, l'individu n'est qu'un élément du concours, c'est-à-dire un élément de la résultante qui traduit ce concours lui-même ; mais en sociologie comme en mécanique le mouvement du centre de gravité, ou le progrès, ne peut avoir lieu que par une force extérieure ; dès lors, l'individu peut et doit, à un certain moment, s'isoler, dans une certaine mesure, de l'être collectif et devenir, par rapport à celui-ci, une force extérieure. Il y a longtemps que j'ai défini le grand homme, une force extérieure au système social, plus ou moins intense, et plus ou moins durable.

Nous étudierons les actions et les réactions dans la famille, dans la nation, ou bien dans la formation de l'Humanité par les rapports des nations les unes avec les autres. Dans ces trois cas nous apprécierons l'action et la réaction, soit dans le concours simultané ou successif, soit par rapport à l'individu, considéré comme force extérieure à l'un des trois grands êtres collectifs : Famille, Patrie, Humanité.

Ces considérations étant posées, étudions maintenant en sociologie, d'une manière générale, la loi de l'action et de la réaction.

La raison pratique a eu de tout temps, en sociologie, mais d'une manière implicite, la conception de ces actions et de ces réactions. C'est sur cette conception peu précise mais forte, que les hommes en société ont toujours basé une partie de leurs prévisions dans leurs rapports avec les autres. D'homme à homme et dans la famille, on a toujours pressenti qu'une certaine manière d'agir amènerait de la part des autres une réaction déterminée ; la vie de la famille, tout le système d'éducation sont fondés là-dessus. Il en est de même dans les actions des nations les unes sur les autres : tous les politiques ont toujours su, et le public a toujours pressenti, qu'une certaine manière d'agir de la nation A sur la nation B devait déterminer une réaction correspondante de B sur A, d'autant plus intense que la première l'aurait été davantage. Enfin, les troubles intérieurs ou révolutions mettent en évidence cette loi de l'action et de la réaction. Et cela d'autant plus que les troubles sont plus fréquents, plus brusques et plus intenses. L'histoire de France, depuis 1789, en offre de fréquents exemples. Les révolutions sont ainsi un procédé expérimental, comme les maladies dans l'individu. Mais ce que la raison pratique n'a aperçu que d'une manière implicite et confuse dans les phénomènes sociaux, la raison théorique doit le concevoir d'une manière abstraite et générale et doit rattacher la loi de l'action et de la réaction en soicologie aux lois universelles du monde. La raison théorique réagira à son tour sur la raison pratique et lui donnera alors de meilleurs moyens de pourvoir et de prévoir.

C'est dans le concours simultané ou successif que nous devons étudier la loi de l'égalité entre l'action et la réaction, puisque c'est ce concours qui caractérise essentiellement les phénomènes sociologiques. Ces deux formes de concours sont connexes et constamment liées entre elles, et c'est de la prépondérance de l'un d'eux que se tire la dénomination.

Il est important de remarquer que dans un tel concours agissent constamment les deux lois de la *persistance* et de la *coexistence*. La loi de la persistance maintient l'influence du passé et, par suite, peut être considérée comme une expression du concours successif se manifestant dans le concours simultané. Quant à la loi de la coexistence, elle sert à former les forces collectives, dans le premier degré où on peut les considérer comme indépendantes des actions et des réactions réciproques des éléments qui y concourent ; elle est donc le point de départ de la considération de la loi de l'équivalence.

Voyons maintenant successivement la loi de l'action et de la réaction dans le concours propre à l'activité économique, puis dans le concours propre à l'activité mentale. Sous ces deux aspects le concours peut être, ou essentiellement spontané, et c'est e cas le plus général et le plus étendu ; c'est celui qui se produit sans entente préalable, qui peut s'étendre à une nation entière comme à plusieurs nations, sans que la plupart des concourants en aient le sentiment, si ce n'est très confus. Mais le concours peut être systématique ; c'est celui qui a lieu lorsque plusieurs personnes s'entendent pour accomplir une œuvre collective. Ce concours systématique est toujours subordonné dans une certaine mesure au concours spontané. Il est, du reste, dans les deux cas, et surtout dans le premier, l'expression générale des actions et des réactions des individualités qui y participent.

Voyons d'abord la loi de l'action et de la réaction dans le concours économique. Si l'on considère les quatre grandes fonctions économiques, agriculture, manufacture, commerce et banque, on remarque que, quoique ayant chacune leur activité individuelle, elles sont intimement solidaires ; et c'est dans cette solidarité qu'apparaissent les actions et les réactions. L'agriculture par la nature et la quantité de ses produits agit immédiatement sur la manufacture, à qui elle fournit la nourriture et les matières premières. Mais la manufacture, à son tour, réagit sur l'agriculture, en lui fournissant l'habillement, le logement, les instruments ; elle modifie le mode de répartition des agents agricoles, soit en attirant un certain nombre d'entre eux, soit en en repoussant d'autres. La manufacture réagit aussi sur l'agriculture en modifiant la répartition de son mode de culture. L'agriculture agit directement sur le commerce et le commerce réagit sur elle, en lui transmettant les matériaux et les instruments, et en modifiant aussi la répartition des divers modes d'activité de l'agriculture. Mais la manufacture, à son tour, a, par rapport au commerce, ses actions et ses réactions dont il est facile de se rendre compte. Enfin la banque reçoit l'action des trois autres grandes fonctions économiques et, à son tour, réagit sur chacune d'elles. A mesure que le phénomène économique s'étend et acquiert une masse de plus en plus considérable, sa stabilité augmente, malgré les apparences, au milieu de ses actions et de ses réactions de plus en plus multipliées. L'ordre spontané va donc en augmentant, à mesure que la civilisation se développe et s'agrandit.

Considérons maintenant le concours systématique. Il apparaît dans l'accomplissement des fonctions isolées dont le concours constitue l'ordre économique. Ainsi un individu qui administre une propriété et l'exploite, forme avec tous ses agents, végétaux, animaux et humains, un ensemble dont le concours est nécessairement systématique. Mais dans ce concours il n'y a pas que la loi de coexistence qui intervienne ; les forces agissent et réagissent les unes sur les autres, moralement, intellectuellement et matériellement. Il est clair que si l'activité des exécutants détermine dans le chef des dispositions mentales et morales, elles réagissent à leur tour sur le commandement et par suite sur le résultat du travail. Il en est de même dans les entreprises manufacturières, commerciales et financières. Il y a même action et réaction des exécutants les uns sur les autres, d'après leur nature mentale et morale. L'activité militaire nous offre le plus grand exemple du concours systématique ; et la loi de l'action et de la réaction y apparaît d'une manière évidente.

Considérons maintenant le concours dans le cas de l'activité mentale. Sans entrer dans des détails que chacun peut facilement trouver, nous considérerons seulement dans ce concours la distinction entre le public proprement dit et les agents de l'activité mentale ; en d'autres termes, la distinction, entre le public et ceux qui écrivent, enseignent, etc., etc. Il est certain qu'il y a dans ce cas action et réaction ; l'auteur agit sans doute sur le public par le livre qu'il publie, mais le public réagit incontestablement sur lui par le mode et l'étendue de l'approbation. Réciproquement, le public agit sur l'auteur par les croyances, les habitudes qu'il manifeste, les encouragements ou les découragements qu'il détermine ; cela constitue une force d'impulsion du public sur l'auteur et amène celui-ci à devenir à son tour, par réaction, une force impulsive. Ces actions et ces réactions se manifestent de la manière la plus évidente dans la formation de l'opinion publique à un moment donné.

Aucune société n'existe sans gouvernement et, quoique ces

deux termes soient liés entre eux d'une manière indissoluble, néanmoins ce sont là deux forces véritablement distinctes. Or, il est de toute évidence que la loi de l'action et de la réaction s'y manifeste. Il est clair que la nation agit sur le gouvernement, soit par l'opinion approbative ou désapprobative, soit par les ressources inorganiques, organiques et humaines, qu'elle lui fournit. Mais à son tour le gouvernement réagit sur la société par les décisions qu'il prend, par les mesures qu'il institue. Le gouvernement peut heureusement, dans une certaine mesure, s'isoler de la société ; il devient alors par rapport à elle une force extérieure et, d'après la conception que j'ai établie, la condition capitale du progrès.

L'individu et la société sont liés entre eux ; mais néanmoins, comme dans le cas du gouvernement et de la nation, l'individu constitue dans une certaine mesure, par rapport à la société, une force distincte. Le concours des individus en société se manifeste par une série multipliée d'actions et de réactions. La société agit sur l'individu par l'opinion, et aussi par les ressources qu'elle lui fournit. Réciproquement, l'individu réagit par la manière dont il accepte et utilise. Si l'individu s'isole suffisamment de la société, il devient alors par rapport à elle une force extérieure, condition finale et fondamentale de tous les progrès humains.

Nous avons jusqu'ici considéré surtout le cas du concours dans une seule nation; mais les nations distinctes deviennent de plus en plus solidaires entre elles et tendent à former un seul grand-être collectif qui dominera tous les autres : l'Humanité. Il y a donc concours entre les diverses nations ; concours économique, intellectuel et moral. Dans ce concours se manifeste la loi de l'action et de la réaction ; il est facile à chacun de le vérifier, d'après les explications précédentes, surtout pour le concours économique. Une vérification très considérable en avait déjà été faite dans le cas de la conquête, qui est une manifestation si décisive de l'action d'un peuple sur un autre. Le peuple conquérant agit, d'une manière intense et sous toutes sortes d'aspects, sur le peuple conquis; mais réciproquement, le peuple conquis agit à son tour sur le peuple conquérant, de manière à former, au bout d'un temps plus ou moins long, un tout suffisamment homogène. Le cas le plus favorable est celui où les deux peuples ne sont pas à des degrés trop différents de civilisation.

Mais c'est dans la famille, qui est l'être collectif élémentaire, que se manifeste, d'une manière constante et continue, la loi de l'action et de la réaction, entre les ascendants, les descendants, et le couple fondamental formé par le père et la mère. Il y a là un système simple, dont les liaisons sont des plus intimes, et où se manifestent les actions et les réactions continues, au point de vue matériel, intellectuel et moral. Il est clair que l'action de la mère, par exemple, par les soins matériels, intellectuels et moraux qu'elle prend des enfants, détermine par la manière dont ceux-ci agissent à leur tour, une réaction sur la mère, réaction qui facilite ou complique son œuvre, et s'exerce ensuite sur les autres membres de la famille, d'après les conditions naturelles de liaison.

Il est évident que, si ces actions et ces réactions pouvaient être considérées isolément et chacune mesurée, cela donnerait lieu à des *équivalents* correspondant à chacun des phénomènes distincts; on apporterait alors une précision extrême dans la prévision et la modification des phénomènes sociaux. Mais nous sommes bien loin de la réalisation effective d'un tel idéal, qu'il est utile néanmoins de concevoir d'une manière philosophique. Cependant il y a un cas où l'on a apporté dans des phénomènes d'action et de réaction une précision suffisante, pour déterminer une sorte d'équivalent général; c'est le cas des échanges. Le *prix*, dans ce cas-là, est un véritable équivalent, qui mesure au moins approximativement les actions et les réactions que ces échanges représentent.

A mesure que la société se développe, elle modifie par le

poids des antécédents surtout l'homme, élément fondamental de toute société. L'homme, à ce point de vue, est véritablement un être distinct, dont l'étude est le but de la morale; et il est nécessaire d'apprécier en lui, d'une manière distincte, la loi de l'action et de la réaction. C'est ce que nous allons faire.

Notre appréciation repose sur la grande distinction entre le corps et le cerveau ou, si l'on aime mieux, entre le corps et l'âme. Ce dualisme se développe avec l'évolution sociale, qui agit à la fois sur le perfectionnement de chacun de ces deux systèmes et en même temps sur leur harmonie mutuelle : de telle sorte que la réaction du corps sur l'âme et celle de l'âme sur le corps deviennent de plus en plus parfaites. Ceci s'explique en concevant que l'influence croissante de l'hérédité se manifeste dans l'âme et dans le corps, qui portent ainsi les traces et les empreintes de tout le travail du passé ; et l'on peut dire sans exagération que chaque homme est un produit de l'Humanité. On conçoit, d'après cela, que nous étudions, d'une manière distincte, dans l'homme développé par l'espèce, la loi de l'action et de la réaction de l'âme sur le corps.

Voyons d'abord le cas du cerveau considéré isolément. Le cerveau est un véritable système ; il est composé de fonctions tout à fait irréductibles, qu'Auguste Comte a portées au nombre de 18, et qui présentent une infinie variété dans leur mode d'action; elles ont pour siège, comme l'on sait, des portions déterminées de substance grise. Il faut, en outre, considérer au moins huit ganglions sensitifs, qui sont le siège de nos huit sensations distinctes et le dépôt des impressions sensorielles. Le tout est rallié par la substance blanche, qui est l'appareil de liaison de ces forces élémentaires. Mais, pour comprendre toute la complexité d'un tel système, il faut se rappeler la notion de *fonctions composées* que j'ai introduite : une fonction composée du cerveau consiste dans la liaison habituelle et persistante entre une vue ou une image et un sentiment. Ces fonctions composées se comportent comme des fonctions simples; et cela constitue un système extrêmement compliqué, dont les liaisons sont aussi intimes que variées, et qui nous présentent l'exemple le plus frappant, mais non pas le plus précis, de ce qu'il faut entendre par le mot système; car l'activité d'une force quelconque réagit immédiatement, consciemment ou inconsciemment, sur toutes les autres et reçoit à son tour les réactions de chacune d'elles. On conçoit cela *a priori*, mais l'expérience universelle, convenablement interprétée par l'esprit scientifique, met cela en pleine évidence.

Ainsi, si l'on considère les trois parties générales du cerveau, l'intelligence, le cœur et le caractère, leur action et leur réaction réciproque ont été de tous temps pressenties, quoique le Positivisme seul en donne la théorie explicite. Ainsi les impulsions du cœur, personnelles ou altruistes, incitent l'intelligence pour la pousser vers tel ou tel sujet, mais l'intelligence réagit immédiatement sur le cœur pour en exciter les diverses fonctions; de telle sorte que l'on peut dire que tout travail intellectuel intense excite toujours la passion favorite, sans qu'il y ait aucune relation logique entre cette passion et la nature du travail intellectuel. Seulement, si ce travail intellectuel est lié plus ou moins spécialement à une fonction altruiste, par exemple, celle-ci, excitée, se lie à la passion personnelle favorite, l'adoucit ou la perfectionne dans certains cas, la colore, pour ainsi dire, d'une certaine manière et produit une émotion d'un genre tout particulier. L'action et la réaction entre l'intelligence et le caractère sont désormais bien connues; les travaux du Dr Audiffrent présentent à ce sujet des vues importantes et intéressantes. La réaction du courage, de la prudence et de la persévérance sur le travail intellectuel est certaine et facile à apprécier, car il faut de l'énergie pour entreprendre un certain travail intellectuel, de la prudence dans le choix des matériaux, de la persévérance pour aboutir. Le cœur agit à son tour sur le caractère; ses actions et ses réactions sont le plus souvent inconscientes et ne deviennent conscientes qu'en atteignant un certain degré d'intensité. Le corps forme le second système, qui, concourant avec le système cérébral et lui étant intimement lié, constitue l'homme. Le corps agit sur le cerveau par son mode spécial de nutrition et par le sang, qui est l'appareil général qui transmet les réactions. Le cerveau, à son tour, réagit directement sur le corps par les nerfs nutritifs, et, directement ou indirectement, par les nerfs moteurs. Ces deux systèmes sont donc entre eux dans une relation intime, permanente et continue. La considération des actions et des réactions de ces deux systèmes est l'élément principal de la théorie des rapports du physique et du moral. Toute activité intellectuelle ou sentimentale prolongée détermine bientôt ou une modification nutritive ou une excitation locomotrice, ou une réaction du système sanguin; ce qui, dans certaines circonstances, peut rendre cet exercice-là dangereux. La réaction nutritive de l'activité cérébrale est partout sensible sur l'appareil sécréteur. Le travail intellectuel lui-même peut, dans certains cas, provoquer les larmes; et il détermine, le plus souvent, après une grande excitation physique, une véritable lassitude. Le corps, à son tour, par ces excitations, réagit sur le cerveau. L'emploi de certains éléments matériels, pour exciter le travail intellectuel ou certaines émotions, est bien connu.

La complication extraordinaire que nous présentent ces actions et ces réactions ne tient pas seulement à la multiplicité des éléments du système, mais aussi à l'intime liaison et au *consensus* de toutes les parties, qui se produit par le sang, les nerfs nutritifs, les nerfs moteurs, par la substance blanche nerveuse, et enfin par l'activité variée des éléments de substance grise de la moelle et du grand sympathique. Ainsi, par exemple, si la fonction A agit sur la fonction B, la première étant, par exemple, mentale, et l'autre tenant au cœur, B à son tour réagit avec plus ou moins d'intensité sur les fonctions du caractère, et celles-ci sur les nerfs moteurs, qui déterminent à leur tour, de la part du cœur, une réaction sanguine, qui provoque de nouvelles excitations dans l'appareil cérébral.

Cette complexité qui, par l'action d'un seul élément de l'un des deux systèmes, met les forces de tous les deux en activité semble rendre impossible un équilibre tant soit peu stable dans la nature humaine. Mais, ce qui nous permet cependant d'en concevoir l'existence, c'est d'un côté le peu d'activité que, dans le cours habituel de la vie, manifeste chacun de ces éléments. D'un autre côté, les perturbations du système humain sont limitées par l'action du monde extérieur, inorganique ou social. Néanmoins, à mesure que l'évolution humaine s'est développée, il a fallu développer, d'une manière de plus en plus systématique, la réaction de l'homme sur lui-même, afin de mieux se régler pour mieux se rallier.

Il est évident que, si l'on pouvait mesurer toutes ces actions et réactions, on aurait ainsi pour chacune d'elles des *équivalents* analogues à ceux que nous avons considérés dans les sciences plus simples. Mais tout espoir de les déterminer est actuellement extrêmement prématuré.

Nous venons de terminer ainsi l'appréciation générale de cette grande loi de l'action et de la réaction qui constitue, comme nous l'avons vu, une loi universelle du monde.

Nous avons d'abord établi la conception positive de la matière; nous avons vu que la base en est fournie par la raison pratique, qui considère toujours la matière sous un point de vue véritablement réel et positif, par la nécessité même où elle se trouve de la modifier. Mais cette conception pratique de la matière est d'abord spéciale, puisqu'on considère séparément tel ou tel corps. D'un autre côté, elle est implicite parce qu'elle ne considère pas chacune de ces propriétés isolément, ni dans les modes de manifestation qui leur sont communs dans tous les corps quelconques. La notion de matière est donc alors spéciale, implicite, par suite plus ou moins incohérente, et ne comporte pas l'installation d'un système de modification, qui repose toujours sur une conception préalable de tous les cas possibles. La raison abstraite est intervenue et d'abord, sous forme métaphysique, elle a introduit le point de vue abstrait en isolant la conception des diverses propriétés. Mais elle a fait de ces conceptions abstraites des entités particulières et a méconnu l'existence des lois qui les caractérisent. Néanmoins, la métaphysique a fait faire ce grand pas d'instituer abstraitement et analytiquement les propriétés de la matière. La science alors est intervenue et, partant de ce point de départ abstrait, elle a étudié successivement chacune de ces propriétés et les lois qui lui sont propres, en suivant l'ordre de la simplicité décroissante et de la complication croissante. La science a débuté par l'étude de l'étendue pour s'élever graduellement à celle des compositions et des décompositions chimiques, bases de l'activité vitale. Enfin, en s'appuyant sur cette longue évolution, le Positivisme a pu donner une conception réelle et, de plus, systématique de la matière, conception qui a réagi à son tour sur la raison pratique, pour lui donner la direction qui lui manquait.

Nous avons étudié ensuite sur une telle base la loi de *l'équivalence,* dans la forme fondamentale et la plus simple de la matière, en suivant l'ordre de complication et en allant de la mécanique à la chimie.

La matière vivante nous a offert ensuite une forme plus complexe de la matière, par l'addition aux propriétés fondamentales de certaines propriétés spéciales tenant à un mode particulier d'organisation. Nous avons suivi alors la loi de l'équivalence dans cette forme compliquée de la matière, en allant du végétal à l'animal. Puis, considérant spécialement l'homme parmi les animaux, nous avons vu la loi de l'équivalence se manifester dans la vie collective qu'il a organisée. Sous l'influence de cette vie collective, l'homme s'est développé de plus en plus, de manière à former le système le plus complexe, dans lequel nous avons vu la loi de l'action et de la réaction se synthétiser dans l'effort de l'homme sur lui-même pour opérer son propre perfectionnement, afin de mieux assurer sa vie collective.

PHILOSOPHIE PREMIÈRE

SEIZIÈME LEÇON (1)

Treizième loi de Philosophie première

(*Loi de la conciliation*).

Subordonner toujours la loi du mouvement à celle de l'existence, en concevant tout progrès comme le développement de l'ordre correspondant, dont les conditions quelconques régissent les mutations, qui constituent l'évolution.

I

De la loi de conciliation en Cosmologie.

Je donne à cette loi le nom de *Loi de conciliation*, de même que j'avais donné aux précédentes les noms de lois : de *persistance*, de *coexistence* et d'*équivalence*. Il y a utilité évidente à caractériser ainsi, par une dénomination unique, ces diverses lois, dont l'énoncé complet est plus ou moins long ; cela facilite l'étude et la méditation.

J'ai conservé, pour l'énoncé de cette loi, celui qu'Auguste Comte a employé lui-même dans le plan sommaire de *philosophie première*, qu'il a donné dans le quatrième volume du

(1) Ceci représente la rédaction de la seizième leçon de mon *Cours de philosophie première*, professé à Paris, le dimanche 4 avril 1878, 10, rue Monsieur-le-Prince.

système de *Politique positive*, en 1854. Peut-être y aurait-il lieu de changer cet énoncé, qui ne me paraît pas désigner, comme on va le voir par la théorie que je vais donner de cette loi, sa partie fondamentale et caractéristique ; mais j'ai préféré conserver l'énoncé primitif, afin de maintenir la continuité si nécessaire, tant au point de vue mental qu'au point de vue social.

C'est pour respecter cette continuité nécessaire que je vais exposer la succession des vues d'Auguste Comte, depuis 1842 jusqu'en 1854, où il a donné une formule générale de la *loi de conciliation*. On verra l'originalité comme la grandeur des vues d'Auguste Comte, mais on y verra aussi qu'une coordination était nécessaire ; et l'on comprendra mieux la nature du travail difficile que je vais accomplir.

En 1842, dans son *Cours de philosophie positive* (1), Auguste Comte expose, dans les conclusions de son grand ouvrage, qu'il y a certaines lois mathématiques qui sont universelles et s'appliquent à tous les ordres de phénomènes. C'est le germe de la philosophie première. Les trois lois qu'il signale à ce sujet sont celles : de Képler, de Galilée et de Newton. Puis il ajoute :

« Chacune des trois grandes lois naturelles sur lesquelles
« nous avons reconnu, malgré les graves aberrations philo-
« sophiques des géomètres actuels, que repose nécessaire-
« ment l'ensemble de la mécanique rationnelle, n'est donc
« au fond que la manifestation mécanique d'une loi géné-
« rale, pareillement applicable à tous les phénomènes possi-
« bles. En outre, afin de mieux caractériser ce rapprochement
« capital, il importe maintenant de l'étendre aussi, non sans
« doute aux principales conséquences ultérieures d'une telle
« doctrine initiale, où la spécialité du sujet doit se trouver
« trop prononcée pour comporter aucune utile comparaison,
« mais seulement à la notion essentielle qui y constitue le

(1) *Cours de philosophie positive*, t. VI, Paris, 1842, p. 797-798.

« lien nécessaire des diverses spéculations. On conçoit qu'il
« s'agit du célèbre principe général d'après lequel d'Alem-
« bert a profondément rattaché les questions de mouvement
« aux questions d'équilibre. Soit qu'on l'envisage, suivant
« ma proposition, comme une heureuse généralisation de
« la troisième loi du mouvement, soit qu'on persiste à y voir
« une notion pleinement distincte, on pourra toujours sentir
« sa conformité spontanée avec une conception vraiment
« universelle, pareillement destinée à lier, dans un sujet quel-
« conque, l'appréciation dynamique à l'appréciation sta-
« tique, en considérant que les lois d'harmonie correspon-
« dantes doivent être sans cesse maintenues au milieu des
« phénomènes de succession. La sociologie nous a naturel-
« lement offert l'application la plus décisive, quoique le plus
« souvent implicite, de cette importante relation générale,
« parce que ces deux aspects élémentaires y sont à la fois
« plus prononcés et plus solidaires qu'en aucun autre cas.
« Si les lois d'existence pouvaient être suffisamment connues,
« je ne doute pas qu'on n'y pût ainsi ramener partout,
« comme en mécanique, toutes les questions d'activité. Mais,
« lors même que la complication du sujet oblige au con-
« traire à procéder en sens inverse, c'est encore, au fond,
« d'après une pareille conception de convergence nécessaire
« entre l'application statique et l'appréciation dynamique :
« ce principe universel est seulement employé alors sur un
« nouveau mode conforme à la nature des phénomènes, et
« dont les spéculations sociologiques nous ont présenté fré-
« quemment d'importants exemples. »

On voit qu'Auguste Comte a posé, dans ce passage capital, tous les éléments de la loi de conciliation, telle qu'il l'a formulée plus tard. On y trouve en effet : 1° l'indication de l'origine de cette loi dans le principe de d'Alembert ; 2° l'énoncé du principe de la liaison nécessaire que les lois d'harmonie doivent être maintenues dans les lois de succession ; 3° enfin, la conception de la distinction entre les phénomènes d'existence et les phénomènes d'activité, et la subordination des seconds aux premiers.

Dans la période de la vie d'Auguste Comte qui s'étend de 1842 à 1854, il n'a fait qu'appliquer, dans le cas décisif de la sociologie, la grande loi qu'il avait dégagée de la mécanique rationnelle, en en proclamant l'universalité nécessaire.

Ce qui caractérise en effet le *Système de politique positive* comparé à la partie sociologique du *Cours de philosophie positive*, c'est que le premier est un traité de sociologie où la dynamique est profondément et effectivement subordonnée à la statique ; ce qui n'a pas lieu dans le second. Le second volume du *Système de politique positive* porte le titre décisif de *Statique sociale* ou *Traité abstrait de l'ordre humain*. Dans cette théorie, Auguste Comte donne la théorie générale des diverses institutions fondamentales de l'organisme collectif : *religion, propriété, famille, langage* et *société*. Ces diverses institutions sont considérées non seulement dans leurs caractères fondamentaux propres à tous les temps et à tous les lieux, mais aussi dans la limite idéale que ces institutions peuvent atteindre d'après les lois essentielles de notre nature. En outre, dans ce même volume, publié en 1852, Auguste Comte revient sur la distinction fondamentale entre l'idée d'*existence* et l'idée de *vie* : l'existence représentant l'activité fondamentale de tout organisme, et la vie, les modifications que cette existence éprouve ; ce qui constitue le développement (1).

Grâce à cette conception nouvelle de la statique sociale, Auguste Comte, dans le troisième volume du *Système de politique positive*, consacré à la dynamique sociale, put subordonner celle-ci à la statique. Il énonça alors distinctement le principe : *Le progrès n'est que le développement de l'ordre*. De cette manière les lois de l'évolution sociale, au lieu de nous apparaître comme des mutations sans moralité, sont

---

(1) *Système de politique positive*, t. II, page 339. Paris, 1852.

considérées au contraire comme le développement de germes fondamentaux, pour tendre vers une limite supérieure, par des degrés successifs de plus en plus organiques. La dynamique sociale fut publiée en 1853. La *loi de conciliation* fut enfin formulée en 1854, dans le quatrième volume du *Système de politique positive*.

L'on voit, d'après cet historique, qu'Auguste Comte, partant du principe de d'Alembert, en a déduit une loi qu'il considère comme universelle et qu'il n'applique néanmoins au fond qu'à la sociologie, en négligeant tous les éléments de la hiérarchie scientifique compris entre celle-ci et la mécanique rationnelle. En outre, la loi n'est pas étendue au cas de la morale. Il y avait donc à opérer cette extension nécessaire ; mais pour l'opérer, il fallait s'élever à une conception plus abstraite que celle qui est contenue dans la formule d'Auguste Comte ; et il devait dès lors en résulter une systématisation générale dans l'application de la *loi de conciliation* aux divers ordres de phénomènes, d'après leur complication croissante, en suivant les degrés de la hiérarchie encyclopédique. C'est cette opération que j'ai voulu accomplir.

L'homme placé au milieu de variations incessantes et qui dès lors paraissent purement arbitraires, y a cherché toujours et de plus en plus la stabilité et la constance. Cette stabilité est nécessaire pour l'intelligence, pour l'activité, comme pour le cœur. Il est évident, en effet, que la variabilité continue des phénomènes rendrait absolument impossible une conception quelconque des choses ; aussi l'intelligence, obéissant à une loi nécessaire, cherche partout la stabilité et suppose même la constance absolue, là même où elle se présente à lui comme bien passagère. De même pour l'activité. Comment, en effet, organiser des entreprises, surtout collectives, sans une certaine fixité ? Cette fixité est la base indispensable de toute entente. Ces mêmes considérations s'appliquent au cœur. Nos attachements ne peuvent acquérir aucune profondeur, sans une constance suffisante des objets auxquels ils s'appliquent. Le cœur cherche cette constance par une tendance naturelle, comme l'intelligence et l'activité.

Il y a donc une tendance naturelle du cerveau humain, sous tous ces aspects, à chercher la constance dans la variété ; heureusement le monde extérieur possède, à un certain degré, cette constance toujours cherchée par le cerveau ; il y a entre le monde et l'homme, à cet égard, une certaine harmonie. Du reste, la vie humaine eût été impossible si cette harmonie n'avait pas existé, quoique, dans ce cas comme dans tant d'autres, elle soit imparfaite. Le but de la modificabilité humaine est de la perfectionner. L'évolution de l'Humanité a précisément consisté à découvrir les lois de cette harmonie et à en profiter, pour l'amélioration de notre situation comme de notre nature. Je n'ai pas à suivre ici l'histoire d'une telle évolution ; je veux seulement en indiquer le résultat par la conception générale de la loi de conciliation.

L'homme a été frappé, dans les phénomènes qu'il constate, de certaines constances au milieu desquelles apparaissent bientôt des mutations plus ou moins rapides. Le premier degré de la loi de conciliation, degré auquel Auguste Comte semble trop la réduire, c'est de constater que les lois qui régissent les mutations sont de même nature que celles qui gouvernent la partie fondamentale du phénomène. Ainsi, par exemple, dans le système du monde, les perturbations sont soumises exactement aux mêmes lois que celles qui régissent la partie essentielle du système du monde. C'est toujours la loi de la gravitation qui règle ; mais dans le cas fondamental c'est la gravitation principale du soleil, et dans les perturbations ce sont les gravitations secondaires des planètes entre elles. Sans doute c'est un grand pas pour le cerveau humain d'être arrivé à concevoir que les mutations sont assujetties à des lois régulières, de même nature que celles qui instituent l'ordre fondamental. Mais cela serait insuffisant, pour l'équilibre de la vie humaine, si les mutations, tout en étant réglées, se succédaient avec une grande vitesse et avec une trop grande intensité. Cela équivaudrait au fond, pour nous, à l'absence de toutes lois quelconques.

Heureusement il n'en est rien; et c'est cela qui constitue au fond la loi de la conciliation et lui donne son vrai caractère. Il y a en dehors de nous, dans chacune des diverses sortes de phénomènes, un ordre fondamental, stable et durable, résultant de lois fatales et nécessaires; mais il y a dans cet ordre essentiel des mutations, faibles d'intensité comme de vitesse, qui laissent persister, dans un temps très long par rapport à nous, l'ordre primitif. Dès lors ces mutations sont profondément subordonnées à la stabilité essentielle; et c'est en quoi consiste au fond la loi de conciliation. Sans cette inégalité, la conciliation entre l'ordre et le changement ne pourrait vraiment avoir lieu; et ce serait pour nous l'équivalent de l'absence de tout ordre. Mais cette loi serait conçue d'une manière vraiment imparfaite, si nous n'en étudiions pas la succession, suivant la hiérarchie des phénomènes. La *Conciliation* va en diminuant d'intensité, à mesure que l'on marche des phénomènes inorganiques ou cosmologiques jusqu'aux phénomènes de l'homme individuel, en passant par les phénomènes biologiques et sociologiques. La subordination de tous les phénomènes aux phénomènes cosmologiques et celle des phénomènes humains à ceux qui les précèdent dans la hiérarchie encyclopédique, compense l'insuffisance croissante de la *Conciliation* quand la complication des phénomènes augmente. En outre notre puissance modificatrice, devenant plus grande à mesure que les phénomènes se compliquent, nous offre aussi une heureuse compensation.

Je crois qu'il est utile de donner des noms distincts aux diverses sortes de mutations que nous présente l'ordre fondamental à mesure que nous nous élevons du monde à l'homme. Nous appellerons *transformation*, les mutations dans l'ordre des phénomènes inorganiques; *développement*, dans les phénomènes biologiques; *évolution*, dans ceux de la sociologie;

et nous réserverons surtout le mot *de progrès* pour ceux de l'ordre essentiellement moral.

Nous allons suivre successivement la loi de la conciliation dans les *transformations*, le *développement*, l'*évolution* et le *progrès*.

Mais avant d'aborder une telle étude, il est nécessaire d'indiquer, au moins sommairement, les relations qui lient la loi de *conciliation* avec celles de la *persistance*, de la *coexistence* et de l'*équivalence*. Outre un utile éclaircissement, cette appréciation continuera à augmenter l'harmonie mentale, qui est le but que doit toujours poursuivre toute véritable philosophie.

La loi de l'*équivalence* règle évidemment toutes les mutations quelconques qui s'accomplissent entre des phénomènes de même nature ou de nature différente. Mais si elle existait seule, il est évident qu'il faudrait à l'esprit humain une puissance infiniment prodigieuse pour trouver une stabilité suffisante, au milieu de ces variations régulières sans doute, mais presque indéfinies. C'est ici qu'intervient la *loi de conciliation*. Au milieu de ces mutations indéfinies, elle en saisit un ensemble qui constitue un équilibre fondamental auquel sont subordonnées les mutations secondaires ; l'ensemble des autres formant un ordre essentiel. L'on voit donc d'après cela que la loi de conciliation est un complément nécessaire de celle d'équivalence. Mais, en outre, il faut remarquer que les deux lois de *persistance* et de *coexistence* forment une sorte de transition, qu'elles annoncent et complètent pour ainsi dire la *loi de conciliation*. En effet, la loi de persistance nous apprend que, quand un certain équilibre s'est formé, il tend à persister indéfiniment si aucune circonstance extérieure n'intervient. Il tend donc à se former ainsi un ordre plus ou moins passager, au milieu des mutations continues que règle la loi d'équivalence. De plus, il faut remarquer que la loi de coexistence présente l'exemple d'un ordre fondamental, au milieu de mutations plus ou moins considérables.

Car, d'après cette loi, quand un système a un mouvement général et commun, celui-ci ne trouble pas les activités particulières qui s'accomplissent avec lui ; ce qui montre bien une véritable conciliation entre la stabilité et le changement. Il y a donc une véritable harmonie entre la loi de conciliation et les trois lois qui la précèdent dans notre exposition de la Philosophie première.

Abordons maintenant l'exposition de cette grande loi dans l'ensemble fondamental des phénomènes inorganiques. Nous pouvons décomposer leur ensemble en phénomènes : mécaniques, physiques et chimiques. La loi doit être présentée d'abord sous un point de vue purement abstrait ; c'est-à-dire en montrant dans chacune de ces espèces de phénomènes un principe d'après lequel puisse s'établir un certain équilibre au milieu des mutations. Mais la loi doit être considérée aussi à un point de vue concret. Pour cela, il faudra faire voir que dans les mutations purement mécaniques, il s'établit finalement un équilibre de notre monde, conduisant en dernière analyse à l'équilibre mécanique de notre terre ; équilibre qui est l'objet final de l'étude qui doit nous intéresser. Il doit en être de même pour les phénomènes physiques ; de même que pour les phénomènes chimiques. Un équilibre tend à s'établir dans notre monde sous ce double point de vue, de manière à constituer, finalement et dans notre terre, un ordre fondamental physique et chimique, auquel sont subordonnées les mutations secondaires. Cette explication constitue un aperçu essentiel sur la nature et la destination de la loi de conciliation.

Il résulte de cette analyse que le but final est de constituer la loi de la conciliation dans le système du monde, pour arriver à l'apprécier finalement dans la terre, qui en est un élément. Mais le système du monde n'est que le cas le plus général des systèmes que l'intelligence humaine peut étudier. Il faut donc revenir à la notion abstraite de système et établir la loi de conciliation dans un système mécanique conçu d'une manière générale. Il est bon de rappeler que dans tout système il faut d'abord considérer les forces intérieures, c'est-à-dire celles d'après lesquelles les éléments du système agissent les uns sur les autres, en étant soumis à la loi de l'équivalence entre l'action et la réaction. Mais il y a ensuite les forces extérieures au système ; ce sont celles-là surtout qui déterminent les changements qu'il faut étudier. Ces forces extérieures étant du reste continues ou brusques ; ce qui constitue deux cas bien distincts.

Ces considérations préliminaires étant posées, abordons maintenant le principe de d'Alembert où Auguste Comte a trouvé la première base de la loi de la conciliation, qu'il a étendue audacieusement aux phénomènes sociologiques.

Supposons une série de petites masses m, m' m'', liées entre elles et formant un système dont les diverses parties réagissent les unes sur les autres. Supposons une force appliquée au point m. Cette force communiquera à m une vitesse v ; et elle aurait toute son action si m était libre, mais m fait partie d'un système, et en vertu de sa liaison avec les autres points, la vitesse effective sera v'. Mais on peut décomposer v en deux vitesses : v', la vitesse effective et v'' qui sera l'autre composante. Je puis faire la même opération pour l'action des forces qui s'exercent sur les autres molécules m', m'', m''', etc. Il est évident que la vitesse v'' et toutes les autres vitesses semblables doivent se faire équilibre pour que v' et les vitesses semblables soient réellement effectives. Donc, en multipliant les vitesses v'' et analogues par les masses correspondantes, ce qui nous donnera les forces, toutes ces forces se feront équilibre. Tel est le principe de d'Alembert, tel qu'il l'a énoncé dans la première édition de son *Traité de Dynamique* en 1749 et tel qu'il l'a reproduit dans la seconde édition, en 1758. Mais il me paraît que le principe a dû être découvert vers 1741 ou 1742, car il en fait une application implicite et spéciale dans sa *Théorie de la cause des vents*, dédiée à Frédéric II.

Euler a donné à ce principe une autre forme plus favorable, parce qu'elle permet de mettre directement en équation les forces primitives qui agissent sur le système, et les forces effectives qui produisent le mouvement effectif de chacun des points du système. Pour cela, il suffit de remarquer que la vitesse v'' est la résultante de la vitesse v et de la vitesse v'. Dès lors, le principe de d'Alembert peut être établi ainsi : si un système est sollicité par des forces quelconques f, f', f'' ; à cause de la liaison des éléments du système, ces forces ne produisent pas leur effet propre, et le mouvement effectif de chaque molécule est produit par des forces différentes ; si on les prend en sens inverse, elles sont en équilibre avec les premières. Sous cette forme, le principe permet d'établir directement l'équation entre les données et les inconnues. On peut donc faire ainsi d'après ce principe, et tel est son caractère philosophique, toutes les transformations d'un système mécanique, en les ramenant toujours à des conditions d'équilibre. En combinant ce principe avec le principe général d'équilibre des vitesses virtuelles, Lagrange a finalement systématisé toute la théorie des systèmes.

Nous avons donc ainsi un principe général qui permet de suivre toutes les mutations d'un système mécanique en les ramenant toujours à des conditions d'équilibre. Les géomètres ont ainsi graduellement construit la théorie des mouvements de translation et de rotation de tous les systèmes possibles, et découvert, à ce sujet, leur série de propriétés générales ; ce qui constitue un des plus beaux monuments du génie humain. Mais ils n'en sont pas restés là ; ils ont appliqué ces théories générales au cas le plus important et qui devait nous intéresser le plus, à savoir, le système du monde dont nous faisons partie, formé du soleil, des planètes, de leurs satellites et des diverses comètes. Ils ne faisaient, du reste, que suivre à cet égard la tradition du fondateur de la mécanique générale, le grand Newton qui, dans ses *Principia*, après avoir établi les lois de la mécanique rationnelle, les applique ensuite au système du monde. Je n'ai pas à exposer ici de pareilles études; mon but de philosophie générale est nécessairement autre. Notre monde est un système dont les diverses parties s'attirent en raison directe des masses et en raison inverse du carré des distances et dont les divers éléments ont reçu une impulsion primitive, dont il ne nous est au fond pas possible de connaître l'origine, pas plus du reste que celle de la gravitation. Ce système est caractérisé par l'existence d'un élément, le soleil, dont la masse est de beaucoup supérieure à celle de tous les autres réunis. Ce système est-il susceptible d'arriver à un équilibre stable, en le considérant dans son ensemble ? Ou du moins, chacun de ces éléments présente-t-il des mutations très faibles et périodiques autour d'une certaine situation moyenne ? Or, c'est là ce qui a précisément lieu. Ce grand résultat de la mécanique céleste nous montre donc que notre terre, ce qui est l'aboutissant final de toute étude, est dans une situation essentiellement stable, ou du moins oscillant périodiquement dans des variations à la fois lentes et de peu d'étendue, autour d'une certaine position. Nous avons donc là une manifestation capitale de la loi de *conciliation*; puisque la terre nous manifeste un ordre fondamental qui domine, de son immense prépondérance, toutes les mutations quelconques, infiniment plus petites, qui peuvent s'accomplir à sa surface (1).

Mais il n'y a rien d'absolu. Cet équilibre fondamental n'est vraiment pour nous que relatif et il peut se faire qu'à une date infiniment longue il puisse être changé. En effet, cet équilibre n'existe que dans deux suppositions ; la première : c'est que notre système est indépendant de tous les autres qui existent dans l'espace. Jusqu'ici cela paraît certain ; mais il n'est pas dit qu'il en sera toujours ainsi. Car les astronomes ont établi que notre système se meut d'un mouvement

---

(1) Voir, *Cours de Philosophie positive*, t. II, 26e leçon : Considérations générales sur la dynamique céleste. Paris, 1837.

général vers la constellation d'Hercule. D'après le principe de Galilée, ce mouvement général n'altère nullement l'activité mécanique de notre système ; mais il n'en sera plus ainsi le jour où nous serons plus rapprochés de la constellation d'Hercule. En second lieu, les géomètres ont négligé, en mécanique céleste, la résistance du milieu ; elle paraît en effet infiniment faible ; néanmoins, il n'est pas supposable qu'elle soit nulle. Dès lors, après de longs siècles écoulés, elle pourra devenir sensible, diminuer la grandeur de notre trajectoire et nous amener finalement dans le soleil. Mais qu'importe pour nous, puisqu'il est infiniment probable que, pour d'autres causes plus prochaines, l'Humanité aura alors cessé d'exister.

Cependant ce n'est pas tout ; et il y a des modifications brusques que rien ne permet de prévoir et qui, strictement possibles, rendent purement relative la stabilité fondamentale de notre système, spécialement de notre terre. Ces modifications brusques peuvent provenir du choc d'un astre intérieur, ou bien d'un corps étranger à notre système et circulant rapidement dans l'espace. En outre, rien ne nous assure, vu notre profonde ignorance à ce sujet, que l'activité chimique du soleil ne puisse le disloquer ; dans ce cas-là l'équilibre mécanique et physique de notre système serait troublé.

Néanmoins, en nous plaçant au point de vue relatif, le seul qui convienne à l'homme arrivé à sa pleine maturité, nous pouvons dire qu'il y a un ordre mécanique fondamental qui est le *substratum* de toutes les mutations quelconques, spontanées ou systématiques qui peuvent intéresser l'homme. Cet ordre fondamental ne peut être altéré par les causes que nous connaissons que d'une manière tellement lente, relativement à la durée de notre espèce, que nous ne devons pas en tenir compte. Quant aux changements brusques et inconnus, comme nous ne pouvons rien prévoir, la sagesse virile nous oblige à vivre sans nous en préoccuper.

Abordons maintenant la loi de la *conciliation*, dans le cas des phénomènes physiques, et voyons à quel ordre fondamental nous pouvons arriver de manière à y subordonner les mutations correspondantes. Il s'agit ici évidemment de l'équilibre physique de la terre, c'est-à-dire de la détermination de l'ordre fondamental, résultant des diverses propriétés physiques et auquel se subordonnent les mutations correspondantes, qui sont elles-mêmes réglées par des lois déterminées.

Considérons d'abord la pesanteur ; elle constitue à elle seule une base d'ordre, puisque c'est par elle que les corps sont rattachés à la terre et forment avec elle un tout, sur lequel reposent tous les phénomènes ultérieurs. Mais il y a plus : c'est la pesanteur qui donne, pour les divers corps particuliers, au milieu de leurs modifications quelconques, un élément constant que la métaphysique avait vainement cherché dans des entités réalisées. Obéissant à cette grande loi de l'entendement humain, qui partout cherche la constance dans la variété, les grands esprits, en contemplant la variété presque indéfinie de la matière qui nous entoure, cherchèrent la stabilité en imaginant un *substratum* hypothétique sous le nom de substance, formes essentielles, etc., etc. Cette manière de procéder ne faisait que poser la question sans la résoudre ; car, ni la substance ni les formes essentielles ne pouvaient être définies par un phénomène appréciable, et la relation de la modificabilité à la stabilité restait absolument indéterminée. Descartes, comme je l'ai déjà dit, tenta le premier une théorie positive de la matière, qu'il caractérisa par la forme et le mouvement. Cette solution était insuffisante, car elle ne caractérisait la modificabilité régulière que d'une manière trop vague, sans la lier à un élément constant. Newton résolut le problème par la notion de masse, caractérisée par les quantités de mouvements gagnées ou perdues. Mais c'est Lavoisier qui s'éleva au théorème définitif, en établissant qu'à la surface de la terre le poids de chaque corps restait constant quelles que fussent les variations physico-chimiques qu'il éprouvât. Ainsi donc, la loi de la pesanteur des corps crée à la surface de notre terre un équilibre fondamental pour tous les corps qui s'y trouvent, en les liant à la terre ; et de plus, le poids, restant constant au milieu de toutes les transformations physico-chimiques, représente un ordre auquel toutes ces mutations sont subordonnées.

La loi de conciliation nous apparaît ici avec une grande netteté.

Mais une autre propriété générale se présente à nous, c'est la chaleur. Les phénomènes qu'elle produit se présentent d'abord à l'homme avec une variabilité presque indéfinie, d'où il semble qu'il faille exclure toute idée d'ordre. La création de la thermologie abstraite, à partir du XVIIe siècle, fit graduellement cesser cet état mental pour les esprits cultivés, en découvrant les lois élémentaires de la chaleur, pour l'échauffement et le refroidissement du corps, avec la conception et la détermination des divers coefficients spéciaux relatifs à la chaleur spécifique, à la perméabilité et à la conductibilité. Sur cette base de lois spéciales expérimentalement établies, Joseph Fourier fonda la théorie mathématique de la chaleur. Au moyen de cette théorie il put établir celle d'un équilibre calorifique fondamental de la terre. Il montra que notre terre était soumise à trois grandes causes générales calorifiques : 1° la température propre, telle qu'elle résulte d'un état primitif ; 2° la température générale de l'espace dans lequel se meut notre planète, et dont il a le premier signalé l'existence et le rôle ; 3° l'action périodique du soleil, diurne et annuelle. Il fit voir mathématiquement que, du concours de ces trois éléments, il résulte, qu'au-delà d'une couche, légère relativement au rayon de la terre, doit exister une surface à température essentiellement constante, dont le degré varie, du reste, de l'équateur au pôle ; ce que l'expérience a vérifié. L'action périodique de l'astre modifie donc la couche superficielle d'après des lois déterminées. Il y a donc ainsi, au point de vue calorifique, un équilibre fondamental, ou un ordre auquel se subordonnent les mutations locales. Celles-ci, sans aucun doute, s'accomplissent aussi d'après certaines lois ; et les observations périodiques des météorologistes ont constaté déjà un ordre simple ; ce qui est pour nous l'essentiel. La détermination des lignes isothermes nous offre un exemple spécial de ces recherches. Mais l'ordre thermologique de notre planète suppose la constance dans la température du soleil, dans celle de l'espace planétaire et dans celle du noyau terrestre. Si ces températures varient, elles varient d'une manière tellement lente, que la notion de l'ordre fondamental reste entière. Il ne pourrait y avoir que des variations brusques, que rien ne peut faire prévoir, quoiqu'elles ne soient pas logiquement impossibles ; mais la sagesse humaine consiste à vivre avec ces incertitudes, puisque nous n'avons aucun moyen de les déterminer.

Une des propriétés les plus générales après la chaleur, c'est la lumière ; mais son action, quoique considérable, ne présente pas pour nous, quant à l'équilibre terrestre, abstraction faite des corps vivants, la même importance que la chaleur ; cela tient à ce qu'elle n'agit qu'à la surface. L'équilibre général lumineux est facile à déterminer sur cette surface puisqu'elle est complètement réglée par la marche du soleil qui nous est parfaitement connue. Cet équilibre général est modifié par les particularités propres aux divers corps, d'après des lois très bien connues. La relation de la mutation à l'ordre est donc convenablement établie dans le cas de cette propriété générale.

La propriété électrique se produit à la surface de la terre et dans notre atmosphère sous des influences dues surtout à l'action de la chaleur et à celle de la lumière. La physique abstraite a déterminé, quoique insuffisamment encore, les lois élémentaires des phénomènes électriques. Néanmoins il faut reconnaître que, dans ce cas, la séparation entre les mutations et l'ordre fondamental auquel elles sont subordonnées n'a pu être encore convenablement accomplie. Cela tient à ce que les mutations, quoique réglées d'après des lois déterminées, sont néanmoins tellement rapides, s'accomplissent dans un temps si court, que l'ordre fondamental, qui est surtout fonction du temps, n'a pu être suffisamment déterminé. C'est là une lacune qui n'altère en rien la vérité du principe de *conciliation*, mais qui en montre le caractère relatif.

Enfin, quant au phénomène magnétique, qu'il faut, à mon avis, séparer du phénomène électrique, et dont le galvanomètre est l'instrument essentiel de mesure et de constatation, ce phénomène, dis-je, est surtout relatif à la terre elle-même, et à son activité interne. Les études commencées depuis la fin du XVIIIe siècle en physique abstraite en ont établi les principales lois élémentaires et ont conduit à la précieuse invention du galvanomètre et des instruments qui s'y rapportent. L'on est parvenu ainsi à établir à la surface de la terre une série de lignes générales qui traduisent surtout l'ordre intérieur fondamental et ses mutations brusques ou lentes.

Mais du concours des divers phénomènes, surtout de chaleur et de pesanteur, résulte un ensemble de phénomènes composés, caractérisés principalement par les grands mouvements des eaux et de l'atmosphère, par les courants de toutes sortes qui s'y manifestent, par le passage de l'état liquide à l'état gazeux et réciproquement, avec l'intervention, spécialement dans ce cas, des phénomènes électriques. L'ordre fondamental dû à chacun des phénomènes simples permet de concevoir, *a priori*, l'existence d'un ordre fondamental dans ces phénomènes composés. Mais en dehors de cette action déductive de notre intelligence, on est parvenu à déterminer, quoique bien insuffisamment encore, un certain équilibre général dans ces phénomènes composés, de manière à y apercevoir philosophiquement la relation de la mutation à l'ordre, et même à l'entrevoir déjà scientifiquement.

Il nous reste, pour terminer cette appréciation générale

de la loi de conciliation dans les phénomènes inorganiques, à y considérer enfin les plus compliqués de tous, à savoir les phénomènes chimiques. Leurs lois élémentaires ont été suffisamment déterminées, surtout depuis que Lavoisier a établi la chimie abstraite sur des bases inébranlables, et que les gaz, suffisamment connus, ont permis de trouver les phénomènes élémentaires de l'ordre chimique. Grâce à cette immense création scientifique, on a pu se faire enfin une idée générale de l'équilibre chimique de notre planète et de la relation de cet équilibre avec les mutations chimiques de la surface, par l'action surtout de l'eau et de l'atmosphère. Pour bien juger à cet égard le rôle de la chimie abstraite, il faudrait comparer les beaux travaux de Buffon, qui ont posé le problème avant Lavoisier, avec les travaux qui ont suivi la fondation de la chimie abstraite par ce dernier. Les observations faites sur notre planète, en éliminant les hypothèses souvent romanesques de la géologie, permettent néanmoins de concevoir que la terre a dû passer par des états d'équilibre chimique extrêmement variés, et tout à fait distincts de l'équilibre actuel, quoique l'ayant préparé. L'état de la science ne permet pas de déduire de l'équilibre actuel les équilibres antérieurs, qu'il est néanmoins logiquement utile de concevoir. Ce que l'on peut dire, c'est que la surface de notre planète, considérée dans la croûte, très peu considérable relativement au rayon de la terre, sur laquelle nous vivons, est arrivée à un équilibre chimique de la plus grande stabilité. Ce théorème se vérifie, soit que l'on considère la croûte solide, la masse liquide ou l'enveloppe gazeuse. Les mutations de cet ordre chimique qui déterminent surtout les grands changements de l'équilibre physique sont, au fond, extrêmement faibles relativement à l'ordre fondamental ; sans cela, du reste, la vie de notre espèce et celle des autres animaux y seraient impossibles. La loi de conciliation nous apparaît donc ici avec une grande précision. Mais cette harmonie n'est que relative ; elle dépend de l'état intérieur de notre planète, que nous ne pouvons ni prévoir, ni modifier.

Il résulte de cette exposition que notre planète est arrivée, en temps que partie du système du monde, à un équilibre mécanique dont les mutations très lentes et périodiques sont subordonnées à un ordre moyen fondamental. A cet ordre mécanique se superpose, dans notre planète, un ordre physique, où les mutations, plus rapides et plus variées, sont néanmoins liées à un ordre général déterminé par les mêmes lois qui produisent les mutations. Enfin, cet ordre physique a pour *substratum* un équilibre chimique qui domine les mutations très faibles de cette série de phénomènes. Ainsi donc si nous considérons l'ensemble de notre planète, nous y voyons une conciliation entre l'ordre et la mutation dans laquelle celui-là domine celle-ci et se la subordonne.

II

De la loi de conciliation en biologie.

A la surface de la terre ont surgi une série d'êtres nommés les êtres vivants. Absolument négligeables au point de vue du monde, ils n'ont, même par rapport à la terre, si on se place à un point de vue purement objectif, qu'une importance infiniment minime, puisqu'ils n'altèrent qu'à peine, à la surface, l'équilibre fondamental du système terrestre ; il n'en est pas de même au point de vue subjectif, c'est-à-dire par rapport à l'homme. A ce point de vue, l'importance des êtres vivants est prépondérante ; puisque l'homme en fait partie et qu'il en est même le type le plus parfait. Par conséquent, la loi de conciliation acquiert, en biologie, c'est-à-dire dans l'étude de la vie, une valeur exceptionnelle ; et nous allons nous en occuper avec tout le soin qu'elle mérite.

Ce qui caractérise les êtres vivants, considérés au point de vue le plus abstrait, c'est la *notion d'organisation*, comme celle de système est essentiellement propre au monde inorganique. L'organisme, en effet, n'est autre chose qu'un système plus parfait, parce qu'il est mieux coordonné. Un système, proprement dit, est formé par des éléments liés entre eux, agissant et réagissant les uns sur les autres, d'après certaines lois générales. Ce qui caractérise le système, c'est l'idée de liaison; mais il ne présente pas l'idée d'une destination commune; il y a simplement liaison entre des phénomènes ou semblables ou différents. Dans l'organisme, au contraire, il y a liaison sans aucun doute; mais celle-ci s'opère entre des organes distincts, qui concourent vers une même destination. Par conséquent, l'idée de système reçoit dans l'idée d'organisme un perfectionnement, caractérisé par la conception d'une commune destination.

On voit immédiatement, d'après cela, que l'idée d'organisme contient implicitement la notion de *conciliation*, avec une netteté et une précision qui ne paraissaient pas au même degré dans l'étude des systèmes inorganiques. Il est clair, en effet, que les mutations très considérables que nous présentent les corps vivants sont toujours dominées par une vue d'ensemble, qui est celle du maintien et de la conservation de l'organisme lui-même. Cela est surtout frappant dans les organismes animaux. Aussi, quoique les phénomènes vitaux soient les plus compliqués de tous, puisqu'aux phénomènes inorganiques ils en ajoutent d'autres d'une nature distincte, néanmoins, c'est dans la considération de cet ordre de phénomènes que le bon sens universel a eu un pressentiment vague et implicite, mais cependant profond de la loi de *conciliation*, ou du maintien d'un ordre fondamental, au milieu de mutations multiples, qui lui sont subordonnées. Le rôle de l'esprit théorique est précisément de rendre explicite une pareille vue, de la lier à une loi semblable dans le monde inorganique et aussi dans la vie sociale. Le génie d'Hippocrate l'avait pressenti quand il avait caractérisé l'homme par le *consensus* des parties, quoiqu'il l'eût surtout étudié dans ses plus variables perturbations pathologiques.

Pour bien caractériser la loi de conciliation dans tout organisme vivant, il faut étudier de plus près la nature des mutations qni lui sont propres. Ces mutations qui, dans le monde inorganique, présentaient des transformations, constituent ici un *développement;* et tel est le nom précis qu'il faut désormais leur appliquer. Voyons en quoi consiste ce développement; et d'abord qu'est-ce que la vie? Il faut rappeler ici les lois les plus générales. La vie, d'après la vue profonde de Blainville, si bien coordonnée par Comte, est ce mouvement intestin, continu et général, de composition et de décomposition que nous présentent certains êtres. Mais les conceptions de Comte ont précisé définitivement cette notion. Il a d'abord établi, en effet, que ce mouvement intestin, continu et général, produisait dans les organismes une augmentation ou un développement dans lequel les fonctions primitives se divisent de plus en plus et augmentent à la fois leur distinction et leur concours pour atteindre un maximum. A partir de ce maximum, ce concours comme cette distinction vont en diminuant graduellement, pour arriver enfin à la mort; c'est-à-dire à la destruction de l'organisme, dont les éléments rentrent ainsi dans le monde inorganique. Mais ce mouvement intestin, continu et général de composition et de décomposition de tout organisme vivant, s'accomplit en prenant ses éléments au monde extérieur et en les lui rendant, après qu'ils ont vécu un certain temps pendant lequel ils ont fait partie de l'organisme. Parmi ces organismes vivants, les uns empruntent directement leurs éléments au monde extérieur; ce sont les végétaux. Les autres, au contraire, les empruntent à des êtres eux-mêmes vivants : ce sont les animaux. Ceux-ci, pour réaliser ce caractère spécial de leur vie, sont doués de sensibilité pour apprécier les conditions extérieures, de locomotion pour atteindre les objets nécessaires, et enfin d'un appareil de combinaison des sensations qui leur permet de construire des projets et de rendre, en vue de ceux-ci, la locomotion coordonnée et propre à atteindre son but.

Chez l'ensemble des animaux, la vie animale ne fait que perfectionner la vie végétative. Dans nos observations nous comprendrons donc ensemble les deux sortes d'êtres vivants. Quant à la vie animale proprement dite, elle reçoit dans l'homme, par l'évolution de l'espèce, un tel agrandissement qu'il faudra spécialement y considérer la loi de conciliation ; ce que nous ferons à propos de la morale.

Ceci posé, nous voyons comment se manifeste la loi de conciliation dans les êtres vivants. Les mutations constituent un développement soumis à des lois régulières et désormais assez bien connues ; mais en outre, ce développement est toujours lié à la constitution de l'organisme, qui conserve ses caractères fondamentaux de la naissance jusqu'à la mort ; le développement n'étant en effet qu'une modification dans l'intensité des conditions de la structure. La loi de conciliation se présente donc à nous ici, avec une grande précision et une parfaite netteté.

Mais en étudiant de plus près le développement, surtout dans les animaux, nous y voyons surgir une considération qui précise davantage la marche régulière du développement : c'est celle des âges. Les anciens médecins y attachaient une grande importance ; et l'on a beaucoup trop négligé de nos jours cette considération. Quoique le développement dans l'être vivant, surtout animal, présente une véritable continuité, il y a néanmoins une série de points critiques où l'organisme nous présente des transformations caractérisées, qui ouvrent de nouvelles phases. Ainsi le moment où l'être vivant, végétal ou animal, acquiert l'aptitude à la reproduction, nous offre une situation nouvelle, séparant deux périodes bien distinctes de la vie. Quand les philosophes, les médecins et les biologistes reviendront sur la considération des âges, ils y trouveront certainement la source d'un perfectionnement dans la théorie du développement. Quoi qu'il en soit, la notion des âges, par les points de repère qu'elle fournit dans le développement des êtres vivants, perfectionne la loi de conciliation.

Jusqu'ici nous avons considéré les êtres vivants en eux-mêmes et la loi de conciliation nous y apparaît bien nette ; mais les êtres vivants meurent et par suite disparaissent ; il aurait été possible que leur disparition eût été complète, et dès lors le monde organique aurait cessé d'être et il ne serait plus resté que le monde inorganique. Il aurait été possible aussi que, les êtres vivants une fois morts, d'autres êtres vivants aussi eussent surgi du monde inorganique lui-même et avec des caractères au fond différents de ceux des êtres vivants qui les auraient précédés. Dans ce cas-là, la loi de conciliation aurait eu lieu pour chaque groupe d'êtres vivants correspondant à une certaine période, mais il y aurait eu rupture de continuité entre les groupes d'êtres vivants des diverses périodes. La loi de conciliation eût été, dans ce cas-là, véritablement imparfaite. Peut-être ces deux hypothèses se réalisent-elles dans d'autres planètes que la nôtre ; mais sur la terre il n'en est pas ainsi.

Les êtres vivants tels que nous les connaissons en produisent d'autres de même nature ; et c'est là le grand problème de la reproduction, qui a lieu ou peut du moins avoir lieu à un moment déterminé du développement de chaque être et d'après des lois parfaitement régulières. Chaque être vivant produit un être semblable à lui. Et cette succession d'êtres semblables se reproduisant constitue *l'espèce*. Il pourrait se faire que l'espèce ne fût pas constante, c'est-à-dire que cette succession d'êtres semblables produisît graduellement une série de modifications telles que, au bout d'un temps plus ou moins considérable, les êtres émanés par reproduction d'une série déterminée eussent des caractères véritablement très différents des êtres placés au point de départ. La loi de variation de l'espèce existerait alors, mais plus ou moins compliquée ; la loi de conciliation existerait sans aucun doute dans la succession des êtres vivants, mais aurait, elle aussi, un caractère plus ou moins compliqué ? Enfin, il n'y a rien de contradictoire à imaginer qu'il puisse y avoir des changements brusques dans la constitution des espèces. Dans toutes les théologies quelconques on a admis, sous le nom de métamorphoses, ces changements brusques qui n'ont eux-mêmes logiquement rien de contradictoire. L'expérience seule a pu décider.

L'esprit humain, procédant d'après la première loi de philosophie première, qui est le grand régulateur du travail mental, a fait l'hypothèse la plus simple : il a admis que l'espèce est constante; c'est-à-dire que des êtres vivants d'une certaine nature reproduisent indéfiniment des animaux semblables. L'observation a démontré la vérité de cette proposition, pour les végétaux comme pour les animaux. Quelque loin que l'on remonte par l'observation des animaux fossiles ou par l'observation des restes d'êtres historiques, on constate au fond la fixité de l'espèce. Et, dès lors, il faut dans la définition scientifique de l'espèce faire entrer la considération de cette constance. Nous pourrions donc dire que l'espèce consiste dans la reproduction successive, dans le temps et dans l'espace, d'êtres s'engendrant les uns les autres, en conservant toujours le même type. Tandis que, si on avait admis la variabilité régulière de l'espèce, on aurait dû dire : l'espèce est la succession dans le temps et dans l'espace d'êtres s'engendrant les uns les autres en produisant une suite de types variant d'après une loi déterminée, soit indéfiniment, soit vers une certaine limite. Mais, à mon avis, la fixité de l'espèce doit être admise, comme seule conforme à la série des observations positives, et ayant tout au moins lieu dans la période de temps que notre espèce a pu embrasser. Néanmoins cette question de la fixité des espèces a donné lieu à une discussion très approfondie, dont il est nécessaire de dire ici quelques mots pour en porter un jugement motivé.

C'est Lamarck qui, en 1807, dans sa *Philosophie zoolo-*

gique, posa nettement la question sur le terrain biologique ; il admit la variabilité indéfinie des espèces et leur dérivation successive depuis un être vivant infiniment rudimentaire. Il s'appuyait pour cela sur deux principes : 1° la modificabilité de l'être vivant, sous l'influence des circonstances extérieures ; 2° la transmission héréditaire des modifications accomplies. Cette suite de modifications accumulées devait, d'après lui, produire toutes les espèces quelconques. Evidemment ces vues de Lamarck n'ont qu'une valeur logique pour poser le problème de la modificabilité ; elles n'ont aucune valeur scientifique. Cela est de toute évidence, puisqu'on ne précise rien, et qu'on ne donne aucun moyen de vérification quelconque. Darwin et ses adhérents n'ont rien ajouté aux vues de Lamarck de réellement sérieux et ont laissé subsister le vague antiscientifique. A ce titre seul il faut éliminer de pareilles théories.

Mais il y a plus ; ces conceptions sont directement contraires au véritable esprit de la biologie positive, en méconnaissant la spontanéité vitale, en n'admettant pas l'être vivant comme un phénomène irréductible et primordial, et en conduisant aux vues plus vagues encore mais plus générales de Diderot, qui déduisait le monde organique du monde inorganique, par un transformisme entièrement hypothétique, et par des hypothèses absolument indéterminées. Le monde vivant ne vient pas du monde inorganique, voilà ce que constate la véritable observation scientifique ; il y a seulement équilibre entre les deux forces. Et, de plus, il faut concevoir que, dans ce monde organique lui-même, les êtres vivants constituent des espèces constantes, modifiables entre certaines limites, au-delà desquelles l'espèce disparaît, faute de pouvoir se maintenir en harmonie avec le milieu, bien loin de pouvoir s'adapter toujours à toutes les transformations de ce milieu ; et probablement beaucoup d'espèces ont disparu par l'impossibilité d'opérer leur adaptation aux circonstances extérieures.

Si maintenant l'on considère l'ensemble des êtres vivants et la surface de la terre, nous pouvons saisir une harmonie générale entre cette terre et les êtres vivants. Cette harmonie générale a été constatée pour la première fois par la belle vue de Buffon sur la différence entre les animaux du nouveau monde et ceux de l'ancien. Son génie créa ainsi, par une vue synthétique, ce que l'on a appelé depuis la géographie végétale et animale. On a ajouté de nouvelles observations à celles de Buffon ; on les a étendues surtout aux végétaux. Mais sa conception synthétique d'une harmonie entre la terre et le monde vivant n'a pas reçu jusqu'ici un développement véritablement original. C'est une vue d'ensemble implicite ; elle attend encore une analyse plus approfondie qui la rende vraiment explicite. Nous savons seulement d'une manière certaine qu'il y a, entre les êtres vivants et la terre, une harmonie primitive, représentée par une répartition primordiale des espèces vivantes à la surface de cette terre. Mais, au point de vue abstrait, la création de la chimie a permis de poser d'une manière précise et élémentaire le problème de l'harmonie entre la terre et les êtres vivants. Ceux-ci sont composés des mêmes éléments liquides, solides et gazeux, que les corps inorganiques qui se trouvent à la surface de notre terre. En outre, la vie fondamentale consiste dans un mouvement continu de composition et de décomposition dans l'être vivant, au moyen de matériaux empruntés au monde extérieur et donnant lieu à d'autres matériaux, rendus à la terre après une élaboration intérieure. Comme ce double mouvement d'action et de réaction se continue en maintenant les espèces vivantes, il faut bien qu'il y ait à cet égard une harmonie fondamentale. Mais il fallait préciser et découvrir avec exactitude en quoi elle consiste. Pour cela, nous désignerons par le nom de *milieu*, suivant une dénomination introduite par Auguste Comte, l'ensemble des conditions mécaniques, physiques et chimiques nécessaires à l'existence des êtres vivants (1). L'on peut voir ainsi, au moins d'une manière générale, car ces études laissent immensément à désirer, que la vie ne peut avoir lieu qu'entre certaines limites de pression atmosphérique, d'état hygrométrique, thermologique et électrique; ces limites variant du reste suivant les divers degrés de la hiérarchie vitale, d'après des lois qui sont encore profondément inconnues.

Si l'on veut considérer cette harmonie du milieu et de la vie au point du vue chimique, il faut alors introduire la grande distinction entre les végétaux et les animaux. L'on voit alors que ces deux groupes de la vitalité sont entre eux dans une harmonie déterminée, et qu'ils se complètent de manière à maintenir un équilibre suffisamment stable. Ainsi, par exemple, et pour préciser cette indication philosophique, l'animal produit de l'acide carbonique en fixant de l'oxygène, et le végétal réduit l'acide carbonique en fixant le carbone et en rendant à l'atmosphère l'oxygène. Mais, outre cette harmonie chimique, qui maintient le milieu dans une stabilité à peu près suffisante de composition, il y a une seconde harmonie plus élevée entre le monde végétal et le monde animal, en ce que les végétaux produisent les éléments essentiels de nutrition des animaux. En outre, si l'on considère les animaux eux-mêmes, l'on voit qu'ils se servent réciproquement de nourriture.

Dès lors, on voit dans ces destructions réciproques de végétaux et d'animaux une condition fondamentale de l'équilibre du monde vital. Sans cette condition, la surface de la terre, envahie, deviendrait absolument impropre au maintien de la vie. Cet équilibre est sans doute très imparfait, mais il constitue un ordre essentiel, auquel doivent se subordonner toutes mutations quelconques, spontanées ou systématiques.

Enfin, pour compléter cette harmonie générale entre

(1) Voir *Cours de philosophie positive*. Paris, 1838, à partir de la p. 618.

l'ordre et la mutation dans le monde vivant, considéré dans ses rapports avec le monde inorganique, il faut étendre la vue de Comte sur le fétichisme, qu'il a expliquée dans l'introduction de sa *Synthèse subjective.* Il a conçu, en effet, que l'activité mécanique de la terre peut être conçue, par un sentiment fétichique, comme ayant eu pour but de rendre à sa surface la vie possible, surtout celle de l'homme. L'on peut, en poursuivant la même idée, concevoir que l'activité physique et chimique de notre terre a eu la même destination; et qu'enfin le développement préliminaire de la vie végétale a préparé un siège convenable à la vie animale et surtout à celle de l'homme. L'on aurait de cette manière une sorte de *zoologie sentimentale* qui, sans inconvénient pour l'esprit, aurait de réels avantages pour le cœur, en précisant et en augmentant notre amour pour la terre, siège et base des destinées de l'Humanité.

III

De la loi de conciliation en Sociologie et en Morale.

Nous avons vu que les êtres vivants ne constituent à la surface de notre planète qu'une masse infiniment petite par rapport à elle et qui en modifie infiniment peu la surface. Cette masse serait au fond objectivement négligeable dans l'étude de l'équilibre et du mouvement de la terre; mais son importance est très grande relativement à nous.

Parmi ces êtres vivants, il y a une seule espèce, l'homme, qui est arrivée à former un être collectif qui a pris de plus en plus la domination sur tous les êtres vivants. Cet être collectif a modifié pour son usage la surface de la terre, afin de l'adapter à la satisfaction de nos besoins. Objectivement considérée, c'est-à-dire par rapport à la terre elle-même, l'espèce humaine et ses modifications sont encore plus négligeables que la masse vivante. Mais, relativement à nous, il n'en est pas ainsi ; et, pour nous, la considération de l'espèce humaine est le problème essentiel. L'on voit donc que, à mesure que l'importance objective va en diminuant, la valeur subjective va en augmentant. C'est par rapport à celle-là, néanmoins, qu'il faut coordonner et systématiser.

Il nous faut maintenant considérer les phénomènes que manifeste l'existence collective de notre espèce; ce sont les plus spéciaux, comme les plus compliqués de tous. Ils sont dans la dépendance de tous les autres et dominés par les phénomènes de l'ordre vital, comme par ceux du monde inorganique. A ce titre, ils sont soumis à la loi de *conciliation*, qui les règle directement dans un degré extrêmement étendu. Sans ce règlement, la vie collective de l'espèce humaine serait soumise à des oscillations tellement grandes et tellement rapides, que toute vie collective deviendrait impossible. Mais il y a lieu de se demander si la loi de *conciliation* existe en outre dans ses phénomènes considérés en eux-mêmes. Rien ne prouve *a priori* que cela doive être ainsi; et le contraire est logiquement concevable sans contradiction. Il faut donc aborder, par un examen direct, l'étude de la loi de *conciliation* dans les phénomènes de la vie collective de notre espèce.

L'ordre collectif est caractérisé par la division des fonctions et le concours de ces fonctions. Les hommes, et des groupes plus ou moins variables d'hommes, accomplissent des fonctions distinctes, mais qui tendent, spontanément ou systématiquement, vers une même destination. C'est là ce qui caractérise les diverses nations, qui tendent elles-mêmes à concourir les unes avec les autres vers un même but commun d'action sur la planète, avec des actions et des réactions intérieures. Ces divisions de fonctions et ce concours s'accomplissent d'après des lois plus ou moins régulières; c'est là le premier caractère de la vie collective, ou la *simultanéité*. En d'autres termes, le caractère fondamental de l'organisme collectif consiste dans le *consensus* des diverses parties; *consensus* qui augmente avec la complication de l'organisme. Mais l'organisme collectif présente un second caractère, non moins essentiel, et qui est relatif à sa vie, comme le précédent à sa structure. Il est clair, en effet, que chaque génération laisse comme résultats de son activité des produits plus ou moins élaborés, des modifications de la surface de la terre, des institutions, des inventions, des habitudes et des croyances. Les prédécesseurs laissent ainsi aux successeurs une situation sous l'influence de laquelle ceux-ci sont obligés de vivre. De là le second caractère de la vie collective : la *continuité* des générations successives.

Du reste, il est de toute évidence que le consensus et la continuité présentent une extension et une complication croissantes. La considération de cette complication et de cette extension va nous conduire à une division nécessaire dans l'étude des êtres collectifs.

L'homme est, en effet, l'agent nécessaire de la vie collective; mais cette vie collective deviendrait contradictoire, si, en même temps qu'elle s'étend et se complique, l'homme ne recevait un développement correspondant, à la fois spontané et systématique. De là, la nécessité d'étudier les lois spéciales de ce développement de l'homme lui-même, sous l'action de la société et pour la société. De là, la décomposition de l'étude de l'être collectif en deux sciences distinctes et successives, quoique intimement connexes : 1° la sociologie, qui étudie la loi du consensus et du développement de l'être collectif; 2° la morale qui étudie l'homme, non pas en tant qu'animal, cela dépend de la biologie, mais en tant que développé par la société par laquelle et pour laquelle il vit.

Ces divers phénomènes de l'existence collective sont soumis à des mutations nombreuses et intenses, par rapport auxquelles nous devons étudier la loi de *conciliation*. L'étude de ces mutations nous conduit à trois idées essentielles, distinctes, quoique intimement connexes; ce sont les idées d'*évolution*, de *progrès*, et de *limite*.

Les idées de limite et de progrès proviennent de la morale.

c'est-à-dire de l'homme individuel développé par la société. De tout temps, en effet, et surtout à mesure que la société se développe, l'homme a dû faire effort sur lui-même pour s'adapter de mieux en mieux à la vie sociale. De là, la notion du perfectionnement de chaque homme ou la notion du progrès. Mais les directeurs de l'espèce humaine ont été bientôt amenés à systématiser la notion de ce progrès, en traçant, d'après certaines formules qui ont plus ou moins surgi chez tous les peuples, un idéal ou une limite vers laquelle devaient tendre les efforts de chaque homme.

Mais quelque importantes que fussent ces idées pour chaque existence individuelle, et quelle que fût l'importance de leur action individuelle sur la vie sociale, elles restaient insuffisantes tant qu'elles ne s'étendaient pas à cette vie sociale elle-même considérée directement. Cette grande extension ne s'est accomplie que de nos jours et elle constitue une révolution d'une telle importance que j'en donnerai tout à l'heure un historique sommaire.

Le *progrès* est une succession d'états divers coordonnés vers un certain but, avec une amélioration graduellement réalisée dans une telle succession. Il importe de bien analyser tous les éléments de cette conception capitale. En premier lieu, l'idée de progrès suppose une succession d'états analogues et, par suite, véritablement homogènes. En second lieu, un nouvel élément entre dans cette conception, c'est l'idée d'amélioration d'un état déterminé. Chaque état est évidemment caractérisé par un mode d'action. Ce mode d'action peut s'effectuer avec les mêmes caractères essentiels dans de certaines limites; c'est-à-dire avec plus ou moins de facilité et plus ou moins d'inconvénients. L'amélioration consiste à augmenter le maximum de facilité et à diminuer graduellement le minimum d'inconvénients. Enfin, il faut concevoir que ce progrès, quoique indéfini, ne peut pas croître au-delà de toute limite. Notre nature, comme notre situation, impose une limite, vers laquelle tend l'amélioration des états successifs. Telle est la conception positive de progrès étendue aux phénomènes sociaux.

Mais il y a dans cette conception de progrès étendue de la morale à la sociologie la combinaison de deux notions qu'il est important de séparer. L'une a un caractère absolument objectif et est véritablement distincte de l'autre. En effet, par la nature même des phénomènes de la vie collective, il y a succession nécessaire d'états coordonnés les uns par rapport aux autres; cette succession, considérée en elle-même, constitue l'idée d'*évolution*. On pourrait lui donner aussi le nom de *développement* si nous ne l'avions pas déjà consacré à la biologie. Cette évolution présente-t-elle une amélioration graduelle vers un point déterminé? En d'autres termes, y a-t-il progrès? Cela n'est pas logiquement nécessaire, et l'on peut très bien concevoir sans contradiction qu'il y ait évolution d'états successifs, sans progrès véritable. C'est du reste la conception de Vico, qui avait pensé que les états successifs de l'humanité sont soumis à un mouvement circulaire et périodique. Quoi qu'il en soit, il était nécessaire, dans l'idée de progrès ou de perfectionnement, de dégager l'idée, plus strictement scientifique, d'évolution.

Auguste Comte a eu soin de faire cette distinction capitale (1). Après avoir montré ce qu'il y a de nécessairement subjectif et même de métaphysique, dans la conception absolue du progrès social, Auguste Comte ajoute : « Si l'on ne devait
« point craindre de tomber dans une puérile affectation, et
« surtout de paraître éluder une prétendue difficulté fonda-
« mentale, que la philosophie positive dissipe spontanément,
« comme je vais l'indiquer, il serait facile, à mon gré, de
« traiter la physique sociale tout entière, sans employer une
« seule fois le mot de *perfectionnement*, en le remplaçant tou-
« jours par l'expression simplement scientifique de *développe-
« ment*, qui désigne, sans aucune appréciation morale, un
« fait général incontestable. » Auguste Comte observe du

---

(1) *Cours de philosophie positive*, t. IV. Paris, 1839, p. 367.

reste un peu plus loin, ce qui complète sa pensée, qu'il « faut « écarter d'oiseuses et irrationnelles controverses sur le mé- « rite respectif des divers états consécutifs, pour se borner à « étudier les lois de leur succession effective ».

Les idées de progrès et d'évolution en sociologie, soit combinées, soit analytiquement séparées, sont d'une telle importance, puisque sans elles il n'y aurait pas eu de sociologie positive, que je crois devoir donner sommairement un historique de l'avènement de cette conception capitale dans l'étude des phénomènes sociaux. L'idée de progrès social a surgi d'une manière décisive au XVIIIe siècle et a été constituée définitivement par Auguste Comte. C'est le catholicisme qui, le premier, a fait surgir en sociologie l'idée de progrès social. Cette religion, en effet, établit que le judaïsme a dû nécessairement précéder l'avènement du catholicisme dans les desseins de Dieu. Le judaïsme ayant été nécessaire, à cause de l'imperfection primitive des hommes, Dieu a fait ensuite surgir le catholicisme au moment opportun, quand il a vu que la préparation judaïque était suffisante. C'est cette idée que Bossuet a magnifiquement développée dans son *Discours sur l'histoire universelle*. Il y a ajouté un complément scientifique, en montrant le rôle positif de l'évolution romaine dans l'avènement du catholicisme; mais en méconnaissant complètement le rôle de l'évolution mentale de la Grèce dans un tel avènement. L'idée générale de progrès a donc eu, comme toutes les autres, une source théologique, avec toutes les insuffisances qui y sont inhérentes : 1° cette notion théologique du progrès est vague et arbitraire; car on ne voit nullement pourquoi c'est à un moment plutôt qu'à tel autre que le catholicisme succède au judaïsme. La volonté arbitraire de Dieu reste toujours la seule explication définitive; 2° cette notion de progrès reste tout à fait insuffisante, puisque l'évolution s'arrête immédiatement après le second terme. La tentative, au moyen âge, de *l'Evangile éternel*, qui aurait fait succéder au catholicisme, règne de Jésus, le règne du Saint-Esprit, a complètement échoué. Il en est de même de la conception de Lessing, dans son court opuscule sur *l'éducation du genre humain*, où il expose la conception de révélations successives, qui conduiraient définitivement l'humanité à une sorte de bouddhisme; 3° enfin, la conception catholique du progrès reste absolument insuffisante au point de vue scientifique, puisqu'elle n'explique pas le concours de tous les éléments sociaux qui ont amené le plein ascendant de la religion catholique, et encore moins les causes essentielles qui ont déterminé sa décadence. Le catholicisme ne fait que maudire vaguement l'évolution moderne, qu'il est absolument incapable d'expliquer.

Ainsi donc, le catholicisme a fait surgir la conception d'une certaine évolution sociale, avec la notion d'un progrès final que cette évolution doit réaliser, en tendant vers un but supérieur tracé par la volonté de Dieu. L'on voit donc nettement ici que l'idée de progrès social n'est que l'extension par voie théologique de l'idée de progrès moral. L'idée d'évolution et celle de progrès restaient donc insuffisantes, parce qu'elles ne surgissaient pas directement de l'analyse même des phénomènes sociaux. Il faut donc maintenant voir la source directement scientifique de cette notion d'évolution sociale.

L'idée positive d'évolution progressive a surgi d'abord, d'une manière spéciale, de l'examen du cas de l'évolution mentale purement scientifique. Pascal fut conduit à une telle vue par le spectacle du progrès (1) de la science abstraite à son époque : « La suite des hommes, dit-il, pendant le cours
« de tant de siècles, doit être considérée comme un même
« homme qui subsiste toujours, et qui apprend continuelle-
« ment. » Leibnitz présenta des idées analogues et Fontenelle y introduisit la notion décisive de prévision ; voici ce qu'il dit en effet, dans l'éloge de Leibnitz : « Ce qui l'intéresse
« le plus (Leibnitz), ce sont les origines des nations, de leurs
« langues, de leurs mœurs, de leurs opinions, et une succession

---

(1) *Pensées :* De l'autorité en matière de philosophie.

« de pensées, qui naissent dans les peuples les unes après les
« autres, ou plutôt les unes des autres ; et dont l'enchaîne-
« ment bien observé pourrait donner lieu à des espèces de
« prophéties. »

Montesquieu, quoique dominé surtout par l'idée de *consensus* en sociologie, apporta néanmoins d'une manière spéciale sa participation à la notion d'évolution, dans d'autres phénomènes sociaux que ceux du développement mental : 1° dans ses *Considérations sur la grandeur et la décadence des Romains*, il suit l'évolution successive de toute une civilisation, de sa naissance à son maximum et finalement jusqu'à sa mort ; 2° à la fin de *l'Esprit des lois*, dans sa théorie des lois féodales, il montre le développement graduel de ce système. Mais, dans les deux cas, l'étude est purement spéciale ; et ces évolutions particulières ne sont nullement liées à la conception de l'évolution de notre espèce.

Il y avait ainsi une sorte d'incohérence et de spécialité extrêmes dans la conception de l'évolution progressive sociologique. Il était donc important de s'élever enfin à une notion d'évolution qui embrassât tous les aspects des transformations de l'organisme social. Ce grand pas, Turgot l'a accompli.

Turgot, doué d'un grand génie, avait subi en Sorbonne l'action mentale du catholicisme, outre son initiation propre aux connaissances scientifiques. Sous cette double influence il fut conduit à la notion d'évolution sociale : « Tous les âges,
« dit-il, sont enchaînés par une suite de causes et d'effets qui
« lient l'état du monde à tous ceux qui l'ont précédé... Il se
« forme ainsi un trésor commun qu'une génération transmet
« à l'autre, ainsi qu'un héritage toujours augmenté des dé-
« couvertes de chaque siècle; et le genre humain, considéré
« depuis son origine, paraît aux yeux du philosophe un tout
« immense qui, lui-même, a, comme chaque individu, son en-
« fance et ses progrès (1). »

(1) Deuxième discours sur les *Progrès successifs de l'Esprit humain*. Paris, 1750.

Turgot, en outre, a suffisamment compris le rôle moral du catholicisme dans l'évolution de l'Humanité ; et enfin, par un mérite rare à cette époque, il a compris, quoique insuffisamment, la valeur et l'importance du moyen âge. « Quelle foule
« d'inventions ignorées des anciens et dues à un siècle bar-
« bare ? Notre art de noter la musique, les lettres de change,
« notre papier, le verre à vitre, les grandes glaces, les moulins
« à vent, les horloges, les lunettes, la poudre à canon, l'ai-
« guille aimantée, la perfection de la marine et du com-
« merce (1). » Turgot avait donc introduit ainsi, quoique d'une manière trop vague et trop implicite, mais décisive néanmoins, l'idée d'évolution progressive en sociologie.

Condorcet compléta et précisa les vues de Turgot. Ses vues sont exposées dans son *Esquisse d'un tableau historique des progrès de l'esprit humain*, publiée en 1797. Condorcet pose d'abord la conception de l'évolution progressive de l'humanité :
« Si l'on considère, dit-il, le développement dans ses résultats
« relativement à la masse des individus qui coexistent dans
« le même temps sur un espace donné, et si on le suit de géné-
« ration en génération, il présente alors le tableau des pro-
« grès de l'esprit humain... Ce tableau est historique puisque,
« assujetti à de perpétuelles variations, il se forme par l'ob-
« servation successive des sociétés humaines, aux différentes
« époques qu'elles ont parcourues. Il doit présenter l'ordre des
« changements, exposer l'influence qu'exerce chaque instant
« sur celui qui le remplace, et montrer ainsi dans les modi-
« fications qu'a reçues l'espèce humaine, en se renouvelant
« sans cesse, au milieu de l'immensité des siècles, la marche
« qu'elle a suivie, les pas qu'elle a faits vers la vérité ou le
« bonheur. Ces observations, sur ce que l'homme a été, sur
« ce qu'il est aujourd'hui, conduiront ensuite au moyen d'as-
« surer et d'accélérer les nouveaux progrès que sa nature lui
« permet d'espérer encore. »

(1) Deuxième discours sur les *Progrès de l'Esprit humain*. Paris, 1750.

Ce tableau historique, Condorcet l'exécute. Après avoir, dans les trois premières époques, apprécié le passage successif des peuples de l'état de chasseur à l'état pastoral et finalement à l'état agricole, il consacre le reste de son élaboration à l'évolution purement occidentale, en partant de l'évolution philosophique et scientifique propre à la Grèce ; et il conduit ainsi le mouvement de l'Humanité jusqu'à la Révolution française, qui lui apparaît comme le début de l'ère normale de notre siècle. La dixième époque est consacrée au tableau des progrès futurs de l'esprit humain. Condorcet y introduit nettement la prévision, comme conséquence des lois naturelles de l'évolution de notre espèce : « Si l'homme peut
« prédire, dit-il, avec une assurance presque entière, les
« phénomènes dont il connaît les lois ; si, lors même qu'elles
« lui sont inconnues, il peut, d'après l'expérience du passé,
« prévoir avec une grande probabilité les événements de l'a-
« venir ; pourquoi regarderait-on comme une entreprise chi-
« mérique celle de tracer avec quelque vraisemblance le
« tableau des destinées futures de l'espèce humaine, d'après
« les résultats de son histoire ? » Condorcet trace ce tableau de l'avenir ; et enfin il termine en montrant pour chaque individu la conséquence morale suprême qui lui permet de lier, avec une certaine précision, sa propre existence à la chaîne éternelle des destinées humaines.

Condorcet avait donc ainsi posé, par une première exécution, le problème d'une théorie des lois de l'évolution progressive de notre espèce. Mais cette théorie, il ne l'avait pas constituée. Outre qu'il méconnaît le moyen âge, ce qui est décisif, il méconnaît aussi l'évolution romaine ; dominé par le désir absorbant de l'état pacifique, il n'a pas conçu l'incomparable rôle social de le guerre, qui n'avait pas échappé à Turgot, moins préoccupé que Condorcet d'une sentimentalité exagérée. En outre, Condorcet ne pouvait en aucune manière fonder la sociologie dynamique, puisqu'il n'avait pas décomposé l'évolution sociale en ses divers phénomènes distincts, dont il fallait séparément trouver les lois. C'est Auguste Comte qui, s'appuyant sur tous ces antécédents, a enfin résolu la fondation de la dynamique sociale, en trouvant les lois élémentaires de chacun des aspects principaux de cette évolution : théorique, pratique et sentimentale. Sur cette base il a pu suivre les transformations successives de l'organisme social jusqu'à nos jours.

La notion d'évolution et de progrès social est ainsi définitivement établie; mais pour mieux comprendre ces deux notions, il faut les rattacher avec plus de précision à leur source élémentaire dans l'homme lui-même. Rappelons-nous pour cela la notion de force extérieure dans un système. Tout système mécanique ne peut se mouvoir, en déplaçant son centre de gravité, que sous l'action d'une force extérieure au système lui-même. Ce théorème s'applique, comme je l'ai établi, à la sociologie. Et j'ai d'après cela défini le grand homme : une force extérieure au système social. Pour qu'un grand progrès s'accomplisse, il faut, en effet, que l'homme supérieur qui l'accomplit puisse, dans une certaine mesure, s'isoler des autres pendant un temps plus ou moins long, pour élaborer l'action ou les conceptions qui donneront au système social une nouvelle impulsion. Mais ce qui est vrai pour le grand homme est vrai pour tous les hommes à divers degrés, puisque beaucoup d'hommes accomplissent certains progrès, tout au moins sur une échelle modeste. De là d'importantes conséquences, puisque tout progrès social résulte de l'action de l'individu, considéré comme force extérieure au système. Il en résulte la nécessité de respecter l'indépendance individuelle, autant que le comportent les conditions du *consensus* social. En second lieu, le perfectionnement individuel, dont s'occupe surtout la morale, devient une condition essentielle de tout progrès social. Nous aurons à y revenir tout à l'heure. Quoi qu'il en soit, l'évolution sociale, en agrandissant de plus en plus le concours dans le temps et l'espace, a développé aussi l'indépendance et l'activité personnelles, sources du progrès social. La libération des travailleurs, l'établissement de la propriété individuelle, son extension par les capitaux mobiliers, qui à la fois divisent la propriété et la rendent plus indépendante, ont augmenté, à un degré que rien dans le passé ne faisait prévoir, l'indépendance personnelle. D'un autre côté, la substitution des opinions démontrables aux opinions indémontrables conservées par un sacerdoce immobile, ont augmenté aussi l'indépendance de l'esprit dans chaque individu. De plus, la multiplicité des rapports sociaux et leur extension croissante par la facilité des déplacements sont autant d'excitations constantes à l'activité individuelle ; en même temps que la complication sociale ouvre des voies de plus en plus nombreuses à la satisfaction des initiatives personnelles.

Il résulte de tout cela une activité, et l'on peut dire à quelques égards, une agitation croissante dans l'organisme social en Occident, agitation qui se transmet de plus en plus à la planète entière. La pénétration graduelle de l'idée de progrès, qui s'accomplit de plus en plus en Occident depuis deux générations, est à la fois une consécration et une excitation à cette agitation croissante. La notion de progrès est invoquée partout, pour provoquer partout des changements continuels et presque indéfinis. Les roués l'ont compris et s'en servent. Ce ne sont plus les miracles surnaturels que l'on invoque pour obtenir l'adhésion des naïfs aux transformations fructueuses pour ceux qui les provoquent : c'est l'idée de progrès. Au nom de ce mot magique l'on pousse à tous les changements quelconques. Une agitation fébrile, un besoin indéfini de changement se produisent depuis les plus hautes opérations de la politique jusqu'aux plus modestes opérations de la vie économique. La stabilité sociale, comme celle de l'individu, se trouvent donc menacées. Il y a plus de trente ans que j'ai compris toute l'importance de ce danger, que je l'ai signalé et que j'ai lutté contre lui dans la mesure de mes moyens. J'ai de plus en plus invoqué la stabilité en face de la proclamation du changement indéfini. Mais il s'agit ici, dans ce travail de philosophie abstraite, de rechercher la source élémentaire du remède à une aussi grave situation. De là, l'importance capitale, en sociologie, de la loi de conciliation, qui nous permettra de poser les bases de la subordination des mutations à un équilibre fondamental ou, en d'autres termes, d'organiser la subordination du progrès à l'ordre.

Abordons donc maintenant l'exposé sommaire de la loi de *conciliation* en sociologie. Cette loi se présente à nous, dans ce cas, sous deux formes distinctes quoique connexes. Le premier énoncé la rapproche du théorème de d'Alembert et le second de la notion de développement en biologie.

Rappelons, en effet, en premier lieu, qu'il y a dans l'organisme social deux aspects : 1° la *structure*, caractérisée par le *consensus* des parties; 2° le *développement* de l'activité de cet organisme sur la planète, sur les organismes semblables et sur lui-même. La loi de conciliation, considérée à ce point de vue, consiste à dire que les lois du *consensus* sont maintenues au milieu de l'activité même de l'organisme ; et, si par hasard elles ne le sont pas, il y a maladie et grave danger pour l'organisme social. Par suite, il y a toujours nécessité de nous préoccuper autant que possible du maintien du *consensus*, au milieu des mutations de l'activité sociale. Sous cette forme on voit que la loi de conciliation se rapproche directement du théorème de d'Alembert, qui a pour but de trouver une *fonction d'équilibre* dans le mouvement donné d'un système.

Mais dans les mutations que présente un système social, il y a, outre ceux qui résultent de son activité sur la terre, des changements qui s'accomplissent dans le *consensus* des diverses parties de l'organisme. Il est donc nécessaire, pour compléter la loi de conciliation, de voir si, dans ces mutations de la structure, il n'y a pas une relation qui les subordonne à un ordre fondamental. Or, c'est ce qui a lieu dans l'organisme social comme dans l'organisme individuel; car tous les changements dans le *consensus* des parties ne sont qu'un certain développement d'une structure fondamentale, dont le type essentiel persiste au milieu de tous les développements quelconques. Cette seconde forme de la loi de conciliation en sociologie n'est donc, comme on voit, qu'un complément nécessaire de la première forme.

La loi de conciliation se montre en sociologie par la subordination de la dynamique sociale à la statique. C'est là un des caractères essentiels qui différencient le plus le *Système de politique positive* d'Auguste Comte de la partie du *Cours de philosophie positive* consacrée à la physique sociale. Auguste Comte, en effet, dans son dernier grand ouvrage, subordonne toujours la théorie du mouvement social à celle de la structure de l'organisme correspondant.

Voici de quelle manière il procède. Il commence par donner la théorie des grandes institutions : religion, propriété, famille, langage et gouvernement, qui constituent tout organisme social; il considère chacune d'elles dans les caractères qui lui sont propres, caractères communs à tous les temps et à tous les lieux. Puis, combinant la théorie de la nature humaine avec une première institution provisoire de la dynamique sociale, il détermine la limite idéale vers laquelle doit tendre nécessairement chacune de ces institutions connexes, son développement propre restant toujours en harmonie avec celui des autres. La dynamique sociale a pour but alors d'étudier les lois d'après lesquelles l'évolution sociale fait tendre de plus en plus la structure de l'organisme social vers la limite idéale préalablement déterminée. De cette manière, la loi de conciliation se présente enfin, en sociologie, sous sa forme la plus pratique : le progrès n'est que le développement de l'ordre.

Mais pour bien comprendre le vrai caractère de la loi de conciliation en sociologie, il est bon de rappeler que, non seulement les mutations sont subordonnées à un ordre fondamental qu'elles développent, mais qu'elles-mêmes sont soumises dans leur succession à des lois régulières. Notre modification ne pouvant consister, à cet égard comme à tout autre, qu'à altérer dans une certaine mesure l'intensité.

Pour compléter la loi qui, en sociologie, subordonne le développement à l'ordre fondamental des sociétés, il faut indiquer plusieurs notions complémentaires qui concourent à cette destination.

Il faut reconnaître, en premier lieu, que la loi de *persistance* ou d'*inertie* concourt évidemment à la subordination du progrès à l'ordre. En effet, d'après cette loi, tout système tend à persévérer dans son état primitif; il en résulte une tendance au maintien de l'ordre donné, qui oppose heureusement une résistance, souvent très grande, à toute tentative de mutation.

En second lieu, cette persistance ou cette inertie augmente avec la masse du système. Il y a bien longtemps que j'ai signalé, en sociologie, le rôle capital et si heureusement conservateur de la notion de masse. Il résulte de là que les mutations sociologiques sont d'autant plus difficiles qu'elles s'appliquent à un organisme social d'une masse plus considérable. C'est grâce à cette masse considérable des sociétés occidentales que l'agitation propre à ces sociétés ne produit pas d'effets plus désastreux.

Enfin, en troisième lieu et comme complément des deux considérations précédentes, il faut remarquer que, si l'organisme social présente des *forces extérieures* qui servent au progrès ou au mouvement et qui sont des forces d'impulsion, il se produit aussi des forces extérieures de résistance qui s'opposent aux mutations. Dans beaucoup de cas ces résistances sont très heureuses, malgré les réclamations révolutionnaires.

De la combinaison des trois considérations précédentes il résulte que non seulement le progrès est nécessairement subordonné à l'ordre, mais qu'aussi tout organisme social présente des forces de résistance qui obligent les forces d'impulsion à une action prolongée, de manière à éliminer celles qui manquent d'opportunité ou de valeur effective, et à soumettre les autres à un apprentissage qui les purifie et les perfectionne. L'ardeur aveugle de changement, qui est la maladie de notre siècle, méconnaît trop ces considérations; et il est urgent de les rappeler au public comme aux hommes d'Etat, pour calmer les ardeurs intempérantes et perturbatrices, et donner à l'activité sociale, qui ne peut aboutir que par la continuité des efforts, le calme et la dignité indispensables.

Telle est la loi de conciliation en sociologie. Mais nous l'avons déjà dit, l'homme est l'élément essentiel de la vie de l'organisme social, considéré tout autant dans le *consensus* des parties que dans leur développement. L'homme est soumis à des variations considérables, sous l'influence même de la vie collective. Il est donc nécessaire de savoir si les mutations, passagères ou durables, de la nature humaine sont elles-mêmes soumises à la loi de *conciliation*. Car si cette loi n'existait pas pour l'homme individuel, il y aurait une véritable contradiction entre la vie individuelle et la vie collective; contradiction qui finirait par compromettre et altérer la vie collective elle-même, et la rendre définitivement impossible. C'est la morale qui étudie l'homme individuel développé par la société; il s'agit donc maintenant d'étudier la loi de conciliation en morale.

L'homme, comme tous les vertébrés supérieurs, exerce toujours sur lui-même une série d'efforts pour mieux s'adapter aux nécessités de la situation cosmologique et sociale. Il commence d'abord par chercher à améliorer sa situation économique, et beaucoup d'autres animaux font comme lui des efforts pour perfectionner leur domicile et pour augmenter les facilités de leur nutrition. De là, un premier degré de perfectionnement dans la nature de l'homme, par celle de sa situation matérielle. Puis l'homme cherche à perfectionner son corps, à rendre ses muscles plus souples et plus résistants, à donner à ses sens plus d'acuité et de précision et à sa santé toute la stabilité possible. Mais aux progrès du corps succède le progrès de l'âme ou du cerveau. A mesure que la société se développe, l'homme cherche à perfectionner son intelligence et d'abord surtout dans un intérêt de conservation personnelle ; de là, un nouveau degré dans le perfectionnement de l'individu. Enfin, un dernier degré de perfectionnement cérébral surgit définitivement : c'est celui du caractère et du cœur. D'un côté, s'organise le perfectionnement ou le développement du courage, de la prudence et de la persévérance, et de l'autre, les nécessités sociales poussent à chercher une convenable harmonie entre l'égoïsme et l'altruisme. Il y a donc ainsi dans l'homme individuel toute une hiérarchie de transformations ou de mutations, depuis celles qui sont relatives à la situation jusqu'à celles qui se rapportent au caractère et au cœur. Ces mutations, devenues des habitudes, se fixent dans l'espèce par les lois de l'hérédité, de manière à constituer ainsi une succession dans la nature des individualités ; et c'est dans la succession de ces mutations qu'il importe de voir si la loi de conciliation existe.

Il s'agit d'abord de considérer comment ces mutations dans l'individu ont introduit l'idée de *finalité*. Il est évident, en effet, que cette idée capitale a surgi naturellement en morale. Je l'ai déjà fait observer, mais ici il faut préciser. L'homme, en effet, nous apparaît spontanément comme le but concret et déterminé auquel doivent se rapporter toutes les modifications constatées. L'on ne pouvait au début concevoir la coordination des changements vers un but précis et déterminé, que si ce but était l'homme lui-même. En dehors de cette destination précise, les transformations que nous présente la société doivent, comme celle du monde, sembler indéfinies et arbitraires. C'est donc la considération de l'homme individuel qui a fourni spontanément l'idée de finalité, qui apparaît d'abord comme le seul moyen d'établir un ordre au milieu des mutations. Les prêtres et les philosophes ont systématisé cette disposition spontanée. Nous voyons, en effet, toutes les religions primitives se proposer pour but le perfectionnement de l'homme physique et moral. La notion du perfectionnement moral finit par devenir prépondérante ; à tel point, par exemple, qu'on en arrive, comme dans le bouddhisme, à subordonner l'ordre cosmologique, sociologique et vital à l'ordre moral. L'homme sage, par sa vertu, devient l'arbitre des phénomènes ; et l'existence de sa sagesse améliore le monde comme la vie. Le catholicisme a, au fond, maintenu cette conception, en introduisant seulement Dieu comme intermédiaire entre la sagesse de l'individu et l'amélioration des choses.

La métaphysique a pareillement conservé cette notion, en lui donnant un caractère peut-être moins absolu, mais aussi plus vague. Les stoïciens voulaient arriver à la stabilité individuelle, en rendant l'homme indépendant des conditions cosmologiques et sociales ou, du moins, en le rendant indifférent à ces conditions par une résignation voulue. Sans pousser à cette limite extrême d'exagération et avec plus de sagesse, les philosophes ont néanmoins engagé l'homme à mettre son bonheur dans son perfectionnement individuel et sa résignation. Cette disposition fondamentale se trouve le plus systématiquement formulée dans la conception de la puissance indépendante du libre arbitre.

Il faut considérer ces efforts de la théologie et de la métaphysique comme une manifestation spontanée du besoin de la loi de conciliation, non seulement en morale, mais aussi dans tous les autres ordres de phénomènes. Mais cette solution était au fond illusoire et provisoire, et ne pouvait que poser le problème ; il nous faut maintenant le résoudre par la loi de conciliation en morale.

Eliminons d'abord toutes ces images théologico-métaphysiques qui proclamaient l'indépendance absolue de l'homme par rapport à tout ce qui existe, et qui tout au moins voulaient la constituer en nous. Il faut, au contraire, reconnaître la subordination nécessaire de l'homme au monde, et même de l'âme au corps. Et bien loin d'y trouver une cause d'abaissement, nous y trouverons une source de grandeur ; car *la soumission est la base du perfectionnement.*

Il faut reconnaître que cette subordination de l'ordre moral aux ordres cosmologique, vital et social nous offre en morale un premier degré de la loi de conciliation. Il est clair, en, effet, que cette prépondérance du monde matériel et social sur l'homme individuel constitue un degré fondamental de la subordination des mutations individuelles à un ordre essentiel. Mais ce premier degré de la loi de conciliation serait insuffisant, même avec le complément de l'assujettissement des phénomènes individuels à des lois constantes. Il faut quelque chose de plus. Il est nécessaire que le développement des mutations elles-mêmes crée dans l'homme un ordre plus ou moins stable, naturellement subordonné à l'ordre cosmologique, vital et social et constituant l'adaptation de l'individu à son milieu. Cet ordre intérieur, qui se coordonne avec l'ordre extérieur, résulte de la loi de l'*habitude*. L'habitude n'est que la forme biologique de la loi de la *persistance*. Les diverses manifestations de l'activité humaine tendent à se reproduire spontanément ; de telle sorte que ce qui avait été mutation devient ordre et persistance. En outre, ces habitudes lentement formées se fixent et se consolident dans l'espèce par la loi de l'*hérédité*. Il résulte de là la formation dans l'homme d'une série d'habitudes qui déterminent en lui une sorte d'équilibre résistant ou impulsif suivant les circonstances ; ce qui constitue un ordre intérieur en harmonie plus ou moins parfaite avec l'ordre extérieur. Dès lors, les mutations individuelles qui, du reste, sont soumises elles-mêmes à des lois régulières, se trouvent subordonnées à la fois à l'ordre intérieur et à l'ordre extérieur. Il y a donc alors *conciliation* spontanée, dans l'individu, entre l'ordre et le progrès.

Cette conciliation est insuffisante tant qu'elle reste seulement spontanée ; il faut qu'elle devienne systématique ; et cette systématisation doit consister essentiellement à régulariser la résignation, soit active, soit passive. Passive, elle consiste à accepter sans révolte les fatalités nécessaires. Rien de plus digne qu'une pareille disposition dans l'homme ; au contraire, il n'y a rien de moins digne que ces récriminations, sans mesure d'ailleurs, et impuissantes, de l'esprit de révolte contre un ordre insurmontable. L'islamisme, à cet égard, nous offre un type admirable, quand on le compare surtout aux agitations de l'esprit révolutionnaire. Mais la résignation ne saurait être purement passive ; elle doit aussi être active.

Alors nous utilisons les lois fondamentales de l'ordre pour instituer, avec audace mais sans utopie, toutes les modifications que comporte cet ordre fondamental, d'après les lois mêmes qui lui sont propres. Est-ce que, à cet égard, l'homme moderne, qui a transformé la surface de sa planète d'après la connaissance des lois naturelles, n'est pas supérieur à l'homme antique, qui s'attribuait un pouvoir arbitraire d'après la puissance des dieux, et qui en définitive n'arrivait à rien ou à peu de chose ?

Cette considération de la régularisation systématique de la loi de conciliation en morale nous conduit, comme conclusion, à établir la liaison de la loi de *conciliation* avec celle de *modificabilité* qui est la troisième de la Philosophie première.

Nous avons vu que la *modificabilité* ne porte que sur l'intensité des phénomènes que l'on veut modifier, leur arrangement restant constant. Mais quelque importante que soit cette considération, cette loi laisse néanmoins trop vague la conception de la modificabilité. Son organisation doit, en effet, s'opérer par une application préliminaire de la loi de conciliation. D'après celle-ci les mutations sont subordonnées à un ordre fondamental ; la première opération doit donc consister à prendre pour point de départ une telle subordination ; et une fois qu'elle a été convenablement constatée, il faut, dans les mutations ainsi subordonnées, opérer la modificabilité, en agissant sur l'intensité.

Tel est l'ensemble de cette grande loi, qui partout subordonne le progrès à l'ordre ; elle est une des plus opportunes à considérer dans la situation actuelle de l'Occident. Partout s'impose la recherche de la stabilité dans la société, la famille, l'activité économique et l'ensemble des habitudes intellectuelles et morales. Depuis une génération qu'a commencé mon active carrière sociale, j'ai consacré mes efforts principaux à faire prévaloir la stabilité sur le changement, l'ordre sur le progrès. J'appelle les esprits sensés et actifs à concourir à cette *opération sociale* si nécessaire.

PHILOSOPHIE PREMIÈRE

DIX-SEPTIÈME LEÇON (1)

QUATORZIÈME LOI DE PHILOSOPHIE PREMIÈRE :

(*Loi du classement*).

Tout classement positif doit procéder d'après la généralité croissante, ou décroissante, tant subjective qu'objective.

I

Considérations préliminaires.

Nous allons étudier maintenant la quatorzième loi de philosophie première : celle du classement.

Le classement ou la classification s'applique aux phénomènes et aux conceptions qui s'y rapportent, de même qu'aux êtres proprement dits. Il y a plus, il s'applique aussi à la combinaison des phénomènes et des êtres ; c'est ce qui a lieu dans le classement des fonctions en sociologie. Les fonctions, considérées en elles-mêmes, se rapportent, en effet, à des phénomènes proprement dits, et souvent d'un très haut degré d'abstraction, comme dans l'organisation gouverne-

(1) Ceci représente l'ensemble de la dix-septième leçon de philosophie première, professée le dimanche 7 avril 1878 (13 Archimède 90), à Paris, 10, rue Monsieur-le-Prince.

mentale. Le classement doit se faire d'abord d'après la considération des phénomènes eux-mêmes ; mais les fonctions sont accomplies par des hommes et, par suite, il s'introduit à cet égard un mode déterminé de classification. Il en est de même en biologie, qui nous offre *in abstracto* une classification des existences vitales, c'est-à-dire d'une série de combinaisons de fonctions, mais aussi une classification des êtres vivants effectifs. On voit après cela toute l'extension d'une théorie du classement.

Mais en quoi consiste le classement? C'est d'abord ce qu'il faut voir d'une manière générale.

Classer, c'est disposer des groupes de phénomènes ou d'êtres, semblables ou dissemblables, dans un ordre qui représente leur dépendance mutuelle. Ce classement repose donc sur une détermination de leurs rapports ou relations. Une fois établi par une première série de considérations, il donne une vue d'ensemble qui permet une nouvelle et meilleure élaboration. Chaque classement est donc à la fois un résultat et un point de départ systématique pour en obtenir de nouveaux.

Le classement a surgi partout spontanément. Il existe en dehors de nous dans les phénomènes et les êtres qui nous entourent ; et à mesure que les sociétés se sont développées, le classement des fonctions et des êtres a grandi aussi de plus en plus. Mais le problème qui se pose dès lors est celui-ci : tous ces classements que nous constatons ou que nous organisons sont-ils soumis à une même loi générale, et quelle est cette loi ?

Auguste Comte a été conduit graduellement et lentement à sa découverte ; il en a fait la quatorzième loi de la philosophie première. Dès le début de sa carrière philosophique, comme nous le verrons bientôt, Auguste Comte s'est occupé de classification en donnant celle des sciences abstraites. Il n'a pas cessé depuis de s'occuper de cet ordre de questions, jusqu'en 1854 où il a formulé la loi générale du classement.

C'est donc un sujet profondément élaboré par le grand philosophe ; il me restait toutefois à le systématiser.

L'importance de la loi du classement résulte surtout de sa grande destination théorique et pratique, qui rendra plus stables et plus cohérents tous les classements quelconques, en les concevant sous un point de vue commun. Il faut donc préciser de plus en plus cette notion.

Ce qui nous y frappe d'abord, c'est l'idée d'*arrangement*, en comprenant par cette dénomination les diverses manières dont les choses peuvent être disposées les unes par rapport aux autres, ou disposées en groupes différents. La mathématique précise cette notion d'arrangement en la décomposant en trois notions distinctes : les *permutations*, les *arrangements* et les *combinaisons*. Supposons une série d'objets, $a, b, c, \ldots$, en nombre n. Si l'on considère la totalité de ces objets, on appellera *permutations* les diverses manières de les disposer les uns par rapport aux autres, en les comprenant tous. Si on prend, au contraire, un certain nombre seulement de ces objets m, par exemple, m étant plus petit que n, on appelle *arrangements* tous les groupes de m objets, ces groupes différant par un ou plusieurs de ces objets, ou par la manière dont ils sont disposés, ou, en d'autres termes, par les permutations qu'ils comportent. On appelle *combinaisons* les groupes de m objets différant par un ou plusieurs objets. La mathématique donne seulement la théorie de tous les cas possibles d'arrangements, de permutations et de combinaisons avec n objets. Mais, malgré cette précision que donne la mathématique, nous prendrons le mot arrangements dans un sens plus vague, en entendant par là les diverses manières dont des objets peuvent être groupés ou disposés les uns par rapport aux autres.

Le mot arrangement a été pris par Auguste Comte dans un autre sens qu'il est utile d'examiner, si l'on veut donner à la langue de la philosophie première toute la précision qu'elle comporte. Voilà comment est énoncée la troisième loi de philosophie première : « Les modifications quelconques de l'ordre universel sont bornées à l'intensité des phénomènes, dont l'arrangement reste immuable. » Ici le mot arrangement désigne non pas essentiellement la disposition des choses les unes par rapport aux autres ; mais le mode de dépendance d'une chose par rapport à l'autre ou, en d'autres termes, la fonction qui lie la variation des intensités d'un phénomène à celle des intensités d'un autre. Ainsi, par exemple, si deux corps de température différente sont en face l'un de l'autre et que θ soit leur différence de température, la vitesse v avec laquelle ces deux corps tendent à l'équilibre de température est proportionnelle à θ : $v = a\theta$. Ce qui est constant, c'est la nature de la fonction qui lie v à θ, et c'est ce qu'Auguste Comte appelle l'arrangement. Ce qui est modifiable, c'est l'intensité du phénomène, c'est-à-dire θ, puisque nous pouvons par des procédés artificiels chauffer l'un des corps ou refroidir l'autre. Ce qui fait varier θ, d'après la loi ou l'arrangement constant, fait varier v en intensité. Une telle explication était nécessaire, parce que, dans le langage habituel, le mot arrangement n'est pas pris dans ce sens ; mais bien dans le sens de dispositions mutuelles des choses les unes par rapport aux autres.

Dans la théorie du classement le mot arrangement est pris surtout dans le sens le plus généralement accepté ; c'est-à-dire représente les manières dont les objets semblables ou dissemblables peuvent être disposés les uns par rapport aux autres. Néanmoins, quand on scrute plus profondément la question, on voit que, dans le classement effectif, les deux sens du mot arrangement concourent. En effet, dans un classement il n'y a pas seulement que la manière géométrique de disposer les choses les unes avant ou après les autres ; il y a, dans cette disposition des objets, à représenter les dépendances effectives de divers ordres de phénomènes ou de diverses espèces d'êtres. C'est alors qu'interviennent nécessairement les lois qui règlent ces divers ordres de phénomènes et auxquelles ils sont assujettis ; et c'est alors que l'arrangement, en tant qu'équivalent de loi ou de fonction intervient dans le classement. Cette explication délicate était nécessaire pour ne laisser aucun nuage dans les énoncés de la troisième et de la quatorzième lois de philosophie première.

Le classement a surgi spontanément dans toute l'évolution de l'Humanité. Les notions relatives au classement sont d'abord d'origine sociologique et morale, et ce n'est qu'à une époque tardive que la biologie et la cosmologie y ont contribué. Il est utile d'apprécier la loi d'évolution spontanée de la notion de classement, avant de voir celle des idées d'Auguste Comte à ce sujet. Comme l'état préliminaire des sociétés a été la guerre et la théologie, il faut voir séparément comment ces deux grandes institutions sociales ont contribué pour leur part au développement de cette grande notion.

C'est le système militaire qui a posé les bases et donné une première conception précise du classement social. Une armée, en effet, ne peut exister que par une subordination hiérarchique des fonctions. Le progrès de la constitution militaire se caractérise par une meilleure division des fonctions et un classement perfectionné de ces fonctions. La langue militaire moderne présente comme un pressentiment du principe même du classement en plaçant au sommet de la hiérarchie : le *général*.

La théologie contribue plus systématiquement, mais non moins spontanément que la vie militaire, au classement et aux conceptions qui s'y rapportent. C'est la théologie, en effet, qui, sous le régime théocratique, consacre la division des fonctions sociales par le régime des castes et consolide leur classement en une hiérarchie moins précise, mais bien plus vaste que la pure hiérarchie militaire. Mais la théologie intervient d'une autre manière en introduisant la première la conception d'une classification abstraite, qui soit comme un type au moyen duquel on puisse modifier et perfectionner les classements réels. La théologie a réalisé ce grand progrès par sa hiérarchie subjective des dieux qui y sont disposés dans un certain ordre de puissance et de perfection. Sans doute, les théologiens considéraient cette hiérarchie comme objective ; mais, en réalité, elle ne l'était pas. En rapport avec cette classification subjective de types plus ou moins idéaux, la théologie ébaucha une hiérarchie des vertus et des vices qui servit à constituer un classement des divers types humains; et, par suite, disposa à un classement des êtres réels dans un véritable ordre de mérite, qu'on put comparer au classement effectif que nous offrait la société.

Les philosophes grecs établirent d'une manière plus abstraite et plus systématique ce qu'avaient implicitement tenté les théologiens leurs prédécesseurs. L'on peut à certains égards considérer la *République* de Platon comme ayant pour but de réaliser dans la pratique la conception idéale d'un classement abstrait. Le catholicisme hérita de tous ces antécédents et, dans sa vaste construction, il fit concourir à la fois le classement concret et le classement abstrait. Celui-ci perfectionna au plus haut degré les ébauches de la théologie primitive. On eut, depuis l'homme jusqu'à la perfection divine, une série de types de perfection graduelle, traduite, du reste, par la hiérarchie des saints et des anges. Dans son admirable organisation du pouvoir spirituel, le catholicisme réalisa les combinaisons les plus variées de hiérarchie et de groupement.

Mais cette évolution spontanée, quoique d'une grande étendue et d'une grande puissance, restait néanmoins trop implicite comme trop incohérente au point de vue de la théorie proprement dite du classement. C'est la science qui, à partir du xviie siècle et surtout dans le xviiie, précisa la théorie du classement en l'appliquant non pas à l'homme et aux fonctions sociales, mais aux êtres qui nous sont extérieurs, inorganiques et vivants ; végétaux ou animaux. Ces classifications scientifiques se manifestèrent surtout dans le cas des êtres vivants. Au xviiie siècle, Linné et les Jussieu opérèrent la classification végétale, et au xixe, Lamarck et surtout Blainville établirent celle des animaux.

Une immense élaboration scientifique précisa donc dans un cas spécial et déterminé la théorie du classement, qui coexista ainsi à côté des classements spontanés qu'avaient produits la sociologie et la morale.

Auguste Comte surgit au milieu de cette immense élaboration spontanée et systématique du classement. Sous cette influence il accomplit une longue élaboration propre qui le conduisit enfin, en 1854, à la découverte de la loi générale de tout classement. C'est de cette évolution propre d'Auguste Comte que nous allons indiquer les principales phases.

La première application qu'Auguste Comte ait faite de la loi du classement se trouve dans son opuscule fondamental de 1822 (1). « Les sciences sont devenues positives, dit Auguste Comte, l'une après l'autre, dans l'ordre où il était naturel que cette révolution s'opérât. Cet ordre est celui du degré de complication plus ou moins grand de leurs phénomènes, ou, en d'autres termes, de leur rapport plus ou moins intime avec l'homme. » Auguste Comte revient sur cette question de la classification des sciences abstraites, en 1825, dans ses *Considérations sur les Sciences et les Savants*. Enfin, il applique sa conception de la classification des sciences, d'après leur généralité décroissante et leur complication croissante, d'une manière de plus en plus précise, et il en fait la base de tout le système de la philosophie positive. De 1830 à 1842, il réalise la coordination totale des conceptions abstraites d'après son grand principe de classification. Il l'applique non seulement pour disposer dans un ordre hiérarchique les diverses sciences, mais aussi dans la coordination intérieure de chacune d'elles; ce qu'il est facile de vérifier par la lecture du *Cours de philosophie positive*. Mais il y a plus. Auguste Comte est conduit à apprécier la théorie des classifications dans de tout autres questions que celles des conceptions humaines. Dans le tome troisième du *Cours de philosophie positive*, publié

---

(1) Voir *Système de politique positive*, t. IV, Appendice, p. 80.

en 1838, Auguste Comte expose la classification électro-chimique des substances inorganiques (1). Dans le même ouvrage, dans la partie affectée à la biologie, au chapitre consacré à la philosophie biotaxique, Auguste Comte expose toute la théorie de la classification des végétaux et des animaux (2).

En abordant la siociologie proprement dite, Auguste Comte fut naturellement conduit à la classification des fonctions sociales. C'est ce que l'on peut voir dans le tome IV du *Cours de philosophie positive* consacré à la sociologie (3). Dans le tome VI du *Cours de philosophie positive*, publié en 1842, Auguste Comte revient de nouveau et étend toutes ses vues sur les classifications sociales. Ainsi, par exemple, dès le début de son appréciation de l'évolution organique dans les temps modernes, il indique une classification systématique de la science, de la philosophie, de l'art et de l'industrie. Mais c'est surtout dans la 57e leçon qu'il donne une théorie plus complète de la classification de toutes les fonctions sociales, avec une première vue sur la théorie générale du classement (4).

Dans le *Système de politique positive*, publié de 1851 à 1854, Auguste Comte est amené à traiter d'une manière de plus en plus complète la théorie du classement. Dans le discours préliminaire, déjà publié en 1848, il établit la théorie de la hiérarchie esthétique sur laquelle il revient encore dans le tome II du *Système de politique positive,* au chapitre spécialement consacré à la théorie du langage. C'est dans ce même volume II, où il traite de la statique sociale (5), qu'il établit la classification des trois grandes forces élémentaires de l'organisme social : matérielle, intellectuelle et morale. Enfin dans le tome IV, en 1854, il formule définitivement la loi générale

---

(1) Voir *Cours de philosophie positive*, t. III, p. 213.
(2) *Ibidem*, pp. 517-600.
(3) *Ibidem*, t. IV, 50e leçon, p. 611, et 51e leçon, p. 624. Paris, 1839.
(4) Voir *Cours de philosophie positive*, t. VI, p. 576-577.
(5) Voir *Système de politique positive*, t. II, p. 279-325 et 330.

du classement comme une des lois fondamentales de la Philosophie première. Nous y reviendrons tout à l'heure.

Pour bien comprendre la loi générale du classement, il est nécessaire de revenir sur la notion de généralité; puisque c'est elle qui sert de base à la théorie générale du classement. Auguste Comte a introduit des distinctions entre la généralité objective et la généralité subjective (1); distinction qui était, du reste, en germe dans tous ses travaux successifs sur cette grande question. La généralité objective se rapporte aux choses et la généralité subjective, au contraire, aux conceptions que nous nous en formons.

Précisons en premier lieu la notion de généralité objective plus qu'on ne l'a fait jusqu'ici et considérons-la d'abord dans les phénomènes. Plusieurs notions, et non pas une seule, interviennent dans la conception de la généralité propre aux phénomènes. La première notion est celle de l'extension du phénomène à un nombre plus ou moins considérable d'objets. Un phénomène sera ainsi d'autant plus général qu'il s'étendra à un nombre d'objets de plus en plus grand. D'après cela, par exemple, l'étendue nous offre un plus grand degré de généralité que la vie. Mais, si l'on considère la chaleur, elle nous offre à cet égard autant de généralité que l'étendue. Néanmoins nous regardons celle-là comme moins générale que celle-ci. C'est qu'il faut faire intervenir une seconde notion, à savoir la multiplicité des conditions propres à la manifestation du phénomène. Or, cette complexité est beaucoup plus grande dans le cas de la chaleur que dans celui de l'étendue, car la théorie de la chaleur dépend de celle de la forme, tandis que la réciproque n'a pas lieu. Enfin il y a une troisième condition de la généralité objective, celle-ci sera d'autant moindre que le phénomène agira d'une manière moins constante ou plus intermittente. Ainsi, par exemple, le phénomène électrique est beaucoup moins général que le phé-

---

(1) *Système de politique positive*, t. II, p. 332. Paris, 1852.

nomène thermologique ; car, outre qu'il exige des conditions plus complexes, il est beaucoup plus intermittent et agit d'une manière beaucoup moins constante.

Ainsi donc, une propriété est d'autant plus générale objectivement qu'elle s'aplique à un nombre d'objets plus considérable, qu'elle exige moins de conditions pour se produire, et que son action est plus constante. En prenant ces conditions en sens inverse on aura la généralité décroissante. Ces considérations, du reste, s'appliquent aux êtres aussi bien qu'aux phénomènes.

La généralité subjective, au contraire, est celle qui est relative à nos conceptions ; elle est précisément en sens inverse de la généralité objective. Les conceptions abstraites ont d'autant plus de généralité qu'elles embrassent un plus grand nombre de conditions distinctes. Il résulte de là nécessairement que ce sont les études relatives aux phénomènes les plus compliqués et les moins généraux qui ont par cela même le plus haut degré de généralité subjective. Les théories sociologiques sont, par conséquent, les plus générales au point de vue subjectif, puisqu'elles sont obligées de tenir compte de tous les phénomènes d'où dépendent les phénomènes sociaux. Ainsi les études sociales ont, à cet égard, le plus haut degré de généralité ; pourvu qu'elles ne consistent pas dans l'étude d'un fait très limité de l'ordre social, mais qu'elles coordonnent tous les phénomènes. Néanmoins, pour compléter cette distinction, il faut remarquer que l'ordre d'abstraction ne coïncide pas avec l'ordre de généralité subjective, mais que l'abstraction diminue en même temps que la généralité objective.

Ces considérations étant établies, nous pouvons aborder l'énoncé de la loi de philosophie première relative au classement.

Auguste Comte a donné en 1854 (1) la forme définitive de la

---

(1) *Système de politique positive*, t. IV, p. 179-180.

loi du classement, ou du principe d'après lequel doit s'accomplir tout classement quelconque. Auguste Comte établit que la règle fondamentale du classement positif est qu'il « doit s'opérer d'après la généralité croissante ou décroissante, tant subjective qu'objective. » Il fait d'abord remarquer que cette règle du classement a d'abord été appliquée à la succession des sciences abstraites, et que, à cet égard, elle est un complément de la loi des trois états. C'est ce que j'ai établi en exposant cette dernière loi dans la première partie du *Cours de philosophie première.*

En vertu du principe fondamental du classement, celui-ci s'opère toujours d'après la généralité objective décroissante et la généralité subjective croissante.

La généralité objective représente l'ordre d'indépendance décroissante et de dépendance croissante. Les premiers termes de toute série classée sont ceux qui peuvent à la rigueur se passer des termes suivants et exister sans eux; ils sont les plus indispensables. L'ordre de généralité objective représente surtout celui de la fatalité. Il se rapporte essentiellement à la prépondérance du monde.

Au contraire, l'ordre suivant la généralité subjective représente surtout l'ordre de modificabilité croissante et tend à représenter de plus en plus la prépondérance subjective de l'Homme et de l'Humanité. Le premier ordre exprime surtout la force et le second la noblesse.

Pour achever de bien comprendre la loi du classement, il faut montrer son harmonie avec les quatre lois précédentes de philosophie première qui, comme celle-ci, se rapportent à l'ordre universel du monde. Celui-ci est un vaste mécanisme où tout se tient et se lie, agit et réagit, persiste ou se transforme d'après des lois régulières qui, si elles étaient connues, permettraient toujours, d'après l'état du système, de remonter à tous les états antérieurs ou de suivre tous les états futurs. On peut donc concevoir le monde comme un système de forces agissant d'après des lois déterminées. Mais, pour le comprendre, il faut évidemment le soumettre à une analyse qui permette de s'en faire d'abord une idée, d'après des lois universelles, que nous avons rangées suivant leur ordre de généralité décroissante. Il s'agit de voir quelle est la position de la loi du classement dans une telle série.

La première loi de la seconde partie de la philosophie première représente l'action d'une force unique dans le mécanisme général du monde. La loi de la persistance exprime le résultat acquis de l'action d'une force et son maintien dans le mécanisme général.

La seconde loi fait un pas de plus, et représente le résultat de l'action de plusieurs forces, et leur réduction, dans un grand nombre de cas, à une force unique, ou tout au moins à un nombre minimum ; elle s'appuie nécessairement sur la précédente. Elle permet la conception de la décomposition des forces, au moyen de laquelle on peut concevoir principalement l'action modificatrice, surtout artificielle.

La troisième loi considère, non seulement les actions qu'avaient établies les deux premières, mais aussi les réactions entre les phénomènes de même nature ou de nature différente; actions et réactions qui sont réglées d'après la loi de l'équivalence.

Ces trois lois, qui sont de plus en plus compliquées, ont toujours néanmoins le caractère essentiellement analytique. Les deux que nous allons maintenant apprécier présentent un caractère de plus en plus synthétique, de manière à donner une conception abstraite du mécanisme universel du monde.

La quatrième, en effet, ou loi de conciliation, décompose le mécanisme universel qui résulte des trois lois précédentes en deux parties. La première de ces parties est fondamentale ; et l'autre, secondaire, lui est subordonnée objectivement. Mais celle-ci devient, par rapport à nous, vraiment capitale, en nous traçant surtout notre champ de modificabilité.

Enfin, la cinquième loi, ou loi de classement, nous donne

une conception générale du mécanisme universel du monde, et comme une sorte de synthèse objective toujours subordonnée néanmoins à la synthèse subjective, seule définitivement possible. Cette loi ne considère plus, en effet, les phénomènes isolément; elle établit la loi de leur dépendance objective et aussi la loi, en ordre inverse, de la puissance modificatrice de l'homme; elle complète et précise à cet égard la loi de *conciliation*.

Auguste Comte a établi la loi du *classement* par une dernière induction, conséquence d'une longue série d'inductions spéciales qui ont porté successivement sur les conceptions, les phénomènes, les êtres et les institutions. Cette longue élaboration nous a conduits à un principe général. Nous allons procéder maintenant en sens inverse : partant de ce principe général, nous allons le considérer, mais très sommairement, dans son application successive à la cosmologie, à la biologie, à la sociologie et à la morale.

II

De la loi du classement scientifique, esthétique et biologique.

Le classement des phénomènes, des êtres et des institutions, d'après la généralité objective décroissante et subjective croissante, constitue une vue systématique de l'ensemble des choses dans leur subordination mutuelle et dans leur modificabilité systématique par l'action humaine. Tout repose, à cet égard, sur la décomposition du mécanisme universel dans les phénomènes irréductibles qui le constituent. Cette décomposition, graduellement accomplie par l'action de l'Humanité, a été définitivement systématisée par Auguste Comte. Il a classé ces phénomènes d'après le principe de la généralité objective décroissante, de la complication et de la généralité subjective croissantes; d'après le principe, en un mot, que j'ai précédemment indiqué. Cette série est la suivante : étendue, mouvement et communication des mouvements; propriétés physiques, de la pesanteur jusqu'à l'électricité et au magnétisme ; phénomènes chimiques, biologiques, sociologiques et moraux. L'étude de chacun de ces ordres de phénomènes a donné lieu à une science correspondante et à la série suivante des sciences abstraites : géométrie-mécanique, physique, chimie, biologie, sociologie et morale. Entre la mécanique et la physique s'intercale l'astronomie abstraite qui détermine l'ensemble des conditions générales sous l'influence desquelles s'accomplissent tous les phénomènes, depuis ceux de la pesanteur jusqu'à ceux de la morale. Mais il y a une notion commune, ou plutôt deux, qui s'appliquent à tous les phénomènes quelconques, à savoir l'idée d'intensité ou de quantité, et celle de relation constante ou de *fonction*. L'étude abstraite de ces deux grandes notions fournit l'analyse qui est le point de départ de la philosophie seconde.

Grâce à ces diverses sciences, ainsi classées d'après la quatorzième loi de la philosophie première, nous avons ainsi une conception abstraite du mécanisme universel du monde, représenté dans ses lois de modification et de subordination.

Mais A. Comte a fait un pas de plus ; il a appliqué son principe général de classement d'après la double généralité dans l'intérieur de chaque science. Cette classification intérieure a l'avantage de mieux préciser la subordination des divers aspects de chaque ordre de phénomènes. Ainsi, par exemple, la décomposition de la mécanique en statique et en dynamique nous offre un ordre de généralité décroissante et de complication croissante. On peut suivre, à cet égard, le *Cours de philosophie positive*, et l'on verra que l'on suit ainsi la complication graduelle des phénomènes par une succession presque continue.

L'Humanité, par ses constructions scientifiques, se représente l'ensemble des phénomènes, afin de prévoir et de modifier. Ces constructions servent de base à l'action proprement dite qui est le but essentiel de notre vie. Mais l'homme, d'après la connaissance effective des lois des phénomènes, opère d'autres constructions ayant pour but de nous représenter les choses de manière à déterminer en nous une série d'émotions, destinées à produire une modificabilité progressive de l'âme humaine. L'ensemble de ces constructions constitue ce que l'on a appelé l'art. L'art s'est développé spontanément et systématiquement dans l'évolution de notre espèce ; diverses sortes d'arts se sont produites, et il s'est constitué à cet égard la série suivante : poésie, musique, peinture, sculpture, architecture. Il y a là une véritable hiérarchie ; et nous avons énoncé, en effet, les divers arts dans l'ordre de la généralité subjective décroissante et objective croissante.

Les deux premiers arts s'adressent au sens de l'ouïe, et les trois derniers au sens de la vue. Ce qu'il faut considérer dans les deux premiers, c'est essentiellement la poésie, la musique n'en étant qu'un complément. La poésie a l'avantage de représenter, par des procédés plus ou moins indirects, tous les phénomènes quelconques et tous les aspects de la vie humaine, collective ou individuelle. Pour les trois autres : peinture, sculpture et architecture, il est évident que leur généralité subjective diminue et que leur généralité objective augmente, puisque le dernier représente purement et simplement l'étendue. On voit donc que le principe général de classification s'applique à la série esthétique tout aussi bien qu'à la série scientifique.

Mais si le classement des phénomènes d'après la quatorzième loi de philosophie première est la base nécessaire de tout système des choses, on n'aurait néanmoins par ce procédé que des idées véritablement vagues, si on n'y joignait pas le classement des êtres eux-mêmes. Un être n'est rien autre chose qu'une certaine combinaison constante, durable pendant un temps plus ou moins long, d'un certain nombre de phénomènes, constituant un groupe que l'on peut considérer comme distinct au milieu du système général des choses.

Mais une grande distinction s'impose immédiatement à cet égard, c'est celle des *existences* et des *êtres* proprement dits. Nous appellerons existences des *systèmes* formés d'après la connaissance des lois propres des phénomènes qui servent à les constituer. Les existences sont, au fond, des *êtres abstraits*, construits par l'esprit humain, d'après la connaissance des lois générales des phénomènes. Ce sont à cet égard de véritables *types*. Mais on a ainsi, non seulement les types des êtres réels et objectifs, mais aussi les types de toutes les existences possibles conçues *a priori* d'après l'étude des lois élémentaires des phénomènes. De même qu'il y a des êtres effectifs organiques et inorganiques, il y a aussi nécessairement des existences organiques et inorganiques. C'est dans la théorie des sciences abstraites que l'on doit établir la théorie des existences ; c'est en chimie, aboutissant final de la cosmologie, qu'il faut établir la théorie des existences inorganiques ; et, en biologie celle des existences organiques. La classification des existences s'accomplit dans la science abstraite d'après le principe général du classement, qui s'y applique de la manière la plus évidente. Mais il y a, en outre de ces existences plus ou moins abstraites, des êtres réels, concrets et effectifs, que la théorie explicite et abstraite des existences nous permet d'apprécier ; les êtres effectifs et concrets ne nous étant connus que par une première vue synthétique et implicite. Les êtres effectifs se classent d'après la quatorzième loi de philosophie première dans leur ordre mutuel de dépendance et de puissance modificatrice. Toutefois un tel classement ne peut naturellement offrir la simplicité de la classification des phénomènes ou des existences : il nous présente inévitablement des cas particuliers et des exceptions qui feraient disparaître toute idée, si l'on n'avait pas préalablement le classement abstrait.

Une notion générale domine le classement concret des êtres, c'est la conception de la terre ; et le classement des êtres effectifs se lie, en effet, à leur répartition sur la surface de notre planète, qui nous offre ainsi comme un résumé du classement des êtres.

Ceci posé, étudions sommairement en chimie la théorie du classement des existences inorganiques. Ce n'est que dans cette science qu'une pareille classification pouvait être tentée, puisqu'il fallait pour cela que tous les aspects de l'existence inorganique eussent été appréciés.

La première base du classement des existences inorganiques, c'est la distinction entre les corps simples et les corps composés. Berzelius et Dumas sont, à ma connaissance, les deux seuls chimistes qui aient embrassé systématiquement une telle question. Berzelius s'est placé surtout au point de vue d'une série unique des corps simples. Il a pris son principe de classification dans les phénomènes électro-chimiques ; et il a disposé les corps simples de manière à ce que chacun d'eux soit électro-négatif relativement à tous ceux qui le précèdent et électro-positif envers tous ceux qui le suivent. Dumas, au contraire, s'est placé au point de vue des familles naturelles, qu'il a cherché, du reste, à disposer suivant une série déterminée. Il place l'hydrogène à part comme le principe de classification, en ce sens que les quatre premières familles sont caractérisées par la nature du composé formé par chacun des corps simples avec l'hydrogène. La première famille se compose du chlore, de l'iode, du brome et du fluor. La seconde de l'oxygène, du soufre, du sélénium et du tellure ; la troisième de l'azote, du phosphore, de l'arsenic et de l'antimoine ; et la quatrième du carbone, du bore et du silicium. Et enfin, il rangeait les métaux en dix familles naturelles. Quant à la classification des corps composés proprement dits, il n'y a encore que des travaux spéciaux, dans lesquels on examine des groupes naturels, mais sans coordination systématique. Il serait à désirer que de telles études, trop négligées, fussent abordées par quelque chimiste doué d'un esprit suffisamment philosophique. Une pareille conception des existences inorganiques nous présente un caractère sur lequel il faut surtout insister, à savoir que le nombre des existences possibles que la science peut considérer est infiniment supérieur à celui des existences réelles ; cela est nécessaire pour organiser le passage de l'abstrait au concret comme pour diriger systématiquement la modificabilité humaine. Les considérations présentées par Auguste Comte sur un tel sujet, en ce qui regarde le rôle de la géométrie générale, sont parfaitement applicables au cas de la chimie.

Abordons maintenant les êtres inorganiques et précisons, quand il s'agit des êtres, la conception de la généralité. Ce que nous allons en dire s'appliquera, du reste, aux existences elles-mêmes.

Nous avons vu que la généralité se constitue, au point de vue objectif, par trois caractères : 1° l'extension de la propriété à un nombre d'êtres plus considérable ; 2° le nombre plus ou moins grand de conditions nécessaires à la production du phénomène ; 3° la constance plus ou moins grande, ou la variété plus ou moins considérable du phénomène. C'est ce troisième caractère qu'il faut surtout considérer pour définir la généralité des êtres proprement dits. Un être étant un ensemble de phénomènes liés entre eux qui évoluent d'après des lois déterminées, il est clair qu'en effet l'être sera d'autant plus spécial qu'il exigera le concours d'un plus grand nombre de phénomènes ; mais aussi et surtout que ces phénomènes présenteront une variabilité plus considérable, exigeant pour se produire des conditions plus multiples. C'est surtout d'après ce caractère de la généralité que pourra s'établir le classement des êtres d'après leur mode d'indépendance.

Mais dans la classification des êtres — et cela sera vrai pour les êtres vivants comme pour les êtres inorganiques — il y a une autre considération importante à introduire : c'est celle de la répartition sur la surface ou dans l'intérieur de notre planète. Il est clair, en effet, que l'activité antécédente de la planète a créé, d'après une évolution qui nous sera probablement toujours inconnue, une situation suffisamment stable qui domine toutes les existences particulières. De là inévitablement des anomalies et des exceptions, et des obscurités, surtout en ce qui regarde le monde inorganique, puisqu'il nous est absolument impossible de tenir compte de la composition même de l'intérieur de la planète. Il y a là une inconnue inévitable pour le moment et probablement pour toujours. Il faut donc réduire nos considérations à ce qui regarde la surface de la terre et la croûte très mince sur laquelle nous vivons.

Si nous considérons cette surface, nous constatons tout de suite trois grands êtres : 1° la terre, c'est-à-dire la couche que nous avons pu en apprécier; 2° l'eau; 3° l'air. Ces trois êtres sont rangés ici suivant l'ordre de leur généralité décroissante et de leur dépendance croissante. Si nous considérons les couches principales de la croûte terrestre, nous verrons qu'elles sont rangées, en allant de l'intérieur à l'extérieur, suivant leur ordre de généralité décroissante et de dépendance croissante. Je ne fais que poser à ce sujet le principe général; des considérations plus détaillées ne seraient évidemment pas opportunes dans un cours de philosophie première.

Abordons maintenant la biologie. Il faut y distinguer la classification des phénomènes, celle des existences, et celle des êtres. La classification des phénomènes s'y opère immédiatement d'après le principe de la généralité objective décroissante, suivant que l'on considère d'abord les phénomènes physico-chimiques constituant la vie organique, ou les phénomènes plus complexes qui en dépendent et qui constituent la vie animale. Les divisions secondaires peuvent s'opérer d'après le même principe.

Si l'on considère les existences ou les êtres vivants, on sera frappé immédiatement de ce caractère qu'ils présentent, d'être des systèmes bien autrement précis et déterminés que les existences ou les êtres inorganiques. Cela conduit immédiatement à concevoir le principe de la subordination des caractères, qu'ont fait surgir spontanément toutes les classifications végétales ou animales, mais qu'il faut expliquer ici systématiquement.

On conçoit, en effet, *a priori*, que l'existence d'un système bien coordonné, résultant du concours de phénomènes distincts, n'est possible que s'il y a un caractère prépondérant auquel tous les autres soient subordonnés, et d'après lequel tous les systèmes analogues puissent être classés les uns par rapport aux autres. Il est évident aussi que la subordination des caractères sera d'autant plus précise et dominante que le système vivant sera mieux déterminé. Aussi la subordination des caractères est-elle plus caractérisée dans l'animal que dans le végétal, et augmente à mesure que l'animal s'élève davantage.

Si nous considérons en biologie la distinction entre les *existences* et les *êtres*, nous verrons combien la biologie est à cet égard inférieure à la chimie. Cette distinction est à peine ébauchée en biologie. Auguste Comte le premier l'a indiquée dans son *Cours de philosophie positive*, en proposant d'introduire dans la série animale des êtres fictifs. Il a perfectionné cette vue en indiquant la distinction entre la série biologique abstraite et la série biologique concrète. Mais la biologie n'est pas encore arrivée au point de pouvoir, comme la chimie, donner une théorie des existences possibles.

Si nous considérons l'étude des végétaux, nous verrons que leur classification abstraite est encore bien imparfaite. Néanmoins on est arrivé à établir une certaine série générale d'après la conception des cotylédons. Si on considère la classification des êtres, leur répartition sur la surface de la terre a donné lieu à des études d'un grand intérêt, mais d'un caractère encore trop spécial.

Quant à la classification animale, elle est très supérieure incontestablement à celle des végétaux. On a trouvé dans le système nerveux un caractère fondamental pour constituer une véritable série animale abstraite, et l'on a trouvé dans l'homme un type qui constitue un véritable *zoomètre*, suivant la belle expression de Virey. Quant au classement des animaux effectifs, il est coordonné non seulement par leur système primitif de répartition à la surface de la planète, mais aussi par ce que Blainville a appelé les *circonstances biologiques,* qui déterminent le milieu dans lequel l'animal doit vivre. Ainsi, quoique la chauve-souris soit, abstraitement, un animal supérieur, l'obligation de vivre dans l'air doit nécessairement modifier profondément son développement effectif. La même considération doit s'appliquer au phoque et à la baleine obligés de vivre dans l'eau.

Nous venons de voir le classement des êtres. Cet ordre de classement est bien, en effet, un ordre de subordination, de dignité et de modificabilité; mais, comme il est surtout objectif, il reste vague, confus et peu précis, faute de la coordination subjective que lui donnera l'avènement de l'être collectif : l'Humanité.

Plusieurs êtres collectifs auraient sans doute pu surgir sur la surface de la terre; mais, en fait, il n'y en a eu qu'un formé par l'homme. Et, à cet égard, il faut remarquer qu'à mesure que les phénomènes se spécialisent ils s'appliquent à des êtres de plus en plus restreints; dans ce cas ils ne se manifestent que dans l'homme. L'être collectif est une réunion de familles qui, s'étant approprié une portion de la planète, travaille, dirigé par un même gouvernement, sous le poids des prédécesseurs pour les successeurs ; le travail collectif est caractérisé par la division des fonctions et leur concours, l'un et l'autre constamment croissants. La coordination de tous ces êtres collectifs à la surface de la planète constitue l'Humanité ; sa constitution et son évolution donnent lieu à une série de phénomènes qu'il faut apprécier sommairement, au point de vue du classement, par rapport à ceux qui les précèdent. C'est ce que nous allons faire actuellement.

III

De la loi du classement en sociologie et en morale.

Les phénomènes sociaux sont, au point de vue objectif, les plus spéciaux et les plus compliqués de tous. A ce titre, ils occupent le sommet de la hiérarchie, et sont subordonnés à tous ceux qui les précèdent. Mais les conceptions qui sont relatives à cet ordre de phénomènes sont au contraire les plus générales, en ce sens qu'elles sont obligées de tenir compte de tous les autres phénomènes quelconques. Il en résulte quelques conséquences importantes.

L'activité de l'être collectif se manifeste par une modification continue de la planète, afin de satisfaire à l'ensemble des besoins nécessaires à notre existence. Cette action sur la planète devient à la fois de plus en plus étendue et de plus en plus systématique ; ce qui se caractérise par une division de plus en plus grande des fonctions et par leur coordination croissante. Il résulte de là que cette action collective, qui s'appuie nécessairement sur le classement des phénomènes et des êtres plus simples, donne à ce classement spontané une systématisation qui lui manque ; systématisation subjective, puisqu'elle est déterminée par sa destination au service de notre espèce. C'est là le genre de systématisation que comporte le classement universel.

Mais cette activité extérieure de l'Humanité est liée à son activité intérieure par l'établissement d'un nombre de plus en plus grand de fonctions distinctes, liées entre elles d'une manière de plus en plus intime. C'est par rapport à ces fonctions, considérées dans leur subordination mutuelle de même que dans celle des individus qui les exécutent, qu'il faut étudier maintenant la loi du classement.

Toutes les notions relatives au classement ont surgi précisément de l'examen même des phénomènes sociaux, comme nous l'avons déjà remarqué. Ces notions ont été transportées dans l'étude de tous les autres ordres de phénomènes et d'êtres, depuis les plus simples jusqu'aux plus composés. Là, elles ont pris un caractère absolument positif, en devenant à la fois plus simples et complètement objectives, c'est-à-dire indépendantes de la volonté humaine et de toute action modificatrice venue de nous. Elles ont été rendues ainsi entièrement scientifiques. Elles vont alors réagir à leur tour sur la conception du classement en sociologie. Notre intervention y étant constante, on a pu croire que le classement social était au fond arbitraire, dépendait de notre volonté et pouvait varier suivant nos propres décisions. La théologie n'avait pu éviter un tel caractère qu'en considérant le classement social comme résultant des volontés mêmes des dieux ; elle n'évitait l'arbitraire humain qu'en évoquant l'arbitraire divin. Mais l'émancipation croissante et le développement révolutionnaire ayant brisé de plus en plus ces barrières, l'on est arrivé à croire que le classement des fonctions et des individus est une affaire de volonté collective, et qu'à cet égard on peut tout faire, pourvu que l'on s'entende ; il est vrai que la difficulté est de s'entendre. De là, la plus grande et la plus grave maladie du siècle : le manque de résignation. On ne reconnaît plus la fatalité imposée par Dieu, et l'on s'insurge constamment contre tout classement social établi, dans l'espoir et avec la volonté de le changer. De là, le double développement de l'envie, par rapport aux fonctions supérieures, et du mécontentement insurrectionnel contre sa propre fonction.

C'est cette conception qu'il s'agit de rectifier. Il faut montrer que le classement des fonctions sociales est soumis, comme celui de toutes les autres fonctions, à des lois naturelles, qu'il y a dans toutes les dispositions principales une fatalité qu'il faut subir, et que la modification n'est possible que relativement aux dispositions secondaires.

L'étude du classement, dans les phénomènes plus simples

que les phénomènes sociaux, nous l'a montré comme émanant d'une loi naturelle; et cela conduit par analogie à étendre cette conception aux phénomènes sociaux eux-mêmes.

En premier lieu, il serait étrange, en effet, qu'il y eût un classement naturel dans tous les ordres de phénomènes et que les phénomènes sociaux échappassent seuls à une pareille loi. En second lieu, l'activité extérieure de l'Humanité est subordonnée au classement fatal des phénomènes et des êtres sur lesquels cette activité se manifeste. Par conséquent, il est naturel de penser que les actions intérieures de l'être collectif et leur coordination, qui sont essentiellement déterminées par l'activité extérieure, doivent donner lieu à un classement naturel et plus ou moins fatal de ces fonctions intérieures, puisque l'activité extérieure est dominée elle-même par la fatalité. C'est effectivement ce qui a lieu.

On peut considérer la hiérarchie sociale comme n'étant au fond que le prolongement de la hiérarchie animale; la subordination des fonctions et des individus dans la société apparaît alors comme déterminée par les mêmes raisons qui assurent notre suprématie sur les végétaux et les animaux. Il y a donc, dans la vie sociale, un classement naturel.

Le classement des fonctions sociales s'accomplit d'après la quatorzième loi de philosophie première, c'est-à-dire d'après la double généralité objective et subjective, décroissante et croissante. C'est ce que nous pouvons voir d'une manière sommaire.

Considérons d'abord la hiérarchie des fonctions pratiques qui ont pour but la satisfaction de nos besoins indispensables. Cette hiérarchie est la suivante : agriculture, manufacture, commerce et banque. Il est facile de voir que l'agriculture constitue la fonction la plus spéciale et la moins abstraite de toutes, aussi est-elle objectivement la plus indépendante, car elle peut en soi se passer de toutes les autres fonctions, et elle est indispensable à toutes les autres. Mais, subjectivement, elle reçoit la direction des fonctions plus générales et plus abstraites que représentent la manufacture, le commerce et la banque. On verrait, par des considérations analogues, que la manufacture, moins générale et moins abstraite que le commerce, en est objectivement indépendante, mais lui est subjectivement subordonnée et en reçoit plus ou moins la direction. Il en est de même si l'on compare le commerce à la banque. Celle-ci dépend évidemment de toutes les autres fonctions sociales, qui reposent sur des phénomènes plus objectifs et plus spéciaux ; mais la banque, en vertu de son abstraction et de sa généralité supérieures, constitue l'appareil de coordination et de direction de l'industrie tout entière. On voit donc que la quatorzième loi de philosophie première préside au classement spontané des fonctions de la vie économique, dans chacun des éléments de cette hiérarchie. Le même principe préside à la décomposition en entrepreneurs et travailleurs, et à la subordination des seconds aux premiers.

Il y a donc ainsi un classement spontané et un ordre naturel dans la hiérarchie des fonctions économiques. Mais cet ordre naturel, sous l'impulsion de notre activité modificatrice, fait surgir une fonction plus abstraite et plus générale encore : celle du gouvernement, qui a pour but de perfectionner graduellement la subordination et la coordination naturelles des fonctions économiques. C'est là la fonction la plus abstraite et la plus générale, car elle saisit et lie tous les phénomènes communs aux diverses fonctions spéciales ; l'équilibre et le mouvement des fonctions sociales étant soumis à la quatorzième loi de philosophie première.

Mais il y a d'autres fonctions dans l'Humanité que celle de l'ordre temporel, il y a celles de l'ordre spirituel. L'ensemble de celles-ci constitue ce qu'on peut appeler le pouvoir spirituel. Il a été, au moyen âge, organisé à part et distinctement du pouvoir temporel. Cette décomposition, un des plus grands progrès de l'organisme social, sera constituée à l'état normal. Il s'agit ici de voir comment ces fonctions se classent par rapport à celles du pouvoir temporel. Il est évident que les fonctions du pouvoir spirituel présentent un plus haut degré d'abstraction et de généralité que celles du pouvoir temporel; mais elles dépendent objectivement de celles-ci, suivant la loi fondamentale du classement. Si les fonctions de l'ordre spirituel sont supérieures dans l'ordre de dignité, elles sont évidemment inférieures dans l'ordre de puissance, surtout si l'on considère le présent de l'organisme collectif. Mais, en considérant l'avenir, l'action supérieure du pouvoir spirituel, se prolongeant pour ainsi dire indéfiniment, a une efficacité extrêmement étendue. Auguste Comte a décomposé le pouvoir spirituel en pouvoir intellectuel proprement dit et en pouvoir moral. Il a considéré celui-ci comme supérieur à l'autre en dignité; mais son classement laisse à désirer et comporte certaines objections, à moins qu'on n'introduise la considération des fonctions composées du cerveau, qui lient intimement le sentiment à l'intelligence avec le concours du caractère.

J'ai énoncé, d'après Auguste Comte, que la série des fonctions sociales est un prolongement de la série animale et se constitue au fond d'après les mêmes principes; c'est-à-dire d'après la prépondérance croissante du système nerveux central. Cette conception acquiert une grande précision, d'après la théorie des forces sociales qu'Auguste Comte a exposée dans le second volume de son *Système de politique positive*, chapitre cinquième. Il constate, en effet, qu'une force sociale est un concours spontané ou systématique se condensant en un organe unique. Dans certains cas, c'est le concours qui fait surgir l'organe; dans le cas systématique, au contraire, c'est l'organe qui détermine le concours. Quoi qu'il en soit, il est évident d'après cela que la nature de l'organe et surtout son développement cérébral jouent un rôle capital dans la formation comme dans le développement des forces sociales dont nous avons indiqué le classement. Par conséquent, le classement des fonctions cérébrales, qui est un des buts de la morale ou de la théorie de l'homme individuel, est un complément nécessaire du classement des fonctions sociales elles-mêmes. L'admirable théorie d'Auguste Comte permet de poser les bases d'un tel classement. Sa division de l'âme humaine en *cœur, esprit* et *caractère*, et la décomposition subséquente de ces trois parties en fonctions élémentaires sont la base de toutes les spéculations positives sur ce sujet. Mais néanmoins cette incomparable théorie resterait insuffisante sans celle des fonctions composées du cerveau. Celles-ci se développent sous le poids de l'évolution même de l'Humanité, et, par la génération, elles se consolident dans la race elle-même. Et c'est de cette manière que l'évolution même de notre espèce constitue spontanément des cerveaux qui s'adaptent de mieux en mieux à la complication croissante des fonctions sociales. Il y a là une harmonie naturelle entre l'individu et la société qui, si elle n'existait pas, rendrait finalement l'évolution sociale contradictoire. L'harmonie est, à cet égard, comme dans tous les autres cas, bien imparfaite et nécessite notre intervention systématique; néanmoins elle existe.

Dès lors se pose un problème général, à savoir la constitution de types abstraits cérébraux, que l'on peut classer d'après leur aptitude croissante à remplir les fonctions sociales. C'est le classement individuel abstrait qui continue et complète le classement des fonctions sociales elles-mêmes. Pour pouvoir l'organiser, il faut s'appuyer sur la théorie des fonctions composées du cerveau. Chaque fonction composée exige toujours le concours de l'intelligence, du cœur et du caractère, et, suivant la prépondérance d'un de ces éléments, on a les trois types : spéculatif, où domine l'intelligence; actif, où domine le caractère; et affectif, où domine le cœur. Ces trois types sont, du reste, susceptibles des trois degrés : maximum, minimum et moyen. La masse humaine, sous ces trois aspects, rentre incontestablement dans le cas moyen. Chacun de ces types présente, au surplus, des variétés considérables qui permettent de construire *in abstracto* les types qui conviennent aux diverses fonctions sociales.

D'après ces considérations, se pose enfin le problème capital de l'organisme social : adapter à chaque fonction sociale l'individu qui convient le mieux à cette fonction, de manière à établir l'harmonie la plus parfaite possible entre le classement des fonctions et le classement des organes. Ce qui fait comprendre la difficulté du problème, c'est qu'il y a trois sortes de considérations à faire intervenir dans l'adaptation de l'individu à la fonction sociale : 1° la constitution cérébrale, base capitale ; 2° la constitution corporelle ; 3° les circonstances sociologiques, c'est-à-dire la famille dans laquelle est né l'individu, le pays où il a surgi, etc., etc. On voit ainsi combien, surtout pour de hautes fonctions, il y a de difficultés à trouver l'organe qui y est le mieux adapté. A certains moments, les circonstances sociologiques ont une influence tellement prépondérante qu'elles écrasent tout ; c'est ce qui a lieu, par exemple, dans le régime des castes. Nous en avons eu, en France, un exemple caractéristique au XVIIIe siècle et à la Révolution française. Au XVIIIe siècle, la dégénération de la royauté ne faisait surgir les chefs militaires que d'une classe de moins en moins digne. Aussi étaient-ils devenus presque ridicules ; ils constituaient, suivant l'expression de Frédéric II, des généraux toujours battus, jamais battants. La Révolution, supprimant ces obstacles, permit à toutes les hautes capacités et à toutes les nobles ambitions de surgir ; il se forma ainsi une noble élite militaire que Bonaparte fit dévoyer depuis et dont il fit un si déplorable usage. Quoi qu'il en soit, sous l'influence des trois conditions que nous avons analysées, il s'opère dans chaque société un classement naturel des individus par rapport aux fonctions sociales qu'ils doivent remplir. L'influence d'abord prépondérante des circonstances sociologiques tend à diminuer et permet à la première des conditions, l'aptitude cérébrale, de dominer à son tour de plus en plus. Néanmoins, il faut reconnaître que l'esprit révolutionnaire tend à dépasser toute mesure en voulant supprimer totalement l'influence des conditions sociologiques. Il méconnaît ce grand fait que les obstacles qu'ont à surmonter les hommes supérieurs constituent le meilleur des examens pour l'obtention des fonctions. Des efforts trop systématiques à cet égard ne feraient surgir que des médiocrités plus bruyantes que profondes, surtout par l'emploi du suffrage universel comme origine de toute puissance politique. A une extrémité opposée, en considérant la Chine, nous voyons le danger d'une tentative trop systématique pour faire, par un système d'examens, coïncider le meilleur classement des individus avec le classement des fonctions. On arrive par là à un régime stationnaire, qui empêche le développement des natures supérieures d'où dépendent tous les grands progrès de notre espèce. L'intervention systématique doit s'appliquer surtout au début des fonctions simples auxquelles s'adapte spontanément la médiocrité naturelle à notre espèce.

Quoi qu'il en soit, le problème de l'adaptation du classement individuel au classement des fonctions collectives ne sera jamais qu'imparfaitement résolu. Il est nécessaire de mettre une grande réserve dans nos efforts à cet égard; car le plus grand nombre des fonctions n'exigeant que des aptitudes modérées, l'exercice prolongé de la fonction supplée bientôt aux légères différences individuelles ; mais il faut que pour les grandes fonctions les grandes natures puissent toujours surgir. Cependant l'Humanité a cherché des remèdes à cette grave imperfection de l'organisme social, et l'état normal les rendra de plus en plus efficaces. D'un côté, on peut, durant la vie, opposer de mieux en mieux l'ordre de considération à l'ordre de puissance ; et, après la mort, le sacerdoce opposera au classement objectif le classement subjectif par ordre de mérite, quand toutes les circonstances auront enfin disparu.

Nous voyons donc comment, d'après le principe général du classement suivant l'ordre de généralité objective et subjective croissante et décroissante, nous avons pu constituer une immense échelle des phénomènes et des êtres, se rangeant chacun à la suite des autres, en partant des plus simples, qui sont aussi les plus indépendants. Sur cet immense classement objectif, nous avons fait reposer, à l'abri de tout arbitraire, le classement des fonctions sociales et l'harmonie avec elles du classement individuel.

Nous avons ainsi constaté, dans le cas du classement comme dans toutes les autres, une fatalité essentielle, base fondamentale de la puissance modificatrice de notre espèce.

PHILOSOPHIE PREMIÈRE

DIX-HUITIÈME LEÇON (1)

QUINZIÈME LOI DE PHILOSOPHIE PREMIÈRE

(*Loi de l'intermédiaire*).

Tout intermédiaire doit être normalement subordonné aux deux extrêmes, dont il opère la liaison.

I

Considérations préliminaires.

Nous allons étudier maintenant la quinzième et dernière loi de Philosophie première. Pour abréger et faciliter l'exposition, et conformément à ce que j'ai déjà fait pour les cinq lois précédentes, je désignerai celle-ci par une dénomination unique : je l'appellerai loi de l'*intermédiaire*. L'énoncé même de cette loi justifie suffisamment une telle dénomination. Voici, en effet, comment Auguste Comte l'a énoncée d'une manière définitive : « Tout intermédiaire doit être nor-
« malement subordonné aux deux extrêmes dont il opère la
« liaison » (2).

---

(1) Ceci représente l'ensemble de la dix-huitième leçon de *Philosophie première*, professée le dimanche 14 avril 1878 (20 Archimède 90), à Paris, 10, rue Monsieur-le-Prince.

(2) *Système de politique positive*, t. IV, p. 180. Paris, 1854.

La loi, énoncée de cette manière, nous présente un caractère surtout logique. C'est une manière de procéder qu'Auguste Comte semble simplement indiquer pour arriver à la découverte ou à la détermination d'une vérité. Mais à ce point de vue, il faut dès à présent, sauf à y revenir un peu plus tard, compléter la conception d'Auguste Comte. La loi de l'*intermédiaire* est, en effet, toujours subordonnée à une vue d'ensemble et elle consiste, après une telle vue préalable, à saisir trois termes distincts dans cet ensemble, dont deux extrêmes et l'autre intermédiaire.

Quoique ces deux opérations nous paraissent être purement logiques, il faut reconnaître néanmoins qu'elles correspondent toujours plus ou moins à une réalité objective. Dans un grand nombre de cas, les trois termes qui constituent l'ensemble sont effectivement très distincts. La loi prend alors un caractère véritablement scientifique. Nous l'examinerons soigneusement sous ce point de vue. Cela nous montre immédiatement l'insuffisance de l'énoncé d'Auguste Comte, d'où ne ressort que le caractère logique de la loi et où son caractère scientifique n'est que très implicitement contenu. Néanmoins, par respect pour la continuité, j'ai maintenu l'énoncé tel que l'a donné le Maître, mes explications ultérieures devant suffisamment remédier à l'insuffisance de l'énoncé.

Enfin, pour compléter la vue générale de cette loi, il faut considérer qu'au point de vue logique, elle est relative bien plus à la recherche de la vérité qu'à son mode d'exposition ; quoique dans certains cas exceptionnels, celle-ci s'y subordonne effectivement.

La loi de l'*intermédiaire* se rattache à quelques égards à la loi précédente du *classement*. Comme celle-ci, elle a introduit en effet, entre divers êtres ou divers groupes de phénomènes, un certain mode de subordination, puisqu'elle indique que, logiquement, le groupe intermédiaire doit être subordonné aux deux groupes extrêmes. Néanmoins, elle diffère profondément, à d'autres égards, de la loi du classement. Dans celle-ci, en effet, on établit une série successive d'états ou d'êtres subordonnés les uns aux autres, d'après les principes de la généralité croissante ou décroissante, ce qui n'a pas lieu dans la loi de l'*intermédiaire*. Celle-ci n'est, en effet, qu'un perfectionnement d'une vue d'ensemble, au moyen d'une coupe ternaire, qui permet de mieux étudier cet ensemble et qui guide nos méditations. Dans la plupart des cas, surtout dans ceux dont le caractère est logique plutôt que scientifique, cette coupe a un caractère plus ou moins vague et manque de précision, principalement quand elle s'applique à un ensemble de phénomènes dominés par le principe de la continuité. Je vais en donner immédiatement un exemple important, qui éclaircira ma pensée. Ainsi, Auguste Comte a partagé l'évolution mentale abstraite du passé en trois états : théologique, métaphysique et positif. En réalité, cette évolution, qui est dominée par les lois générales de l'entendement, nous présente une véritable continuité. Dans l'état métaphysique, qui est l'intermédiaire qui joint les deux extrêmes, on passe pour ainsi dire par tous les degrés successifs qui vont de l'état pleinement théologique à l'état pleinement positif. Néanmoins Auguste Comte a eu absolument raison de ne pas s'assujettir à cette continuité effective et à partager toute cette évolution mentale du passé en trois coupes bien distinctes ; sans cela l'esprit aurait flotté indéfiniment dans le vague et la confusion. Mais on conçoit, d'après cela, que pour des esprits trop subtils et d'une culture scientifique insuffisante, l'application de la loi de l'intermédiaire peut donner lieu à des dissertations indéfinies. Il faut l'appliquer avec un esprit sagement relatif.

La loi de l'intermédiaire n'est pas un simple artifice de notre esprit, elle constitue une véritable loi naturelle, c'est-à-dire qu'elle consiste en une tendance de notre entendement liée à une réalité objective. Cette harmonie croissante du cerveau et du monde, à mesure que s'accomplit l'évolution de l'Humanité, a graduellement dégagé cette loi naturelle. Elle a donc surgi et dû surgir d'une manière tout à fait spontanée. Mais sa formulation définitive, comme toutes les formulations, a une très grande importance ; car elle remet ainsi aux mains de tous les esprits cultivés un instrument précieux d'investigation, au lieu d'une application implicite et empirique dont le résultat ne peut être jamais ni dirigé ni prévu. En outre, la formulation de la loi éclaire le passé mental de notre espèce, en nous faisant dégager nettement du traitement intellectuel les applications spontanées de cette loi.

Cette loi se compose au fond de deux parties : 1° la décomposition d'un ensemble en trois sections ; 2° la subordination de la section intermédiaire aux deux extrêmes, dont elle opère la liaison. C'est la première partie de la loi qui a d'abord été spontanément appliquée, la seconde n'ayant surgi que beaucoup plus tard, même spontanément. L'histoire, qui est le grand microscope appliqué à notre évolution mentale, sépare, par de grands espaces de temps, ces deux parties que l'intelligence individuelle parcourt si rapidement.

Une des plus grandes applications dans l'ordre sociologique a été la décomposition de l'ensemble de l'évolution humaine en passé, présent et avenir. Au point de vue concret, une des grandes applications de la loi a été de partager le monde inorganique, en terre, eau et air. Il serait inutile de faire ici un historique complet des applications de cette loi, néanmoins je veux en indiquer quelques-unes des principales. Une des plus considérables a consisté dans la décomposition de l'âme humaine en intelligence, amour et volonté. La trinité chrétienne est la systématisation théologique d'une telle conception. Le catholicisme a su en faire une grande application sociale et même mentale, avec tous les inconvénients, inévitables sans doute, de la méthode théologique. Dans l'organisme social, s'est bientôt produite spontanément sa décomposition en trois éléments connexes, les sujets, les ministres et le souverain. Le catholicisme a systématisé une telle division spontanée par sa théorie du Médiateur et de Jésus Dieu-Homme. M. de Bonald a fait, comme l'on sait, en sociologie, une application très étendue d'une pareille vue. Enfin, pour ne pas trop multiplier pareils exemples, nous citerons finalement une des plus grandes applications, faite par Montesquieu, qui, le premier, a tenté une décomposition de l'appareil gouvernemental en ses parties essentielles, et dont les vues ont joué un si grand rôle dans la Révolution française. Il décompose, en effet, l'appareil gouvernemental en trois parties connexes, quoique distinctes : le pouvoir exécutif, la puissance législative et le pouvoir judiciaire.

Il est inutile de multiplier davantage les exemples de l'application spontanée de la loi de l'*intermédiaire*. Dans toutes ses applications, comme je l'ai déjà dit, il y a la décomposition d'un ensemble en trois parties, mais nullement la conception de la subordination de l'intermédiaire aux deux extrêmes, et encore moins apercevons-nous aucune tentative de formulation d'une loi. Le premier essai de cette double opération est dû à Buffon, comme l'a justement signalé Auguste Comte.

« Des oiseaux les plus légers, dit Buffon, et qui percent
« les nues, nous passons aux plus pesants, qui ne peuvent
« quitter la terre. Le pas est brusque, mais la comparaison
« est la voie de toutes nos connaissances, et le contraste étant
« ce qu'il y a de plus frappant dans la comparaison, nous
« ne saisissons jamais mieux que par l'opposition les points
« principaux de la nature des êtres que nous considérons.
« *De même, ce n'est que par un coup d'œil ferme sur les ex-*
« *trêmes que nous pouvons juger les milieux* (1). »

Buffon expose ensuite une théorie générale de classification, où il montre, du reste, un bien médiocre instinct de la méthode biotaxique. Il conçoit, en effet, l'ensemble des êtres

---

(1) Buffon, *Histoire naturelle*. Oiseaux qui ne peuvent voler.

vivants comme disposés suivant des lignes, qui communiquent entre elles par des embranchements partant surtout de l'extrémité de ces lignes, de manière à former ainsi un immense réseau. On voit, d'après cela, l'importance capitale du rôle de Lamarck qui, se dégageant des vues imparfaites de Buffon, s'est élevé enfin à la conception philosophique de la série animale.

Buffon fait une application de sa méthode taxonomique, et elle le conduit à formuler de nouveau la loi de l'*intermédiaire*, dans le cas spécial de la classification des êtres vivants : « Si nous plaçons au premier point, en haut, les
« oiseaux aériens les plus légers, les mieux volant, nous des-
« cendrons, par degrés et par nuances presque insensibles,
« aux oiseaux les plus pesants, les moins agiles, et qui, dé-
« nués des instruments nécessaires à l'exercice du vol, ne
« peuvent ni s'élever ni se soutenir dans l'air, et nous trou-
« verons que cette extrémité inférieure du faisceau se divise
« en deux branches, dont l'une contient les oiseaux terrestres,
« tels que l'autruche, le touyon, le casoar, le dronte, etc.,
« qui ne peuvent quitter la terre, et l'autre se projette de
« côté sur les pingouins et autres oiseaux aquatiques, aux-
« quels l'usage ou plutôt le séjour de la terre et de l'air sont
« également interdits, et qui ne peuvent s'élever au-dessus
« de la surface de l'eau, qui paraît être leur élément parti-
« culier. *Ce sont là les deux extrêmes de la chaîne, que nous*
« *avons raison de considérer d'abord, avant de vouloir saisir*
« *les milieux, qui tous s'éloignent plus ou moins, ou partici-*
« *pent inégalement de la nature de ces extrêmes, et sur les-*
« *quels milieux nous ne pourrions en effet jeter que des*
« *regards incertains, si nous ne connaissions pas les limites*
« *de la nature, par la considération attentive des points où*
« *elles sont placées* (1). »

(1) Buffon. *Histoire naturelle*. Des oiseaux qui ne peuvent voler. — Il faut lire tout cet article de Buffon, si on veut se faire une idée de ses vues sur la classification et de leur profonde imperfection.

Telle était la situation mentale au moment où surgit Auguste Comte. Nous allons voir maintenant comment il fut graduellement conduit à la formulation de la loi de l'*intermédiaire* par une série d'applications particulières; nous verrons une fois de plus la solidité et la loyauté scientifique de ce grand génie, qui n'arrivait que lentement et graduellement aux formules générales dont il pouvait faire ensuite, avec sécurité, de nombreuses applications. Auguste Comte a fait une grande application de la loi de l'*intermédiaire*, dès son opuscule fondamental de 1822.

Voici ce qu'il dit, en effet : « L'ordre chronologique des « époques n'est point l'ordre philosophique. Au lieu de dire : « le passé, le présent et l'avenir, il faut dire : le passé, l'ave- « nir et le présent. Ce n'est, en effet, que lorsque, par le « passé, on a conçu l'avenir, qu'on peut revenir utilement « sur le présent, qui n'est qu'un point, de manière à saisir « son véritable caractère (1). » Auguste Comte est revenu sur cette même idée, en la rattachant à la théorie de l'organisme social, dans le second volume du *Système de politique positive* (2). Du reste, dans son travail fondamental de 1822, il fait encore une application capitale de la loi de l'intermédiaire, en décomposant l'évolution mentale du passé en trois phases : théologique, métaphysique et positive, et l'évolution temporelle en trois phases aussi : militaire conquérante, militaire défensive et finalement industrielle. Mais, dans ces diverses applications de la loi de l'intermédiaire, Auguste Comte ne l'applique qu'implicitement et en se contentant d'opérer la décomposition d'un ensemble en trois groupes, mais sans invoquer la loi de la subordination des groupes intermédiaires aux deux extrêmes.

Auguste Comte arriva enfin à formuler cette loi d'une manière explicite, dans un cas important qu'il nous faut ana-

---

(1) *Système de politique positive*. Appendice, t. IV, p. 99-100.
(2) *Système de politique positive*, t. II, p. 334. Paris, 1852.

lyser. En 1838, dans son *Cours de philosophie positive* (1), il fut amené à présenter la décomposition systématique de la biologie. Il la partagea en deux parties : 1° anatomie, comprenant la théorie abstraite de l'organisme vivant, en même temps que la classification des divers organismes ; 2° physiologie. Dans ce beau travail, il introduit la *théorie des milieux* comme un préambule nécessaire à la physiologie, et il ébauche même cette théorie. Il revint plus tard, en 1851, sur cette même question, dans la théorie générale de la biologie, qui est un des admirables chapitres du *Système de politique positive* (2). Citons ses propres paroles : « Envers cette étude
« capitale (la théorie des milieux), je dois ici rectifier d'abord
« une faute encyclopédique, où je fus entraîné par une défé-
« rence exagérée pour la juste autorité de Blainville. D'après
« cet éminent biologiste, je la plaçai avant la physiologie et
« à la suite de l'anatomie générale ; cette erreur était d'au-
« tant plus grave qu'elle choquait directement une règle cons-
« tante de n'apprécier les notions intermédiaires qu'après les
« deux extrêmes dont elles doivent instituer la liaison. Au
« cas actuel, on reconnaît surtout que, faute d'une juste con-
« naissance préalable de l'être vivant, sa relation avec le mi-
« lieu ne peut susciter que des appréciations vagues et inco-
« hérentes, qui ne sauraient aboutir à aucune doctrine déci-
« sive sans une division ultérieure, fondée sur l'ensemble de
« la physiologie. Mais, quelque spontanée que fût, à cet
« égard, ma rectification dogmatique, aussitôt que je revien-
« drais librement à un tel sujet, je dois ici déclarer franche-
« ment qu'elle vient d'être accomplie avant moi par un nou-
« veau biologiste, M. le docteur Segond. »

Toute cette série d'applications variées accomplies par Auguste Comte, l'excitation résultant de la vue de Buffon, et enfin la conception explicite, dont nous venons de voir un

---

(1) *Cours de philosophie positive*, t. III, 43ᵉ leçon.
(2) *Système de politique positive*, t. 1ᵉʳ, p. 665 à 666. Paris, 1851.

exemple, de subordonner l'intermédiaire aux deux extrêmes ; tout cela, dis-je, devait enfin conduire Auguste Comte à formuler une loi générale, à la fois de l'entendement et du monde, qui contiendrait, comme cas particulier, la série des divers exemples déjà établie. Néanmoins, pour faire ce dernier pas, il fallait quelque chose de plus, à savoir la conception de la philosophie première ; c'est après avoir conçu celle-ci comme une théorie générale des lois propres aux divers ordres de phénomènes, qu'Auguste Comte a enfin conçu la loi de l'intermédiaire comme une véritable loi naturelle, applicable logiquement et scientifiquement aux divers ordres de phénomènes.

Il faut nous donner ici, une fois de plus, le spectacle de la marche de l'entendement chez un homme supérieur, dans la découverte d'une grande loi scientifique. Ceux qui apprennent partent de la formulation définitive de la loi, et souvent la conception peut leur en paraître facile, par les applications qu'on en peut faire immédiatement. Mais c'est là une illusion. Les grands esprits n'arrivent à ces formules si simples que par une série d'observations spéciales, qui les placent enfin au point de vue général. Nous venons d'en voir un exemple dans l'analyse sommaire de l'évolution historique qui a conduit enfin Auguste Comte à la loi de l'intermédiaire. L'analyse que nous venons d'accomplir éclaircit, je l'espère, le caractère d'une telle loi, dans sa nature comme dans sa destination. Elle se lie à la prépondérance de l'esprit d'ensemble, qu'elle suppose, en l'appliquant et la précisant. Formulée, elle constitue désormais une puissance vraiment transmissible de l'entendement humain ; et c'est là l'immense avantage de l'état explicite sur l'état implicite.

Néanmoins, pour bien comprendre toute la portée d'une telle loi, il est nécessaire de l'étudier d'une manière spéciale, sous les deux aspects qui lui sont propres : d'abord scientifique, puis logique. C'est ce que nous allons faire.

II

De la quinzième loi au point de vue scientifique.

La quinzième loi existe au point de vue scientifique ; c'est-à-dire que les divers ensembles partiels que nous pouvons considérer peuvent se partager effectivement en groupes distincts, bien caractérisés par des propriétés particulières, qui ne sont, du reste, que des modifications d'une même propriété, sans quoi il n'y aurait pas continuité et analogie dans les groupes qui constituent l'ensemble. En second lieu, nous constaterons, que, en fait, la décomposition en trois groupes est celle qui correspond le mieux à la réalité effective. Néanmoins, il faut reconnaître que nous donnons logiquement à cette décomposition ternaire plus de précision qu'elle n'en présente en réalité ; mais nous facilitons ainsi la méditation et l'observation, et nous pouvons ensuite, si cela est utile, concevoir d'autres groupes intermédiaires. Enfin, nous complétons la loi au point de vue purement logique en assujettissant l'ordre de notre étude à la règle qui subordonne les deux groupes extrêmes au groupe intermédiaire.

Nous allons maintenant étudier successivement la décomposition des divers ensembles partiels que nous offre la philosophie seconde, de la cosmologie à la morale, en trois groupes partiels ; et enfin, nous étendrons cette décomposition à la philosophie troisième elle-même.

Considérons d'abord la cosmologie, et en premier lieu la physique. Celle-ci étudie les propriétés des corps inorganiques, en tant que ces propriétés n'altèrent pas la constitution même du corps. Si l'on voulait étudier la physique à un point de vue purement et strictement abstrait, il ne faudrait considérer que l'action des molécules les unes sur les autres dans les diverses propriétés physiques distinctes ; et, à ce point de vue, la loi de l'intermédiaire n'est pas applicable. Mais il faut considérer autre chose dans la physique abstraite, à savoir : *les systèmes*, c'est-à-dire les divers modes de liaison des molécules, qui forment des touts spéciaux et déterminés. Je prends toujours, bien entendu, le mot système dans le sens qu'on lui donne en mécanique générale, à savoir : un ensemble de points liés entre eux, et agissant et réagissant les uns sur les autres, d'après des lois déterminées. A ce point de vue, tous les systèmes inorganiques quelconques présentent trois états : solide, liquide et gazeux. Cette décomposition ternaire est capitale et domine toute la cosmologie. On ne lui a même pas fait jouer encore, à mon avis, un rôle suffisant.

Cette division ternaire du monde inorganique a été comprise, dès le début, par la raison pratique, par l'observation de la terre, de l'eau et de l'air. On a utilisé de plus en plus les propriétés de ces trois systèmes distincts, mais cela d'une manière empirique et implicite, c'est-à-dire sans s'élever à la conception de propriétés distinctes et nettement formulables.

La première tentative pour constituer une théorie abstraite à ce sujet est due à Archimède, et il l'a accomplie avec ce caractère de spécialité propre à la science antique. Dans son admirable *Traité des corps qui flottent sur l'onde*, il a donné une définition mathématique des liquides, qui consiste dans les deux principes suivants : 1° que la nature des fluides est telle que les parties moins pressées sont chassées par celles qui le sont davantage, et que chaque partie est toujours pressée par le poids de la colonne qui lui répond verticalement; 2° que tout ce qui est poussé en haut par un fluide est toujours poussé suivant la perpendiculaire qui passe par son centre de gravité. De ces deux caractères il a déduit mathématiquement, non seulement le principe qui porte son nom, mais aussi la condition d'équilibre des corps de forme géométrique déterminée flottant sur l'eau. A cet égard, comme l'observe Lagrange, Archimède n'a pas été beaucoup dépassé.

Le travail d'Archimède était purement spécial, et il laissait en dehors de toute étude scientifique l'état solide des corps. C'est Descartes, le premier, qui a tenté une théorie à ce sujet (1). Le grand philosophe a donné une théorie des deux états, solide et fluide. Sa théorie mécanique est profondément insuffisante, par l'insuffisance même de sa mécanique générale. Il explique la cohésion des solides par la résistance que toute matière éprouve à passer de l'état de repos à l'état de mouvement; ce que, depuis Newton, nous appelons la force d'inertie, force que Descartes n'admet pas, chose singulière, dans la modification de l'état de mouvement d'un mobile. Quant à la propriété des fluides de déplacer leurs molécules sous toute pression quelconque et sans effort, il l'explique par des mouvements infiniment petits, dont il doue arbitrairement les molécules des fluides. Il y aurait, je crois, soit dit en passant, un travail intéressant à faire, en appréciant toute cette mécanique de Descartes, d'après les vrais principes de la mécanique générale. Il y a toujours un grand intérêt pour l'étude de l'esprit humain à voir de quelle manière ont erré les grands esprits.

Mais il y avait dans tout cela une lacune ; il manquait une théorie scientifique et explicite de l'état gazeux. C'est vers le milieu du XVIIe siècle que s'est accompli ce mouvement. Pascal, dans son Traité du poids de la masse de l'air, semble avoir mis sur la voie, en constatant que si l'on introduit de l'air dans une vessie, sans la gonfler, à la partie inférieure d'une tour, la vessie étant hermétiquement fermée, à mesure qu'on s'élève et que le poids de l'air ambiant diminue, la vessie se gonfle, ce qui prouve dans l'air une élasticité spontanée. Mais c'est Mariotte et Boyle qui ont, au fond, donné

---

(1) *Des principes de la Philosophie*, par Descartes, seconde partie, à partir du n° 54 jusqu'à 64.

la vraie conception de l'air en le concevant comme un système constamment élastique. A mesure qu'on a découvert de nouveaux airs ou gaz, on a établi et démontré chez eux une telle propriété. L'état gazeux peut donc être défini en disant que c'est un système dont toutes les molécules tendent constamment à s'éloigner, et dont l'équilibre ne peut être établi que par une force extérieure. Il restait un pas capital à accomplir, à savoir : de démontrer que ces trois états n'ont pas un caractère absolu, c'est-à-dire qu'il n'y a pas des corps essentiellement solides, d'autres liquides et d'autres gazeux. A partir du milieu du xviiie siècle, la science a démontré finalement que tout corps peut être solide, liquide ou gazeux. On a étudié les circonstances, essentiellement calorifiques, d'après lesquelles un corps peut occuper ces trois états. Tout corps peut, dès lors, être conçu comme composé de molécules qui s'attirent et qui se repoussent, en vertu de la chaleur qui leur est propre (1). Quoi qu'il en soit, l'on peut dire que tout corps peut affecter trois états : solide, liquide et gazeux, et que l'état liquide constitue une situation intermédiaire entre les deux états extrêmes.

Cette décomposition capitale domine, du reste, toute la physique ; les propriétés thermologiques, électriques, caloriques, lumineuses, sonores, etc., etc., étant modifiées suivant qu'elles se manifestent dans un de ces trois états. Nous voyons donc ici un exemple capital de la loi de l'intermédiaire, considérée surtout au point de vue scientifique.

Mais les corps agissent les uns sur les autres, se composent et se décomposent, de manière à donner de nouveaux corps. L'étude de ces compositions et de ces décompositions donne lieu à une science abstraite, la chimie. La loi de l'*intermédiaire* domine les bases mêmes de cette science, car elle s'applique à la conception même de la combinaison, c'est-à-dire à la notion de

---

(1) *Cours de physique de l'Ecole polytechnique*, par G. Lainé, t. 1er, p. 43 à 47. Ce géomètre a exposé à ce sujet une théorie remarquable.

la formation de nouveaux corps par les actions réciproques des corps donnés. En effet, la formation de nouveaux corps, au moyen de certains corps déterminés, placés dans certaines circonstances, donne lieu à trois manières d'être : le *mélange*, la *dissolution*, et la *combinaison* proprement dite. La dissolution constitue l'intermédiaire entre les deux autres états extrêmes. La combinaison est le véritable phénomène chimique de décomposition et de formation d'un nouveau corps. Dans ce cas, il y a formation d'un corps homogène, parfaitement distinct des corps composants, qui y entrent dans des proportions définies. La formation de l'eau au moyen de l'oxygène et de l'hydrogène en est un exemple caractéristique. En outre, dans la combinaison, la spécificité des éléments qui y concourent joue un rôle décisif.

L'autre extrême de la formation des composés est le mélange. Son caractère principal est d'avoir une véritable hétérogénéité ; les éléments composants conservant une partie de leurs caractères dans le composé lui-même. Il y a des degrés successifs dans le mélange ; le cas le plus simple est celui dans lequel on mélange deux corps, ou à l'état solide, ou à l'état liquide, ou à l'état gazeux. L'air nous offre un cas décisif pour les gaz, les alliages pour les solides et le mélange de l'eau et du vin pour les liquides. La spécificité est là à son minimum d'action. Mais le mélange prend un caractère plus compliqué, et l'influence de la spécificité augmente lorsque l'on considère le mélange d'un solide avec un liquide, comme dans le cas des substances hygrométriques ; et aussi dans l'absorption de certain gaz par des solides, comme dans le cas du charbon. La pénétration des gaz dans les liquides doit être rapportée à la théorie du mélange ; de même que les phénomènes encore insuffisamment étudiés, quoique si importants, d'endosmose et d'exosmose.

Entre les deux extrêmes, la combinaison et le mélange, se place la dissolution ; elle est caractérisée par l'homogénéité du produit et la spécificité de l'action. Le cas caractéristique est celui de la dissolution d'un métal dans l'acide sulfurique.

La *loi de l'intermédiaire* nous donne donc ainsi la vue générale la plus synthétique du phénomène chimique considéré dans son ensemble le plus abstrait. Mais, pour opérer une véritable systématisation chimique, il faut combiner cette division ternaire du phénomène chimique avec la division analogue de la physique, en états solide, liquide et gazeux. Cette grande tentative a été accomplie, pour la première fois, dans l'œuvre admirable de Berthollet : *Essai de statique chimique.* Cette grande œuvre n'est pas méconnue, elle est inconnue. Il y aurait une importante opération scientifique à accomplir, ce serait de reprendre ce grand problème.

Nous venons de voir la loi de l'*intermédiaire* régler les conceptions scientifiques les plus fondamentales de l'étude des corps inorganiques ; il faut voir maintenant comment elle va s'appliquer à la théorie des corps vivants.

La vie consiste dans un mouvement intestin et continu de composition et de décomposition chimiques. Par conséquent, la vie suppose trois choses : 1° un appareil ou un organisme ; 2° l'accomplissement dans cet organisme de la vie proprement dite ; 3° l'action et la réaction sur le milieu ambiant, qui fournit les matériaux et reçoit la réaction de l'organisme lui-même. Par conséquent, la conception positive de la vie nous fournit immédiatement l'application de la loi de la division ternaire. L'ensemble de la conception vitale est donc décomposé en trois parties solidaires. Cette décomposition conduit au plan même de la biologie, qui se compose de trois parties : l'anatomie, la physiologie et la théorie des milieux, celle-ci devant être conçue et étudiée, comme nous l'avons déjà vu, après les deux extrêmes.

Mais cette décomposition ternaire s'applique elle-même aux diverses parties qui composent la biologie. Ainsi, on doit concevoir l'organisme comme composé d'éléments, de tissus et d'organes. De même, la vie organique doit être conçue comme formée d'absorption, d'assimilation et d'excrétion ;

l'absorption, consistant essentiellement dans l'introduction préparatoire des éléments du monde extérieur dans l'organisme. Enfin, la vie animale nous présente trois phénomènes généraux : 1° la sensation, ou impression du monde extérieur ; 2° la réaction contractile et 3°, enfin, l'élaboration centrale, qui sépare ces deux opérations de la vie animale.

Si nous abordons maintenant la sociologie, nous voyons les grandes divisions de cette science dominées par la loi de la division ternaire et, par suite, la subordination logique de l'intermédiaire aux deux extrêmes. La sociologie consiste dans la théorie générale et abstraite des êtres collectifs ; mais il n'y a que l'homme qui soit parvenu à former et faire durer des êtres collectifs, qui ont étouffé dans leur germe toutes les autres tentatives animales. L'être collectif peut être considéré, ou au point de vue statique dans son organisation, ou au point de vue dynamique dans son évolution. Au point de vue statique, nous voyons que l'être collectif final, l'Humanité, nous présente trois degrés successifs de la vie collective, la Famille, la Patrie et l'Humanité, ce qui correspond, quant au siège, à la maison, à la cité et à la planète.

Si nous considérons la vie de l'être collectif, ou son évolution proprement dite, nous constatons trois groupes dans cette évolution : le Passé, l'Avenir et le Présent ; l'intermédiaire devant être subordonné aux deux extrêmes. Cette division, considérée sous un point de vue plus concret, nous permet de décomposer l'ensemble des êtres humains en : Priorité, Postérité et Public.

Enfin, voyons la loi de la division ternaire et de l'intermédiaire en morale proprement dite. La morale a pour but d'étudier l'homme individuel, non pas en tant qu'animal, ce qui est l'objet de la biologie, mais en tant qu'organe de l'Humanité, et développé par elle. La morale se décompose en : morale théorique ou théorie de la nature humaine, et morale pratique ou théorie de l'éducation.

La morale théorique nous offre immédiatement une grande

application de la loi de l'intermédiaire par la décomposition de l'âme ou du cerveau en : cœur, intelligence et caractère. C'est une des plus importantes et des plus belles applications de la loi de l'intermédiaire.

Considérons maintenant la morale pratique. Son but est d'apprendre à l'homme à vivre pour et par les êtres collectifs, pour y être finalement incorporé. D'après cela, la morale pratique comporte une première division ternaire : 1° Vie préparatoire ; 2° Vie active ; 3° Retraite et incorporation. Chacune de ces parties comporte elle-même une division ternaire. Ainsi, la vie préparatoire, qui va de la naissance à 21 ans, se partage en trois parties : de 0 à 7 ans, de 7 à 14, de 14 à 21 ans, où l'individu ainsi préparé entre enfin dans la vie active sous sa propre responsabilité. Dans le Cours de morale pratique que j'ai publié dans la *Revue occidentale*, j'ai justifié une telle division qui a dominé toute mon exposition systématique. Quant à la vie active proprement dite, elle comporte elle-même une division ternaire en : *jeunesse*, de 21 à 28 ans; *virilité*, de 28 à 42, et enfin *maturité*, de 42 à 63.

Enfin, il faut étendre la grande loi de l'intermédiaire et surtout la division ternaire qui lui sert de base, jusqu'à la philosophie troisième. Celle-ci a pour but d'étudier, non plus les phénomènes, mais surtout les êtres, en tant qu'ils sont liés à la vie de l'Humanité concrète proprement dite. Cette philosophie troisième se décompose en trois théories successives : celle de la Terre, de l'Humanité, et finalement de l'Industrie ou de la réaction systématique de l'Humanité sur la terre. La théorie que je viens d'exposer nous présente donc, en suivant toute la succession des études théoriques, abstraites et concrètes, une vérification de la loi de l'intermédiaire. Les divers ensembles partiels, qu'étudie chacune des sciences, se trouvent, en effet, décomposés en trois groupes distincts, correspondant à des réalités objectives ; cette décomposition scientifique devant ensuite servir de base à l'application logique de la loi de l'*intermédiaire*.

III

De la quinzième loi au point de vue logique.

Nous venons de voir comment l'appréciation scientifique des phénomènes fournit, par une décomposition d'un ensemble en trois sections, une base à l'appréciation logique de la loi de l'intermédiaire. C'est son rôle essentiellement logique que nous allons maintenant apprécier.

En définitive, un des buts de nos recherches consiste à déterminer une quantité inconnue d'après d'autres quantités connues dont elle dépend, soit que l'on connaisse la loi précise qui lie l'inconnu au connu, soit que cette loi reste ignorée. Dans tous les cas, nous allons voir que la loi logique de l'intermédiaire joue un rôle important.

Il y a une seconde opération de l'esprit humain, c'est celle qui consiste à opérer une *construction scientifique*. Celle-ci est au fond ce qu'on nomme une théorie, c'est-à-dire un ensemble construit par l'intelligence, pour représenter, avec une approximation suffisante ou possible, une réalité extérieure ou intérieure, de manière à permettre la prévision ou la vérification. La loi de l'*intermédiaire* joue encore ici un rôle qui permet de réaliser la construction et d'en faciliter la méditation.

Enfin, il y a les constructions esthétiques, celles dans lesquelles on représente un ensemble idéal, pour modifier l'homme par la contemplation d'un tel tableau. Dans ce cas-là encore, la quinzième loi de philosophie première doit et peut s'appliquer ; c'est sous ces divers aspects successifs que nous allons la considérer.

Je suppose, en premier lieu, que nous voulions déterminer une certaine inconnue, et pour plus de précision, considérons le cas où cette inconnue doit être mesurée et exprimée en valeur numérique, soit x cette inconnue. On pourra ensuite mieux apprécier les cas qui ne comportent pas ce degré de précision.

En général, l'inconnue x ne peut être déterminée qu'avec approximation, la méthode générale consiste à déterminer deux limites A et B entre lesquelles l'inconnue x se trouve comprise, de manière que l'on ait $A < x < B$. L'on peut prendre pour valeur de x, A ou B, et l'erreur commise est plus petite que $B - A$. L'on voit donc que nous appliquons ici la loi de l'*intermédiaire*, puisque nous déterminons deux extrêmes entre lesquels l'inconnue doit se trouver. Cette loi sert donc de base à la méthode d'approximation qui constitue une des plus grandes ressources de notre entendement. Quant à la détermination des deux limites A et B, elle varie nécessairement d'après la nature des inconnues à chercher. Dans les questions relatives aux phénomènes les plus complexes, elle exige souvent des recherches très difficiles et très fines. Ainsi, par exemple, dans les questions de chronologie ancienne, la détermination des limites dans lesquelles doit se trouver une date présente souvent de grandes difficultés et exige une extrême sagacité. Il en est de même dans les recherches des magistrats pour déterminer le lieu d'un évènement ou sa date, et même pour circonscrire entre certaines limites les individus qui ont accompli un acte déterminé.

C'est naturellement en mathématique que nous pouvons voir l'évolution graduelle et successive de cette application logique de la loi de l'intermédiaire. Le premier exemple qui en existe, à ma connaissance, c'est la méthode employée par Archimède pour calculer le rapport π de la circonférence au diamètre. Archimède a, en effet, déterminé deux limites, supérieure et inférieure, de ce rapport, en choisissant pour limite supérieure $\frac{22}{7}$. On a aisément la limite d'erreur commise. La méthode, comme on sait, consiste, pour avoir des limites inférieures de plus en plus approchées, à diviser par le diamètre les périmètres des polygones réguliers inscrits d'un nombre de côtés de plus en plus grand, et l'on a les limites supérieures en faisant la même opération sur les périmètres des polygones réguliers circonscrits d'un nombre croissant de côtés.

La loi de l'*intermédiaire* fut appliquée d'une manière analogue, mais plus étendue comme plus abstraite, dans la résolution numérique des équations. L'inconnue s'y présente sous forme implicite. Pour la déterminer, on établit d'abord les limites entre lesquelles se trouvent comprises les valeurs des diverses inconnues qui satisfont à l'équation. C'est ce qu'on nomme la séparation des racines, et cette séparation est évidemment dirigée par la *loi de l'intermédiaire*, puisqu'elle consiste toujours à intercaler la quantité cherchée entre deux limites extrêmes de plus en plus rapprochées.

Enfin, il existe un troisième degré plus étendu et plus complexe de la loi de l'intermédiaire : c'est la méthode d'interpolation. Toute loi, comme on sait, consiste toujours dans la fonction qui lie une variable dépendante y à une variable indépendante x. Il y a des cas où la loi est exactement déterminée, comme par exemple, lorsque y représente l'espace parcouru par un corps qui tombe verticalement dans le vide, et x le temps employé à le parcourir. Mais il y a d'autres cas extrêmement nombreux en physique et en chimie, en biologie et même en sociologie et en morale, où l'on peut déterminer exactement un certain nombre de valeurs de y pour des valeurs déterminées de x, mais sans que l'on ne connaisse les valeurs comprises entre celles que l'on a trouvées pour y et sans avoir non plus la loi qui permet de les calculer. La méthode de l'interpolation consiste à suppléer à l'ignorance de cette loi. Le problème est, au fond, indéterminé, mais l'on arrive néanmoins à le résoudre suffisamment en faisant l'hypothèse de certaines lois, les plus simples possible, entre deux valeurs déterminées de y. L'on voit donc ici la loi de l'*intermédiaire* s'appliquer d'une manière plus étendue, en servant à déterminer une série de limites extrêmes, entre lesquelles on calcule les valeurs intermédiaires au moyen de certaines lois hypothétiques mais probables et, du reste, vérifiables. En sociologie comme en biologie, une pareille méthode est surtout applicable dans les questions de statistique.

Quant aux constructions scientifiques, l'application de la loi de l'intermédiaire est plus précise et plus régulière que dans le cas précédent, précisément parce que le problème présente une indétermination dont nous profitons pour assujettir la construction à un ordre plus simple. C'est cette considération qui sert de base à la théorie subjective des nombres, d'après laquelle nous soumettons à des lois numériques très simples l'accomplissement de phénomènes très compliqués, mais très modifiables; ce qui permet précisément, entre certaines limites, de les assujettir, dans l'intérêt social, à des lois numériques très rigoureuses. C'est ainsi, par exemple, que l'on soumet dans la vie militaire les diverses opérations, y compris celles du sommeil et de la nutrition, à des lois absolument numériques.

Il y a surtout trois nombres, les plus simples de tous, 1, 2 et 3, dont le rôle est certainement très considérable à cause de leur simplicité même. Auguste Comte n'a fait, du reste, à cet égard, que systématiser une disposition spontanée de l'entendement humain, dont on trouve des traces dans toutes les civilisations et dans les spéculations des premiers philosophes. Il suffit de citer, à cet égard, l'Ecole de Pythagore.

D'après les indications de Comte, 1 représente toujours l'unité ou la systématisation, 2 la combinaison et 3 la succession. Le nombre 7 a l'heureux privilège de présenter deux successions terminées par un repos ou une systématisation. Mais c'est le nombre 3 dont il faut ici montrer l'emploi dans nos constructions scientifiques.

Une leçon ou un discours est une véritable construction pour exposer une théorie, aussi doit-on les assujettir à la loi de la division ternaire. C'est une règle à laquelle je me suis constamment soumis dans mes nombreuses expositions orales et dont je me suis toujours parfaitement trouvé. Auguste Comte a étendu cette loi à la décomposition de chaque chapitre. L'on peut en avoir un exemple dans la *Synthèse subjective*. Chaque section est caractérisée par une dénomination précise qui en indique la nature essentielle.

Cette décomposition d'une leçon en trois parties est surtout capitale pour la méditation, en y appliquant la quinzième loi, qui intercale entre la considération des deux extrêmes celle de l'intermédiaire. En effet, toute leçon est un ensemble. L'on perfectionne évidemment cette première considération par une autre plus précise, consistant dans une décomposition ternaire, et enfin la considération directe des deux extrêmes donne lieu à des rapprochements qui éclairent l'étude de l'intermédiaire. Il est important de remarquer que cet emploi de la loi de l'intermédiaire est surtout nécessaire à la méditation qu'exige toute construction ; mais il n'est pas toujours aussi indispensable que l'exposition suive immédiatement l'ordre de la méditation. Ainsi, en histoire par exemple, si dans la méditation on considère d'abord le passé et l'avenir et ensuite le présent, on ne s'assujettit pas à cette même loi dans l'exposition, où l'on suit habituellement l'ordre chronologique.

Mais, si la loi de l'intermédiaire est utile dans les constructions scientifiques, elle l'est tout autant dans les compositions esthétiques. Celles-ci peuvent se décomposer en deux espèces particulières : l'épopée et le drame. Dans l'épopée, c'est l'auteur lui-même qui raconte les événements ou exprime les émotions. Elle comporte des subdivisions sur lesquelles je n'ai pas à insister ici ; j'ai voulu seulement indiquer le caractère principal. Dans le drame, au contraire, c'est une action qui est traduite par les manières d'être et les discours de ceux qui la produisent. Toutes les subdivisions sont subordonnées à ce caractère principal. Dans l'épopée, la loi de l'intermédiaire n'a pas d'application caractéristique ; il en est autrement dans le drame. Là, à mon avis, la division doit être essentiellement ternaire; c'est-à-dire que le drame doit se décomposer en trois actes; mais cette composition règle la méditation par laquelle on construit le drame, et non pas l'exposition qui est dirigée essentiellement par l'ordre chronologique. Même quand on admet la division en cinq actes, il y a utilité, pour la méditation de l'œuvre, à s'assujettir à la division ternaire; dans ce cas-là, la division en cinq actes consiste à considérer le premier comme une introduction et le dernier comme une conclusion.

Nous venons de terminer ainsi l'exposition de la quinzième et dernière loi de philosophie première. Six leçons, qui constituent la seconde partie de cette doctrine, sont relatives aux lois universelles du monde, lois qui se retrouvent dans tous les phénomènes qu'il manifeste comme dans l'étude des êtres qui le composent. Jetons, pour terminer, une vue d'ensemble sur cette seconde partie.

Le monde, comme nous l'avons déjà dit, est un vaste système, au fond indivisible, dont toutes les parties agissent et réagissent les unes sur les autres ; de manière que ce système passe ainsi par une suite de séries de transformations, dont l'enchaînement pourrait être suivi directement par une intelligence plus puissante et mieux éclairée que la nôtre. Mais l'homme ne peut arriver à comprendre qu'en décomposant et en abstrayant, pour recomposer ensuite, de manière à voir systématiquement, d'une manière explicite, ce qu'il avait entrevu d'abord synthétiquement, mais d'une manière implicite. D'après cela, nous opérons dans la conception du système du monde une première décomposition en deux parties. Dans la première, nous considérons les lois les plus générales, relatives aux phénomènes eux-mêmes ; et dans la seconde, les lois relatives surtout aux systèmes partiels abstraits qui constituent le système total du monde. La première partie contient trois lois : celles de la *persistance*, de la *coexistence*, et de l'*équivalence*. La première est relative à l'action d'une force unique; elle montre comment se conserve le résultat de cette action. La seconde est relative à l'action de forces indépendantes les unes des autres, mais produisant un certain résultat total. La troisième, enfin, se rapporte aux actions et réactions réciproques des forces les unes sur les autres.

La seconde partie se compose aussi de trois lois : celles de la *conciliation*, du *classement* et de l'*intermédiaire*. Toutes les trois sont relatives aux divers systèmes que produisent les forces, dont les lois générales ont été précédemment examinées. Voyons leur rôle successif dans une telle étude. La loi de la *conciliation* a pour but de décomposer tout système en deux parties : l'une relative à l'ordre fondamental, l'autre aux mutations qui lui sont subordonnées. Dans la seconde loi, celle du *classement*, nous considérons, au contraire, non plus un système, mais plusieurs systèmes, et la théorie du classement a pour but de déterminer les lois de leur subordination réciproque. Enfin, la loi de l'*intermédiaire* complète les deux précédentes, en décomposant tout système quelconque en trois groupes, et, par la subordination du moyen aux deux extrêmes, facilite l'étude du système lui-même.

Tel est le vaste ensemble d'après lequel nous pouvons nous faire une idée systématique des lois universelles du monde.

PHILOSOPHIE PREMIÈRE

DIX-NEUVIÈME LEÇON (1)

THÉORIE DES DIVERS ARRANGEMENTS DE LA HIÉRARCHIE
ENCYCLOPÉDIQUE.

Considérations préliminaires

Un couronnement est nécessaire à la philosophie première. Il doit consister à opérer la transition avec la philosophie seconde; de manière à toujours rappeler l'esprit au point de vue d'ensemble, en indiquant avec précision la position de la philosophie première par rapport à la construction philosophique tout entière.

Mon travail va consister à rappeler la nature et la destination de la philosophie seconde; ce qui se caractérise par les divers arrangements que comporte la hiérarchie encyclopédique. Il est clair qu'une pareille théorie générale est un complément de celle des lois universelles du monde; car la philosophie seconde considère les lois spéciales propres aux

---

(1) Ceci représente l'ensemble de la dix-neuvième leçon de philosophie première, professée le dimanche 5 mai 1878 (13 César 90) à Paris, 10, rue Monsieur-le-Prince.

divers ordres de phénomènes dont le concours constitue l'ordre général du monde. Par conséquent, la conception des lois universelles du monde acquerra une précision plus grande, en les considérant dans la série hiérarchique des phénomènes distincts. Je ne ferai, du reste, que systématiser ainsi d'une manière tout à fait explicite ce que j'ai fait pendant toute la durée de mon exposition de la philosophie première.

Cette considération de la philosophie seconde est nécessaire aussi pour rendre plus précise la conception des lois générales de l'entendement ; car c'est dans la découverte des lois successives de la philosophie seconde que les lois de l'entendement ont pu se révéler. C'est par leur étude qu'on a pu à la fois découvrir les lois de l'entendement et montrer leur véritable universalité, en défalquant ce qui tenait à la spécialité des phénomènes. Il est donc nécessaire, pour que la philosophie première ne nous apparaisse pas comme une œuvre isolée, de la rattacher à la philosophie seconde. En fait, elle est émanée de celle-ci ; c'est là le point de vue historique. Au point de vue dogmatique, nous avons dû, au contraire, faire précéder la philosophie seconde de la philosophie première. Cette exposition resterait néanmoins insuffisante, si l'on ne montrait pas de quelle manière la philosophie seconde doit dogmatiquement succéder à la philosophie première.

Concevons d'abord nettement le caractère et la nature de la philosophie seconde. Elle consiste à reconnaître, dans le système des choses qui nous dominent et que nous modifions pour notre service, la combinaison d'un certain nombre de phénomènes distincts et irréductibles les uns aux autres. Ces phénomènes distincts ont été rangés par Auguste Comte, d'après la loi du *classement*, en une série qui représente leur généralité objective décroissante et leur généralité subjective croissante ; leur dépendance va en diminuant, en même temps que croît leur dignité proprement dite. A chacun de ces phénomènes correspond une science déterminée; et l'on a de cette manière la série suivante : Mathématique, Astronomie, Physique, Chimie, Biologie, Sociologie et Morale. Ces sciences se sont développées historiquement dans un tel ordre; c'est-à-dire que c'est dans cet ordre qu'elles sont arrivées successivement à l'état positif. Au fond, cette série représente le résultat du travail scientifique abstrait de l'Humanité.

Il est facile de voir qu'elles sont un complément nécessaire de la philosophie première. Celle-ci, en effet, donne les lois communes aux divers ordres de phénomènes, de même que la marche de l'entendement dans tous les sujets quelconques. Mais ces lois ne permettent nullement ni de deviner, ni de remplacer l'étude directe des phénomènes spéciaux. Ainsi, par exemple, si je dis : l'action est équivalente à la réaction, cela ne m'apprendra en aucune manière quels sont les modes d'action et de réaction dans les phénomènes chimiques, par exemple, dans les phénomènes mécaniques ou dans les phénomènes biologiques. Il faut nécessairement une étude directe, spéciale, précise et déterminée. De même, la connaissance des lois de l'entendement, en tant que communes à toutes les recherches, que donne aussi la philosophie première, est insuffisante pour arriver à la connaissance des lois effectives, propres aux divers ordres de phénomènes. Ainsi, par exemple, dans la recherche des lois chimiques, il faut une étude spéciale pour recueillir les matériaux indispensables à nos constructions mentales, et il faut aussi une étude spéciale pour apprendre à imaginer les hypothèses propres à ce cas ; de même que pour bien se rendre raison de la nature des lois qui lui sont propres, du degré de précision qu'elles comportent et de leur degré de modificabilité.

La philosophie seconde est donc indispensable comme complément de la philosophie première. Mais l'on peut systématiser davantage cette appréciation. En somme, quand on considère l'ensemble de la vie humaine, on voit qu'elle a pour but de systématiser la prévision des choses, afin de les modifier pour le service de l'homme et de l'Humanité, et par le concours continu et solidaire que celle-ci nous fournit. C'est la raison pratique qui résout un tel problème, mais elle a besoin d'être éclairée par la raison spéculative, dont le but est de perfectionner la prévision et d'étendre le cercle de la modificabilité, par la détermination *à priori* des cas possibles. Il est évident que pour atteindre un tel but la philosophie première est insuffisante ; elle est trop éloignée de la connaissance de chaque phénomène, puisque ses lois sont indépendantes de la nature même du phénomène. L'écart entre la raison théorique et la raison pratique est alors trop considérable, pour que celle-ci puisse utiliser celle-là. Il y faut un intermédiaire : cet intermédiaire, c'est la philosophie seconde. Car, au fond, nos prévisions comme nos modifications portent toujours sur un phénomène déterminé ; par suite il faut connaître les lois des divers ordres de phénomènes spéciaux. La raison spéculative ne peut donc remplir son office, par rapport à la raison pratique, qu'en complétant la philosophie première par la philosophie seconde. Ce complément même me paraît insuffisant ; car, dans la pratique, chaque phénomène étant prévu et modifié dans un être, c'est-à-dire dans un système spécial existant dans le système général des choses, il est indispensable, à mon avis, d'introduire un autre complément pour opérer le passage de la théorie à la pratique et établir l'harmonie entre la raison spéculative et la raison pratique. Ce complément, c'est la philosophie troisième, qui consiste dans la théorie générale des êtres.

Notre appréciation de la philosophie première serait donc restée insuffisante si nous n'avions montré ses lacunes et indiqué de quelle manière on pouvait les remplir. Sans cette appréciation finale, la philosophie première aurait produit de véritables illusions, en nous poussant à exagérer au-delà de toute limite la puissance de l'esprit théorique, en le poussant à se complaire dans l'orgueilleuse croyance qu'il suffit pour ainsi dire à tout, en remontant à la source de toutes choses et dominant tout par une vue générale. Ces illusions sont une maladie de l'esprit théorique, d'autant plus dangereuses que, cultivées par le régime préliminaire théologico-métaphysique de l'Humanité, elles tendent toujours à renaître ; par suite, il est absolument nécessaire de remonter à leur source, pour empêcher les bons esprits d'y retomber par un penchant naturel. Le caractère d'abstraction supérieure de la philosophie première nous y exposait complètement. L'appréciation du rôle de la philosophie seconde était donc nécessaire.

Mais l'insuffisance de la philosophie première nous apparaît sous un autre point de vue ; elle est profondément analytique ; elle considère chaque loi à part. J'ai essayé de remédier à cet inconvénient ; mais au fond je n'y suis arrivé qu'en invoquant plus ou moins implicitement et par anticipation la philosophie seconde. Celle-ci, en effet, est beaucoup plus systématique que la philosophie première. Car elle considère sans doute les divers phénomènes isolément, mais elle les étudie aussi dans leur mode de dépendance, puisque, à mesure qu'ils se compliquent, ils dépendent dans la série hiérarchique de tous ceux qui les précèdent. Sous cet aspect encore, l'on voit la nécessité d'arriver à compléter la philosophie première par la philosophie seconde.

Les considérations que nous venons d'établir montrent bien qu'il est important de compléter la philosophie première par la philosophie seconde, sans quoi la conception de celle-là reste vague et insuffisante, faute d'être liée à l'ensemble de la raison spéculative. Mais cela ne suffit pas encore ; il faut indiquer comment la considération des divers arrangements ou groupements, dont sont susceptibles les divers degrés de la hiérarchie encyclopédique que nous avons énoncés précédemment, devient nécessaire à établir d'une manière générale, et cela, tant au point de vue logique qu'au point de vue scientifique.

Au point de vue logique, ces divers groupements, en conservant, bien entendu, toujours l'ordre linéaire de succession, représentent les pas essentiels par lesquels l'entendement doit passer pour arriver à constituer sa vraie puissance. En philosophie première, nous considérons les lois de l'entendement, quant à la réunion des matériaux et quant à leur mise en œuvre pour les constructions mentales, indépendamment de la nature des phénomènes. Mais cela ne suffit pas pour constituer la logique générale ou la coordination de la puissance de l'entendement humain. Sans doute, chaque science de la philosophie seconde développe un procédé spécial où se précise la marche générale de notre entendement; mais, entre la théorie absolument abstraite de l'entendement en philosophie première et la théorie spéciale de chaque science en philosophie seconde, il faut un intermédiaire, que nous fournit la théorie des groupements de la hiérarchie encyclopédique. Ainsi, par exemple, le dualisme entre la cosmologie et la sociologie nous permet d'apprécier les caractères des deux modes généraux de procéder : dans l'un, comme en cosmologie, on va du détail à l'ensemble ; dans l'autre, comme en sociologie, en biologie et en morale, on va de l'ensemble au détail. On sent donc comment la théorie des groupements des divers degrés de la hiérarchie encyclopédique est nécessaire pour compléter ce qu'a de trop indéterminé la théorie de l'entendement en philosophie première.

Mais cette théorie des groupements ou des arrangements est nécessaire aussi, au point de vue scientifique, pour remédier à ce qu'a de trop analytique comme de trop abstrait, dans la seconde partie de la philosophie première, la considération des lois universelles du monde. La philosophie seconde, en effet, complète la philosophie première, en montrant le concours des lois de celle-ci à l'ensemble systématique des choses. Mais, pour passer du point de vue indéterminé et abstrait de la philosophie première aux lois spéciales des phénomènes, les divers arrangements de la philosophie seconde nous offrent des échelons indispensables.

En somme, donc, la considération de la philosophie seconde et de ses divers arrangements était nécessaire pour remédier aux lacunes propres à la conception isolée de la philosophie première. Tout en complétant celle-ci, cette étude sera, de plus, un préambule indispensable pour passer à l'étude de la philosophie seconde.

II

Des divers arrangements que comporte la hiérarchie propre à la philosophie seconde.

La hiérarchie encyclopédique se compose, comme nous l'avons vu, des sept termes suivants : mathématique, astronomie, physique, chimie, biologie, sociologie, morale. Ces sciences sont rangées, comme je l'ai dit tout à l'heure, dans l'ordre de généralité décroissante et de dépendance croissante. Pour faciliter nos raisonnements, nous désignerons ces diverses sciences par les premières lettres de leur nom : Ma, A, P, C, B, S, Mo.

Nous allons étudier les divers arrangements dont les termes de cette série sont susceptibles; mais le mot arrangement, n'étant pas pris ici dans son sens mathématique, prête à l'équivoque, et je préférerais le mot groupement. Il s'agit, en effet, ici, de réunir un certain nombre de ces sciences, de manière à les considérer comme faisant un tout auquel on pourrait donner un nom particulier; ce tout correspondant à un certain ensemble scientifique et donnant lieu à des considérations logiques spéciales. Les diverses sciences forment ainsi des éléments considérés comme simples et qui, réunis entre eux, forment un tout composé qui, à son tour, est considéré comme jouant le rôle d'une science déterminée et tenue pour simple. En second lieu, ces diverses sciences, que l'on réunit ainsi pour en former un tout, doivent toujours être considérées suivant l'ordre de la hiérarchie encyclopédique, et non pas dans un ordre quelconque, comme cela a lieu dans les arrangements proprement dits. C'est ainsi que chaque science est liée à la suivante, ainsi de suite et successivement ; mais l'on ne combinera pas la mathématique, par exemple, avec la biologie pour en former un tout scientifique dont les éléments manqueraient évidemment d'homogénéité. Il s'agit donc, ici, de groupements et non pas d'arrangements, au sens habituel du mot. C'est par respect pour Auguste Comte que j'ai conservé l'énoncé de la loi, tel qu'il l'a donné. L'explication que je viens de donner fait cesser évidemment toute obscurité.

Le problème que nous nous proposons est d'abord de déterminer *à priori* tous les groupements possibles dont sont susceptibles les termes de la hiérarchie encyclopédique ; puis nous examinerons ceux qui ont eu spontanément lieu, et ensuite ceux qu'Auguste Comte y a ajoutés ; car, dans la théorie que nous exposons aujourd'hui, nous systématisons un événement qui s'était naturellement, quoique très confusément, produit.

Voyons d'abord les deux limites extrêmes entre lesquelles nous allons placer tous les groupements possibles de la hiérarchie encyclopédique. Nous avons d'abord, comme point de départ, l'échelle à sept degrés distincts : **Ma**, A, P, C, B, S, **Mo**. Mais nous pouvons considérer ensuite tous ces éléments comme formant un tout (MaAPCBSMo) que nous désignons sous le nom de philosophie seconde. Nous avons donc ainsi, au début, les sept termes distincts de la hiérarchie qui ne sont pas groupés, et à l'arrivée, leur groupement en un tout unique ; entre ces deux limites vont s'intercaler naturellement les divers groupements partiels.

Etudions, maintenant, en premier lieu, tous les règlements binaires possibles assujettis aux conditions que ce mot désigne pour nous. Il est facile d'en trouver la loi, d'après l'artifice mathématique qui permet dans un dénombrement de ne pas compter deux fois et de ne rien oublier dans un compte. Tous ces groupements binaires, en effet, ne peuvent commencer que par Ma, MaA, MaAP, MaAPC, MaAPCB et MaAPCBS. Le premier de ces groupements binaires sera ainsi : Ma + APCBSMo, le second sera : MaA + PCBSMo, et le dernier : MaAPCBS + Mo. On voit, d'après cela, que le nombre des groupement binaires est de 6 pour les 7 sciences élémentaires ; soit 7 — 1, autrement dit le nombre des sciences à grouper diminué d'une unité.

Voyons maintenant les groupements ternaires dont sont susceptibles les termes de la hiérarchie encyclopédique. Il est évident que ces groupements ne peuvent commencer que par Ma, MaA, MaAP, MaAPC et MaAPCB ; d'où résultent 5 séries de groupements ternaires ; soit, pour 7 sciences, 7 — 2, ou le nombre des sciences diminué de deux unités. — Considérons, en particulier, le nombre des groupements ternaires appartenant à la première série, c'est-à-dire à celle qui commence par Ma. Il est évident qu'on obtiendra tous ces groupements ternaires en joignant à Ma, premier terme du groupement total, tous les groupements binaires que l'on peut former avec les six sciences qui restent, de A à Mo ; c'est-à-dire avec 6 sciences. On aura donc 6 — 1, ou 7 — 2, groupements ternaires. Ainsi, le premier groupement ternaire sera : Ma + A + PCBSMo ; le second : Ma + AP + CBSMo ; le troisième : Ma + APC + BSMo ; le quatrième : Ma + APCB + SMo : le cinquième, enfin : Ma + APCBS + Mo.

Le nombre des groupements de la première série est donc 6 — 1 ; celui des groupements de la seconde série 5 — 1 ; celui de la troisième 4 — 1 ; celui de la dernière série 2 — 1 ou 1. Par conséquent, le nombre total des groupements ternaires sera : 5 + 4 + 3 + 2 + 1, ou, si l'on veut rapporter ce nombre à celui des 7 sciences à grouper : $(7 - 2) + (7 - 3) + (7 - 4) + (7 - 5) + 7 - 6$; finalement, il est égal à $\frac{1}{2}(7-1)(7-2) = 15.$

Nous allons déterminer, de la même manière, celui des

groupements quaternaires. Ces groupements commencent par Ma, MaA, MaAP, MaAPC ; il y a donc 4 séries. — On obtiendra tous les groupements quaternaires commençant par Ma, en mettant à la suite de Ma tous les groupements ternaires que l'on peut former avec les 6 autres sciences. Les groupements quaternaires de la deuxième série s'obtiendront en mettant à la suite de MaA tous les groupements ternaires que l'on peut former avec les 5 sciences restantes, et ainsi de suite. Le nombre total des groupements de ces quatre séries sera :

$$\left.\begin{array}{l}\frac{1}{2}(7-2)(7-3)+\frac{1}{2}(7-3)(7-4)\\+\frac{1}{2}(7-4)(7-5)+\frac{1}{2}(7-5)(7-6)\end{array}\right\} = \frac{1}{6}(7-1)(7-2)(7-3) = 20$$

Les groupements quinquenaires, à leur tour, commencent par Ma, MaA, MaAP, et forment trois séries. Les groupements de chaque série s'obtiendront en mettant à la suite de Ma, puis de MaA, enfin de MaAP, les groupements quaternaires que donneraient respectivement les 6, 5 ou 4 sciences restantes. Leur nombre total est le même que celui des groupements ternaires, c'est-à-dire de 15, comme il est facile de s'en assurer.

On trouverait, enfin, les groupements sexenaires, commençant par Ma et MaA, en inscrivant à la suite de Ma tous les groupements quinquenaires qu'on peut former avec 6 sciences, et, à la suite de MaA les 5 autres sciences (MaA + P + C + B + S + Mo). Le nombre total sera celui déjà trouvé pour les groupements binaires, à savoir, 6 :

En résumé, on a :

Constitutions binaires 6
— ternaires. 15
— quaternaires. 20
— quinquenaires. 15
— sexenaires. 6

En tout 63 constitutions de la hiérarchie encyclopédique.

Il faut remarquer que si l'on monte la série en allant de la mathématique à la morale, ce qui est l'ordre essentiellement objectif, on peut aussi descendre l'échelle en allant de la morale à la mathématique, ce qui est l'ordre surtout subjectif. On peut donc former de nouveaux groupements binaires, ternaires, etc., de la hiérarchie encyclopédique, écrite de la manière suivante : Mo, S, B, C, P, A, Ma. On aura, de cette manière, autant de groupements que pour la série ascendante.

La théorie que nous venons d'examiner peut avoir l'avantage de nous fournir quelques groupements susceptibles d'être utilisés. Mais, au point de vue logique, notre théorie a une utilité peut-être plus grande, en nous fournissant un type de la précision que l'on peut apporter dans la théorie de la *possibilité*. Nous avons vu, en effet, qu'un des avantages de l'abstraction et des lois abstraites est de nous fournir des cas possibles qui augmentent notre puissance modificatrice en nous fournissant a'priori des types à réaliser. En augmentant notre puissance, elle la précise, puisqu'elle empêche notre imagination de s'arrêter sur des types impossibles à réaliser dans la pratique. Mais le dernier degré de cette précision consiste à trouver une méthode d'après laquelle on puisse former tous les cas possibles, et une formule qui en donne le nombre, et c'est ce que nous venons de faire dans la théorie précédente.

Il faut voir maintenant comment Auguste Comte a été conduit à introduire successivement la considération des groupements de la hiérarchie encyclopédique, qu'il avait d'abord considérée simplement dans la succession des termes qui la distinguent. C'est en 1842, dans le sixième volume du *Cours de philosophie positive*, qu'il a appelé l'attention par la décomposition de la philosophie seconde en philosophie naturelle et philosophie morale. Cette division existait évidemment depuis longtemps, seulement elle était confuse et manquait de précision, car on confondait sous une même dénomination les sciences abstraites et concrètes. Pour Auguste Comte, au contraire, philosophie naturelle veut dire mathématique, astronomie, physique, chimie et biologie ; et philosophie morale veut dire sociologie, et plus tard, sociologie et morale.

Dans *le Discours sur l'esprit positif*, publié ensuite en tête de son *Traité d'astronomie populaire*, il décompose la hiérarchie encyclopédique (alors composée de six termes, la morale n'ayant pas encore été introduite), en trois couples : l'un inférieur, l'autre moyen et l'autre supérieur. Le couple inférieur se compose de la mathématique et de l'astronomie ; le couple moyen de la physique et de la chimie ; et le couple supérieur de la biologie et de la sociologie. Plus tard, ayant introduit la morale dans la hiérarchie, il fit à celle-ci une constitution quaternaire, ainsi formée : couple inférieur, couple moyen, couple supérieur, morale. Dans le second volume du *Système de politique positive*, publié en 1851, Auguste Comte introduisit la constitution suivante de la hiérarchie encyclopédique : cosmologie, biologie, sociologie, morale. Appuyé sur tous ces essais partiels, Auguste Comte fut enfin conduit à donner une ébauche d'une théorie générale des diverses constitutions de la hiérarchie encyclopédique, et il établit que cette théorie devait être la leçon finale de la philosophie première.

Mais aux diverses constitutions qu'Auguste Comte avait indiquées dans le tome IV du *Système de politique positive*, il en ajouta une dernière : logique, cosmologie, morale ; elle fut introduite, en 1856, dans le premier volume de sa synthèse subjective, comme on peut le voir dans la conclusion de cet ouvrage (1).

Nous pouvons résumer ces diverses constitutions de la hiérarchie encyclopédique en un tableau qui donnera un point de vue d'ensemble.

---

(1) Voir t. IV du *Système de politique positive*, p. 188 à 191. Paris, 1854.

I. — Constitutions binaires.

Premier mode :

I. Cosmologie (Mathématique, astronomie, physique, chimie)
II. Sociologie (Biologie, sociologie, morale).

Deuxième mode :

I. Philosophie naturelle (Mathématique, astronomie, physique, chimie, biologie).
II. Philosophie morale (Sociologie, morale).

II. — Constitutions ternaires.

Premier mode :

I. Ordre matériel (Mathématique, astronomie, physique, chimie).
II. Ordre vital (Biologie).
III. Ordre humain (Sociologie, morale).

Deuxième mode :

I. Lois physiques (Mathématique, astronomie, physique, chimie, biologie).
II. Lois intellectuelles (Sociologie).
III. Lois morales (Morale).

Troisième mode :

I. Logique (Mathématique).
II. Physique (Astronomie, physique, chimie).
III. Morale (Biologie, sociologie, morale).

III. — Constitutions quaternaires.

Premier mode :

I. Cosmologie (Mathématique, astronomie, physique, chimie)
II. Biologie.
III. Sociologie.
IV. Morale.

Deuxième mode :

I. Couple inférieur (Mathématique, astronomie).
II. Couple moyen (Physique, chimie).
III. Couple supérieur (Biologie, sociologie).
IV. Morale.

IV. — Constitutions quinquenaires.

I. Mathématique (Mathématique, astronomie).
II. Physique (Physique, chimie).
III. Biologie.
IV. Sociologie.
V. Morale.

V. — Constitutions septenaires.

I. Mathématique.
II. Astronomie.
III. Physique.
IV. Chimie.
V. Biologie.
VI. Sociologie.
VII. Morale.

Tel est l'ensemble des diverses constitutions de la hiérarchie encyclopédique qui ont été indiquées par Auguste Comte.

III

Du rôle des divers arrangements propres à la hiérarchie encyclopédique.

Après avoir considéré toutes les constitutions possibles de la hiérarchie encyclopédique, par les groupements de diverses sciences entre elles, et après avoir indiqué quelques-unes de ces constitutions, nous allons apprécier sommairement leur rôle.

Notre appréciation portera sur un triple point de vue : scientifique, logique, historique. Au point de vue scientifique, ces groupements des diverses sciences entre elles présentant une certaine homogénéité constituent des systèmes résultant de l'action et de la réaction de phénomènes distincts se combinant entre eux. La coordination de ces groupements en une constitution de la hiérarchie donne le système total des phénomènes, mais conçu, et par suite éclairé, comme une combinaison de systèmes partiels. Au point de vue logique, ces divers groupements présentent le rapprochement de phénomènes qui ont entre eux une certaine homogénéité, et dont l'investigation est soumise à des méthodes ayant entre elles une analogie spéciale ; ce qui déjà présente un certain avantage au point de vue de la logique. Car dans chaque groupement, on peut suivre ainsi un procédé dans ses degrés successifs de complication ou de simplification, suivant qu'on emploie la marche ascendante ou la marche descendante. La coordination de ces groupements en une constitution de la hiérarchie montre l'harmonie des diverses méthodes pour constituer la puissance totale de l'entendement humain. — Pour bien comprendre le point de vue historique, il faut remarquer que ces divers groupements ne sont nullement des constructions arbitraires de notre esprit, ce sont des réalités effectives de l'esprit humain, dont l'influence s'est fait sentir, plus ou moins implicitement, bien avant que le Positivisme ait pu en donner enfin, comme je le fais maintenant, une théorie tout à fait explicite. L'homme subit les diverses influences de toute nature avant qu'il soit possible d'en donner une théorie véritablement analytique.

Abordons maintenant le sommaire examen de quelques-unes des principales constitutions de la hiérarchie, en commençant par les constitutions binaires. Je prends d'abord la division de la hiérarchie en philosophie naturelle (mathématique, astronomie, physique, chimie et biologie) et philosophie morale (sociologie, morale). Cette constitution a dominé le mouvement de l'histoire, depuis l'avènement de la philosophie grecque jusqu'à celui du Positivisme. La philosophie grecque, en effet, a modifié l'homogénéité théologique de notre entendement en rendant métaphysique la philosophie naturelle, tandis que la philosophie morale restait théologique, surtout pour des raisons de destination sociale (1). Dans l'évolution moderne, au contraire, la philosophie naturelle est devenue positive, tandis que la philosophie morale est devenue métaphysique. Le Positivisme a enfin établi l'homogénéité de l'entendement humain en soumettant toutes nos recherches à un même système philosophique.

Voyons une seconde constitution binaire, à savoir : la décomposition de la hiérarchie en cosmologie (mathématique, astronomie, physique et chimie) et sociologie (biologie, sociologie et morale) (2). Cette constitution nous offre un grand intérêt scientifique et même pratique ; elle caractérise le dualisme entre la vie et la mort, si admirablement établi par le grand Bichat. Ce dualisme est la base de la conception de la biocratie, c'est-à-dire de l'alliance de tous les êtres vivants assimilables avec l'homme pour lutter contre la mort. Elle nous offre donc la grande notion qui systématise toute conception pratique ; puisque la pratique consiste, en effet, dans la modification du monde par l'Humanité.

Examinons maintenant quelques constitutions ternaires. Voyons d'abord celle qui consiste dans la décomposition de la hiérarchie en ordre matériel (mathématique, astronomie, physique, chimie) ; ordre vital (biologie) ; et ordre humain (sociologie et morale). Auguste Comte en a donné la première ébauche en 1852 (3). Cette constitution, étant ternaire, a

---

(1) Voir *Cours de philosophie positive*, t. VI, p. 499 à 500. Paris, 1842.
(2) Voir Auguste Comte, *Système de politique positive*, t. II, p. 433-434. Paris, 1852 ; et *Système de politique positive*, t. IV, p. 188. Paris, 1854.
(3) Voir *Système de politique positive*, t. II, p. 433.

l'avantage de nous offrir une véritable succession, caractéristique au point de vue scientifique, logique et pratique, L'ordre matériel, c'est le monde, base fondamentale de toutes choses, et qui domine toutes choses. L'aboutissement, c'est l'ordre humain, qui opère la systématisation subjective ; et l'ordre vital est l'intermédiaire nécessaire, tant au point de vue scientifique qu'au point de vue logique.

Une seconde constitution ternaire est la suivante : lois physiques (mathématique, astronomie, physique, chimie, biologie) ; lois intellectuelles (sociologie) et lois morales (morale). Cette constitution correspond à une conception générale de l'organisme social. Les lois physiques sont, en effet, essentiellement le domaine de l'état industriel, des praticiens, patrons et prolétaires ; les lois intellectuelles sont le domaine du sacerdoce, et les lois morales celui de la femme.

Enfin, Auguste Comte introduisit en 1856 une troisième constitution ternaire (1). Elle consiste à décomposer la hiérarchie encyclopédique en logique, physique et morale. Cette constitution a l'avantage de consacrer une division déjà établie par la philosophie, dans son état métaphysique. La logique ne contient que la mathématique. On consacre ainsi la grande vue d'Auguste Comte, qui a systématisé la science mathématique, comme la base inébranlable du savoir humain, en tant que coordonnant tous les procédés quelconques de l'entendement, sur des sujets à la fois réels et suffisamment simples. Auguste Comte ne faisait ainsi, du reste, que rendre explicite ce qu'avaient pressenti tous les grands philosophes, de Platon à Descartes. La morale, composée de la biologie, de la sociologie et de la morale, indique l'aboutissement ; et la physique l'intermédiaire inévitable dans toute succession. Auguste Comte a donné, du reste, une destination sociale à cette constitution de la hiérarchie encyclopédique. Il avait établi dans sa septième circulaire que tout

(1) Voir *Synthèse subjective*, p. 735. Paris, 1856.

aspirant au sacerdoce positiviste devait présenter et soutenir sept thèses successives, sur les sept degrés de la hiérarchie encyclopédique; mais il pensa depuis que, tout en donnant une garantie suffisante de connaissances spéciales, l'aspirant au sacerdoce devait aussi faire preuve d'esprit synthétique. Comte réduisit dès lors ces sept thèses à trois; l'une relative à la logique, la seconde à la physique et la troisième à la morale.

Présentons maintenant quelques observations sur les constitutions quaternaires. A l'époque où Auguste Comte n'admettait que six sciences dans la hiérarchie, il eut l'idée de décomposer cette hiérarchie en trois couples qu'il caractérisa ainsi : couple inférieur (mathématique, astronomie), couple moyen (physique et chimie), couple supérieur (biologie, sociologie) (1). Il avait même proposé d'abord d'autres dénominations, en caractérisant chaque couple par son terme le plus spécial; c'est-à-dire astronomie, chimie et sociologie. Mais enfin, quand en 1852, il eut introduit la morale, la constitution ternaire devint la constitution quaternaire suivante : couple inférieur; couple moyen; couple supérieur; morale. Cette constitution a l'avantage d'indiquer ainsi la suprématie totale de la morale, qui règle à la fois la théorie et la pratique. Cette suprématie est préparée par une succession ternaire logique et scientifique qui en assure l'efficacité.

Nous avons une seconde constitution quaternaire, qui est la suivante : cosmologie (mathématique, astronomie, physique, chimie); biologie; sociologie; morale. Elle résulte de la décomposition du système binaire, cosmologie et sociologie. Elle part du grand dualisme entre le monde et l'homme, mais elle le rend plus précis, en faisant voir que celui-ci ne peut être bien conçu que par l'étude générale de la vie, suivie de l'analyse de la vie collective, conduisant

---

(1) Voir *Discours sur l'esprit positif*, en tête du *Traité philosophique sur l'astronomie populaire*, p. 103, Paris, 1844.

enfin à l'étude de l'homme individuel conçu comme un organe de l'espèce.

Considérons enfin une des constitutions quinquenaires, à savoir la suivante : mathématique (mathématique, astronomie); physique (physique et chimie); biologie, sociologie et morale. Cette décomposition a un véritable intérêt historique ; car elle représente, en isolant la base mathématique, le grand fait, que c'est par la mathématique proprement dite et l'astronomie scientifique d'Hipparque que s'est fondée la science positive ; et ce sera toujours la base éternelle du véritable savoir humain. Cette base est restée l'unique science jusqu'au XVIIe siècle ; tant il était nécessaire d'établir sur des fondements inébranlables le véritable savoir humain. Au XVIIe siècle la physique se crée, instituée par Galilée ; la chimie au XVIIIe siècle; et la biologie, la sociologie et la morale au XIXe siècle.

Enfin, la hiérarchie à sept degrés constitue la conception systématique de l'enseignement positif. C'est en suivant la marche qu'elle indique que le sacerdoce établira l'initiation finale de tous les esprits au dogme réel.

En terminant cette dix-neuvième leçon, nous voyons donc que nous avons établi d'une manière générale la conception des divers systèmes de phénomènes pour en former le système total, dans lequel concourent les lois analytiques de la philosophie première, et où s'opère la combinaison des lois de l'entendement avec celles du monde. Nous avons enfin complété ainsi la philosophie première par la conception de la transition avec la philosophie seconde.

PHILOSOPHIE PREMIÈRE

VINGTIÈME LEÇON (1)

DISCOURS DE CLÔTURE.

I

Résumé.

Nous avons terminé l'exposition de la philosophie première. Cette exposition resterait incomplète si nous ne la terminions par une vue d'ensemble, qui laisse dans l'esprit du lecteur la conception générale de ce premier degré de toute philosophie systématique. Il faut toujours, dans une exposition vraiment rationnelle, commencer et finir par une vue générale de l'œuvre, que l'on va ou que l'on vient d'accomplir. Les généralités du début ont pour but de tracer la nature et la destination de l'œuvre que l'on entreprend. Elles sont nécessaires, sans quoi l'intelligence ne saisirait que des détails plus ou moins incohérents. Mais après avoir terminé l'exposition, il est nécessaire de la compléter par une nouvelle vue d'ensemble, plus précise et plus complète, qui résume la nature, la destination et les résultats de la cons-

(1) Ceci représente l'ensemble de la vingtième leçon de Philosophie première, professée le dimanche 12 mai 1878 (20 César 90) à Paris, 10, rue Monsieur-le-Prince.

truction philosophique. Cette ouverture et cette conclusion, également indispensables et semblables dans leur nature, diffèrent néanmoins dans leur extension, comme dans l'effet produit sur l'intelligence. Et l'on peut remarquer à cet égard combien les mêmes expressions ont un effet différent sur les intelligences diverses, ou sur la même intelligence suivant ses degrés de culture. Cela tient au degré d'implicité ou d'explicité que le mot représente, selon la nature de celui qui le lit ou l'entend. Ainsi, par exemple, la formule : Les corps s'attirent proportionnellement à la masse et inversement au carré des distances, ne représente que peu de chose ou même rien, pour celui qui est à peine initié à la mathématique, tandis qu'elle contient une infinité de choses précises, pour celui qui connaît la mécanique générale et la mécanique céleste. De là tant d'illusions produites par ceux qui ne savent que répéter les formules machinalement et sans les comprendre.

La philosophie première est le premier élément, dans l'ordre dogmatique, de la raison spéculative. Il est donc nécessaire d'en donner un *résumé*, qui donnera la conception totale de cette philosophie première, qui deviendra dès lors comme une force de notre puissance mentale.

Mais cet élément de la puissance mentale, il est nécessaire de le montrer, est une création de l'humanité. Il est donc indispensable de faire voir sommairement comment l'Humanité a opéré cette création, en rapport avec les nécessités graduelles de sa situation. Cette opération est nécessaire pour accomplir un vrai *jugement* de la philosophie première.

Cette création de l'Humanité est faite pour elle. Il faut donc montrer quel rôle cette philosophie première joue et doit jouer dans la constitution comme dans le développement de l'organisme social. En un mot, il faut opérer *son incorporation* dans la constitution normale de notre espèce.

De là, trois parties successives, dans notre discours de clôture : le *résumé*, le *jugement*, l'*incorporation*.

Voyons d'abord la définition de la philosophie première et sa division principale.

La philosophie première est l'ensemble des lois communes aux divers ordres de phénomènes. La loi en philosophie première est donc indépendante de la nature des phénomènes. Il faut remarquer qu'à l'état métaphysique la philosophie première s'occupe des notions propres aux divers ordres de phénomènes : comme de *l'être*, de *l'essence*, de *la nécessité*; tandis qu'à l'état positif elle s'occupe essentiellement des lois. C'est là le but final.

La philosophie première n'a pu surgir et n'a surgi effectivement qu'après le développement de tous les divers éléments de la philosophie seconde. Avant cette époque, il n'y avait et ne pouvait y avoir que des ébauches théologico-métaphysiques, ou des aperçus spéciaux, sans coordination et devant recevoir souvent de grandes rectifications. La philosophie première, une fois surgie de la philosophie seconde, réagit à son tour sur celle-ci, d'après un mode que nous indiquerons tout à l'heure. Mais, dans l'ordre dogmatique, la philosophie première précède la philosophie seconde.

Si nous considérons l'ensemble de la philosophie première, nous voyons qu'elle se décompose en deux parties générales, suivant qu'il s'agit des lois universelles de l'entendement ou bien des lois universelles du monde. L'ordre de notre étude doit consister à étudier celles-ci après celles-là. Sans doute, les lois universelles du monde s'appliquent à l'entendement lui-même, puisque l'intelligence humaine est une manifestation du cerveau qui, comme tout autre matière, est un élément du monde. Mais comme, après tout, les lois du monde n'existent pour nous que par l'entendement même, ce sont donc ces lois intellectuelles qu'il faut d'abord étudier. La Philosophie première contiendra donc deux parties : première partie, *Lois universelles de l'entendement;* deuxième partie, *Lois universelles du monde.*

Mais les lois de la Philosophie première sont abstraites et

elles présentent même un degré spécial d'abstraction, puisqu'on les détermine par l'étude des lois abstraites de la Philosophie seconde. Elles présentent le plus haut degré d'abstraction positive où puisse s'élever l'esprit humain. De là, nécessité d'une théorie préliminaire de l'abstraction. L'abstraction s'opère par une fonction distincte du cerveau : *la contemplation abstraite*. L'admission de cette fonction irréductible, quoique connexe à d'autres, se déduit nécessairement d'une analyse positive du travail mental. Sans doute chaque sens est au fond un appareil abstrait, puisqu'il nous révèle une propriété distincte : l'*ouïe*, le son ; la *vue*, la forme et la couleur ; la *musculation*, la résistance et l'effort ; et la *calorition*, la chaleur. Et néanmoins, en réalité, ce n'est pas la sensibilité qui opère de véritables abstractions, mais bien l'entendement ; la contradiction n'est qu'apparente. Notre cerveau, en effet, par une fonction qui lui est propre et qui est la *contemplation concrète*, construit, au moyen des diverses sensations, les divers êtres distincts qui nous entourent et nous-mêmes.

C'est sur ces êtres qu'agit la contemplation abstraite, pour produire des notions et des types abstraits, que le langage fixe dans notre entendement.

L'induction et la déduction opérant sur ces diverses notions abstraites les rapprochent et créent ainsi des lois abstraites proprement dites, en saisissant la constance dans la variété. Enfin, en rapprochant ces notions et ces lois abstraites, on établit des constructions et des théories proprement dites.

Le langage représente pour nous ces notions, ces lois et ces théories ; mais cela était insuffisant et il était nécessaire de construire un siège où l'ensemble de ces lois pût être conçu. C'est cette opération capitale qu'Auguste Comte a réalisée en généralisant la conception de l'*Espace*, créée par les géomètres. Ceux-ci concevaient un espace hypothétique comme le siège de toutes les formes et de tous les mouvements possibles. Auguste Comte, procédant par extension, a fait de l'espace le siège des lois abstraites. Mais il a fait un pas de plus.

Il a opéré l'incorporation du Fétichisme au Positivisme, en concevant, par un artifice poétique, propre aussi au développement du sentiment, tous les êtres qui nous entourent comme animés d'affections qui les mettent en rapport intime avec nous. Cette fétichisation, il l'a étendue à l'espace luimême, qui est devenu ainsi le siège bienveillant du destin; c'est-à-dire, des lois abstraites irréductibles.

Ce préambule ainsi posé dans les deux premières leçons, nous avons pu aborder l'exposition des lois universelles de l'entendement.

Il faut considérer les lois de l'entendement d'abord au point de vue statique, c'est-à-dire de ce qu'il y a de commun dans les constructions mentales, dans tous les cas et dans toutes les époques ; puis, au point de vue dynamique, c'està-dire dans les lois qui président à la succession de toutes les constructions mentales. Nous avons considéré d'abord le point de vue statique, auquel nous avons consacré six leçons. Les trois premières se rapportent aux lois de l'activité de l'entendement ; et les trois autres, à la théorie des matériaux sur lesquels il opère. La première loi du travail intellectuel est celle-ci : **l'entendement tend à faire et doit faire l'hypothèse la plus simple, sur l'ensemble des renseignements obtenus**. Cette loi caractérise l'activité cérébrale, dont le caractère principal est de chercher des liaisons et des rapprochements ou similitudes. Cette aptitude spontanée est réglée par la tendance à l'hypothèse la plus simple, dans les liaisons ou les rapprochements que l'entendement opère. Il chemine entre l'idiotie qui ne cherche pas la liaison et la folie qui la complique.

Mais cette loi qui règle l'activité de notre entendement, dans la recherche des liaisons et des rapprochements, est insuffisante pour diriger notre activité mentale. Il en faut une seconde. Elle consiste dans le principe de l'assujettissement des phénomènes à des lois constantes de similitude et de succession. Ce principe résulte sans doute de la première loi, mais cette origine serait insuffisante; il a fallu que la longue élaboration de l'Humanité, par ses types les plus éminents, vérifiât suffisamment dans tous les ordres de phénomènes une telle conception. Cette loi est donc un grand principe dont l'Humanité arme chaque intelligence, lui donnant ainsi le moyen d'aborder la recherche nécessaire des liaisons.

La loi précédente exige un complément. Il consiste à décomposer les lois qui régissent les phénomènes en deux parties, l'une fondamentale, qui est la plus simple, et qui représente le phénomène dans ce qu'il a de plus caractéristique, de manière à tracer le tableau de l'ordre véritablement essentiel. La seconde partie, subordonnée à la première, représente les modifications, toujours relatives à l'intensité, que comporte l'ordre fondamental. Mais cette loi n'est pas purement logique. Une longue expérience a démontré que cette marche de l'esprit est essentiellement conforme à celle même des phénomènes.

Les trois lois précédentes expriment la marche du travail intellectuel; mais elles sont insuffisantes; car, le but de notre activité cérébrale étant de représenter les réalités extérieures tout autant qu'intérieures, il faut des matériaux sur lesquels le cerveau agisse; sans cela il moudrait à vide. Il y a trois lois qui règlent la manière dont ces matériaux sont fournis à l'intelligence. La première est celle des sensations; elle consiste à dire que tous nos travaux intellectuels reposent sur des sensations produites par le monde extérieur, et aussi sur les impressions produites par l'intérieur de l'organisme lui-même. Il faut remarquer que, si le travail intellectuel ne portait que sur les sensations proprement dites, il serait aussi borné qu'insuffisant; et ce n'est guère que dans des animaux très inférieurs que ce cas peut se produire. Les sensations laissent des images; c'est-à-dire des reproductions spontanées ou provoquées des sensations primitives. La seconde loi de la théorie des matériaux établit la différence entre la sensation et l'image. Elle consiste en ce que celle-ci a une intensité moindre que celle-là. Quand cela n'a pas lieu, il y a hallucination. C'est une maladie de la sensibilité, comme la folie en est une de l'entendement.

Le travail intellectuel qui s'opère sur les images les compose, les augmente ou les diminue dans leur intensité. Il résulte de là que le travail intellectuel fait surgir un grand nombre d'images, les unes homogènes, les autres hétérogènes. Tout travail de l'entendement pour l'établissement des liaisons deviendrait finalement impossible, si un ordre ne finissait pas par s'établir dans cette activité productrice des images. C'est ce qui a lieu, en vertu de la troisième loi relative aux matériaux, qui consiste à dire qu'il est nécessaire qu'une image prépondérante finisse par surgir au milieu du travail, qui en fait surgir d'homogènes ou d'hétérogènes. C'est ce qui finit par arriver ; sans cela, il y a incohérence.

Le travail intellectuel, s'il n'était que purement individuel, comme dans presque tous les animaux, excepté l'homme, n'arriverait à aucun résultat qui pût permettre, ni la prévision à longue date, ni la modificabilité systématique. Mais l'homme a formé des êtres collectifs, dont l'Humanité sera la coordination finale. Le travail intellectuel de chaque individu est toujours profondément subordonné à celui de l'espèce. Cette considération a toujours manqué, au fond, à la théologie comme à la métaphysique. Tout individu quelconque, qu'il le sache ou l'ignore, travaille toujours en prenant pour point de départ des conceptions antérieures de l'être collectif. De là résulte une succession des conceptions dans l'espèce humaine. Cette succession est soumise à une loi régulière, qu'il est nécessaire de connaître, pour apprécier le travail de l'entendement de chaque individu ; puisque c'est l'espèce qui fournit les moyens et le point de départ, et que c'est elle qui trace le cercle dans lequel se meuvent nécessairement les hypothèses propres aux diverses intelligences. Trois lois dynamiques règlent l'influence de l'être collectif sur le travail de l'entendement individuel. La première de ces lois consiste en ce que l'Humanité passe nécessairement par trois états successifs : 1° fictif ou féticho-théologique ; 2° métaphysique ; 3° et finalement positif ou scientifique.

La vitesse de ce mouvement est réglée par une loi complémentaire, d'après laquelle ce passage de l'entendement par trois états s'opère suivant l'ordre de simplicité décroissante et de complication croissante, en allant de la mathématique à l'astronomie ; de celle-ci à la physique, à la chimie, à la biologie, à la sociologie et à la morale.

Mais le travail intellectuel resterait insuffisamment compris, si nous n'étudiions pas davantage l'action de l'espèce qui le règle et le précise. Au fond, le travail de l'entendement a toujours pour but la prévision et la modificabilité. C'est là que réside le véritable critérium de certitude. Cette modificabilité est liée à l'activité même de notre espèce. Dès lors, la marche du travail intellectuel serait incompréhensible si la marche de l'activité humaine n'était pas établie. Elle consiste en ce que l'activité humaine est d'abord militaire conquérante, puis défensive, pour devenir finalement industrielle.

Il faut remarquer que si l'activité trace le but final de nos constructions mentales et fournit par la modificabilité leur critérium de certitude, elle n'explique pas tout le travail de l'entendement ; car elle néglige la source intérieure d'impulsion, c'est-à-dire le cœur ou l'ensemble de nos divers penchants, qui pousse soit à l'activité, soit à la compréhension indispensable des choses. De là, une troisième loi, celle de l'évolution sentimentale, d'après laquelle la sociabilité est d'abord domestique, puis civique, et enfin universelle. Nous avons ainsi la conception des penchants collectifs qui coordonnent tous nos penchants individuels multiples, et systématise l'impulsion du cœur, dans le travail de l'entendement.

Nous avons tracé ainsi les lois dynamiques d'après lesquelles s'est opérée la succession des opinions humaines et qui ont réglé la marche des méditations individuelles. Plus tard il y aura lieu de compléter ces lois d'évolution par des lois plus spéciales, qui résulteront de l'étude de la succession des théories dans les diverses sciences arrivées à l'état positif. Cette étude ne fait que commencer.

Nous avons ainsi établi les lois générales et universelles de l'entendement humain; examinons maintenant celle du monde.

Au fond, l'homme est, au point de vue objectif, un élément, et un élément très secondaire, du monde lui-même; à ce titre il est soumis aux lois universelles qui gouvernent celui-ci. Mais il n'en est pas de même au point de vue subjectif, grâce auquel nous systématisons, par l'homme et pour l'homme, l'étude des phénomènes qui lui sont spécialement propres. Il faut donc maintenir cette grande division entre le monde et l'homme, qui est la base de toute philosophie. Et il faut étudier les lois universelles du monde, c'est-à-dire celles qui auraient lieu dans tous les ordres de phénomènes, si l'homme n'existait pas ou disparaissait.

Le monde est un vaste système d'éléments agissant et réagissant les uns sur les autres, d'après des lois régulières, qui doivent produire dans ce système une suite indéfinie de transformations successives. Et le monde que nous considérons n'est pas le vague univers théologico-métaphysique, mais bien notre monde planétaire dont le soleil est le centre et l'élément dominateur. Pour nous le représenter efficacement, il faut établir une double notion préliminaire : 1° celle de force, 2° celle de système partiel. La force est une construction de notre esprit, par laquelle nous représentons chaque action phénoménale comme produite par une sorte d'être distinct que nous douons des propriétés nécessaires pour représenter le phénomène. Le système est représenté alors par l'action de ces forces, agissant et réagissant les uns sur les autres. Mais cette vue manquerait de précision pour nous, si nous voulions considérer tout d'un coup le système total du monde. Pour cela nous décomposons celui-ci en divers systèmes partiels, que nous considérons comme indépendants les uns des autres, et qui le sont effectivement quand on se contente d'un certain degré d'approximation, quoique, en réalité, il n'y ait qu'un système unique. L'action des divers systèmes les uns sur les autres est représentée par la distinction entre les *forces intérieures et les forces extérieures*. Les premières sont celles qui constituent le système lui-même, et les secondes sont celles qui expriment l'action d'un système sur un autre.

Ceci bien compris, nous allons résumer les lois universelles du monde, en suivant l'ordre de complication successive. Ces lois sont au nombre de six. La première est la loi de *persistance*; elle consiste en ce que tout état statique ou dynamique tend à persister spontanément, sans aucune altération, en résistant aux perturbations extérieures. Cette loi représente le résultat effectif du travail des forces sur un système; résultat qui persisterait indéfiniment et qui est le point de départ dont il faut toujours tenir compte pour apprécier l'action de toute nouvelle force.

La seconde loi est celle de *coexistence* : un système quelconque maintient sa constitution active ou passive, quand ses éléments éprouvent des mutations simultanées, pourvu qu'elles soient exactement communes. Cette seconde loi complète la première, puisqu'elle indique l'action des forces sur un système préexistant, quand ces forces agissent dans le plus grand état de simplicité sur le système donné ; c'est-à-dire en étant exactement semblable.

Nous avons jusqu'ici considéré l'action du système A sur le système B, en examinant seulement ce qui se produit dans B ; mais l'action qui se produit sur ce système est suivie de phénomènes consécutifs qui s'accomplissent dans A ; et qu'on nomme la réaction de B sur A. La troisième loi de philosophie première, ou loi d'*équivalence*, règle ces réactions ; en voici l'énoncé : il y a toujours équivalence entre l'action et la réaction, si leur intensité est mesurée conformément à la nature de chaque conflit.

Mais ces actions et ces réactions des divers systèmes produisent dans chacun d'eux une succession d'états ou de transformations régulières. L'esprit humain a dû chercher ce qu'il y a de constant dans ces transformations, en subordonnant, si faire se pouvait, les modifications secondaires à un état fondamental. C'est à quoi l'on arrive, grâce à la quatrième loi, ou loi de *conciliation*, dont voici l'énoncé : Subordonner toujours la loi du mouvement à celle de l'existence, en concevant tout progrès comme le développement de l'ordre correspondant, dont les conditions quelconques régissent les mutations, qui constituent l'évolution.

Le monde ou le système total des choses est composé de systèmes partiels. Pour bien comprendre le système total, il faut comprendre la loi de surbordination des systèmes partiels; c'est-à-dire en d'autres termes les classer entre eux. Ce classement est réglé par la cinquième loi de philosophie première, ou loi de *classement*, dont voici l'énoncé : tout classement positif doit procéder d'après la généralité croissante ou décroissante, tant objective que subjective.

Enfin, une dernière loi générale, qui complète la précédente, coordonne l'ensemble des successions d'un système, en les réduisant à trois, d'après la dernière loi, ou loi de l'*intermédiaire*, dont voici l'énoncé : tout intermédiaire doit être normalement subordonné aux deux extrêmes, dont il opère la liaison.

Nous avons donc ainsi les lois universelles de l'entendement et du monde. En s'appliquant aux divers ordres successifs de phénomènes dans lesquels on peut décomposer celui-ci, on constitue la philosophie seconde, qui nous apparaît ainsi comme le couronnement de la philosophie première ; de manière à former la base fondamentale de la raison spéculative, destinée à coordonner l'action de la raison pratique.

II

Jugement.

La philosophie première, telle que nous venons de la résumer, est une construction qui, pour chaque intelligence humaine, devient, suivant le degré d'assimilation, une véritable force, une réelle puissance, c'est là un capital mental que l'espèce fournit à chaque individu et de l'emploi duquel il devient comptable.

En effet, cette construction de la philosophie première a été lentement opérée par l'Humanité. Il nous faut indiquer la marche naturelle de cette grande opération de notre espèce, d'abord spontanée, puis de plus en plus systématique, jusqu'à l'avènement final du Positivisme. Grâce à cette étude, nous comprendrons mieux la nature de cette construction et nous saisirons sa vraie destination : créée par l'Humanité, elle doit servir pour elle.

Quoiqu'il y ait, chez tous les peuples arrivés à un certain degré de civilisation, une ébauche plus ou moins grossière de philosophie première, il faut reconnaître néanmoins que c'est là une opération essentiellement occidentale. C'est à ce point de vue que nous allons étudier, d'une manière générale, sa construction graduelle; considérée dans ses phases principales, nous verrons comment elle se lie aux situations successives de l'Humanité.

Nous allons donc étudier l'évolution graduelle de la philosophie première, dans l'antiquité, le moyen âge et les temps modernes.

C'est en Grèce qu'a surgi, par les travaux des savants et des philosophes, la première base scientifique de la raison abstraite et la première tentative, nécessairement métaphysique, d'une théorie générale de cette raison. Sans doute, comme je l'ai déjà dit, chez tous les peuples où a surgi une classe spéculative, on a constitué des notions abstraites, sans lesquelles aucune société un peu compliquée ne peut exister. Mais c'est à la science grecque qu'est dû l'établissement de relations abstraites, scientifiquement établies.

L'Arithmétique fournit d'abord, sans doute, un exemple de relations abstraites vraiment positives; mais elles sont une construction de l'esprit pour compter et arranger les êtres, sans se rapporter encore aux phénomènes.

La Géométrie, fondée par les philosophes et les savants grecs, nous offre le premier exemple de lois se rapportant au phénomène objectif le plus général : l'étendue. Thalès, en démontrant que la somme des trois angles d'un triangle égale deux droits, a enfin saisi la constance dans la variété, et Pythagore, en démontrant que le carré de l'hypoténuse d'un triangle rectangle égale la somme des carrés des deux autres côtés, a montré un premier exemple direct de *fonction*, c'est-à-dire d'un phénomène mesuré dépendant régulièrement de la mesure de deux autres. Sans doute, ces deux notions sont restées implicites et il a fallu toute l'évolution scientifique pour les rendre explicites. Néanmoins, c'est par l'immense développement de la géométrie grecque que les bases d'une raison abstraite définitive ont été établies. Mais la science grecque a fait un pas de plus dans cette voie, par la fondation de la géométrie céleste, quand elle a reçu des mains d'Hipparque sa constitution définitive. Grâce, en effet, à la création de la trigonométrie, on a pu, d'après certaines hypothèses et des coefficients observés, faire des prévisions que l'on vérifiait avec des instruments artificiels, propres à la mesure des angles et des temps. De cette manière a été enfin instituée la prévision, qui est le critérium positif de nos théories scientifiques.

Sur cette première base mathématique, les géomètres ont tenté une hardie généralisation, en étendant ces premières relations positives à tous les phénomènes quelconques. Ainsi

Platon a cherché une période qui, d'après lui, doit exister et ramène périodiquement les générations humaines ; la durée de cette période est ce que l'on a appelé le nombre nuptial de Platon. Il a pris pour cela les trois nombres, 3, 4 et 5, qui sont les côtés successifs d'un triangle rectangle ; et sont assujettis d'après cela à la relation : $5^2 = 3^2 + 4^2$. On combine ces nombres d'après certaines lois, pour trouver le nombre nuptial, dont l'énigme, à mon avis du moins, a été définitivement trouvée par M. Jean Dupuis. Ils tentèrent aussi de généraliser une autre relation positive : c'est celle d'après laquelle les intervalles musicaux correspondent toujours à un rapport simple des longueurs des cordes qui les produisent. Ils ont essayé d'étendre cette notion aux questions relatives aux astres, comme à celles qui se rapportent à l'âme !

Mais Platon considérait beaucoup plus les notions abstraites que les relations ; sa tentative de théorie générale de la raison abstraite était ainsi métaphysique. Il conçut ces notions comme ayant une existence objective, dont il plaçait souvent le siège en Dieu lui-même, et d'où se déduisaient les êtres contingents et finis. De telle sorte que par une singulière inversion de la marche légitime de notre esprit, l'ordre concret se déduisait de l'ordre abstrait. Néanmoins, sous cette forme métaphysique, se posait un problème réel, que le Positivisme a enfin résolu, et dont la philosophie première est le grand type, à savoir : de quelle manière la raison abstraite, une fois constituée, peut nous permettre de mieux comprendre et de modifier les phénomènes concrets, de manière à les perfectionner pour notre usage.

Cette destination de la raison abstraite, considérée en elle-même et comme ayant une existence objective absolue, restait néanmoins vague. Elle se précisa, grâce au génie moral et social du catholicisme, par sa théorie du Verbe et de Jésus-Christ. Le Verbe fut conçu comme ayant une existence propre ; il était l'intelligence même de Dieu, une des personnes de la

Trinité et l'élément d'après lequel toutes les choses se font et se coordonnent. Mais, par un second pas, dont je n'ai pas à exposer ici la théorie historique que j'ai faite ailleurs, on fut conduit à regarder Jésus-Christ comme l'incarnation de ce Verbe; de manière à ce que celui-ci, ainsi concrétisé, pût servir à organiser ce que le Positivisme appelle d'une manière scientifique la relation de l'abstrait au concret. C'est par cette relation que s'établit, d'un côté, l'idéalisation et, de l'autre, le perfectionnement des choses d'après cette idéalisation préalable. La construction du type de Jésus-Christ réalisa, quoique d'une manière implicite pour ceux qui l'accomplissaient, cette destination. Trois hérésies conduisirent le catholicisme à préciser et définir ses idées à ce sujet. Contre Arius, on décida, au IV° siècle, que Jésus-Christ était bien Dieu et le Verbe incarné. Mais il s'agissait de définir cette combinaison de la nature divine et de la nature humaine. Nestorius faisait de Jésus-Christ et du Verbe incarné deux êtres distincts; l'unité personnelle, indispensable à toute idéalisation, était ainsi supprimée. L'Eglise décida que Jésus-Christ et le Verbe constituaient une seule personne. Eutychès réagissant, d'une manière exagérée contre Nestorius, prétendait qu'en Jésus-Christ la nature humaine était comme perdue dans la nature divine et qu'au fond il n'y avait qu'une seule nature en Jésus-Christ, comme il n'y avait qu'une seule personne. L'Eglise décida, contre Eutychès, que la nature divine et la nature humaine étaient combinées dans Jésus-Christ, pour former une seule personne. Telle est la grande construction où, sous forme théologique, la destination de l'ordre abstrait pour perfectionner l'ordre concret est posée, sans doute d'une manière absolue et implicite, néanmoins réelle.

Mais cette construction prématurée ne pouvait être que provisoire. Il était nécessaire que l'esprit philosophique, sous forme métaphysique, reprît le problème de la constitution de la raison abstraite. C'est ce qui eut lieu au XII° siècle, par la lutte des nominalistes et des réalistes. Les tentatives qui furent faites à cet égard furent toujours insuffisantes, gênées qu'elles étaient : d'un côté, par le manque de notions scientifiques assez étendues et, de l'autre, par l'obligation de respecter la construction catholique de la raison abstraite. Indiquons sommairement le rôle de ces débats célèbres.

Roscelin reprit le problème et conçut, au fond, les notions universelles et essentielles, comme on disait alors, c'est-à-dire les notions abstraites comme étant des dénominations purement verbales. Quoique les mots soient indispensables pour fixer les notions abstraites, c'était néanmoins en exagérer le rôle d'une manière absurde. Ceux qui pensèrent comme lui furent les nominalistes. Par une réaction inévitable, Guillaume de Champeaux se plaça à une extrémité opposée en déclarant que les genres et les espèces avaient une existence réelle, en dehors des êtres individuels. Ses sectateurs furent les réalistes. Abélard se plaça entre les deux, en établissant que les genres et les espèces, ou en somme les notions abstraites, étaient des conceptions de l'esprit dégagées de la connaissance des êtres individuels. Au siècle suivant, c'est-à-dire au XIIIe, saint Thomas d'Aquin tenta une sorte de solution éclectique du problème de la raison abstraite. Il conçut que les propriétés essentielles existent dans les êtres individuels dont l'esprit en dégage la notion, mais que ces essences émanent des types existant en Dieu lui-même. Il essaya, par sa théorie de *l'individuation*, d'expliquer comment se réalise le type essentiel dans l'individu lui-même. On voit ici le vrai caractère du régime théologico-métaphysique : les problèmes sont posés au moyen d'abstractions plus ou moins réalisées ; mais, faute de connaissances scientifiques précises, le problème n'avance pas et tourne toujours dans le même cercle sans jamais pouvoir aboutir à une solution définitive. C'est ce qui eut lieu pour tous ces grands débats qui continuèrent, au fond, jusqu'à la fin du XVe siècle. Néanmoins, il faut remarquer que Malebranche, qui fut le dernier des métaphysiciens qui s'occupa de ces questions, arriva, sous l'impulsion cartésienne, à une sorte de pressentiment de la relation entre la notion du Verbe, qui est le siège théologico-métaphysique de la raison abstraite, et l'Espace qui devait en être le siège final et positif, c'est ce qui est caractérisé par la grande formule : « *Le Verbe est le lieu des intelligences comme l'espace est le lieu des corps.* »

La raison humaine était, à cet égard, dans une impasse d'où elle sortit enfin en reprenant le mouvement scientifique grec, par la création, à partir du xviie siècle, de la mécanique, de la physique, de la chimie, de la biologie, de la sociologie et de la morale.

Les lois de la mécanique établirent enfin ce qu'il y avait de constant et de régulier dans les variations, au premier abord indéfinies, des mouvements que nous présentent les corps qui nous entourent. Il n'est même pas inutile de remarquer que c'est de la mécanique qu'émana un pressentiment de lois universelles communes aux divers ordres de phénomènes. Ainsi Carnot avait établi ce théorème : que dans le choc brusque des corps il y a perte de force vice. Arago nous apprend, dans la Notice qu'il a consacrée à ce grand citoyen qui fut un géomètre éminent, que Carnot étendait ce théorème au cas des phénomènes sociaux, et spécialement à celui des révolutions.

Mais le mouvement des diverses sciences abstraites substituait de plus en plus à la notion vague des sens, pour trouver la constance dans la variété, celle de variation assujettie à des lois régulières, qui, une fois connues, permettent de suivre, sans arbitraire, toutes les successions des choses. Cela s'accomplissait dans l'étude des divers ordres de phénomènes, et de cette manière se posait l'immense base expérimentale au moyen de laquelle on pouvait espérer de trouver enfin, d'une manière positive, les lois universelles du monde, communes à tous les ordres de phénomènes.

Un mouvement philosophique plus imparfait que le précédent, dans ses résultats définitifs, néanmoins nécessaire et caractéristique, posait les bases préliminaires des lois générales de l'entendement. Ce mouvement se caractérise par les travaux de Locke et de Leibnitz, qui posent le problème : l'un de la nécessité des matériaux objectifs pour les constructions mentales; et l'autre, de la nécessité de l'entendement luimême. Néanmoins c'est le génie supérieur de David Hume, qui donna la première solution générale du problème de l'entendement. Il établit le grand principe, que toutes nos constructions mentales reposent sur les sensations ou les émotions intérieures. Il chercha ensuite les lois générales de l'entendement, par lesquelles celui-ci opère avec ces matériaux les constructions mentales. Il réduisit ces principes à trois, celui de contiguïté, celui de similitude et enfin celui de succession. C'est le plus vigoureux effort du génie humain, avant Auguste Comte, pour fonder la théorie pratique de l'entendement humain. Adam Smith, son compatriote et son ami, appliqua sa théorie à l'évolution des théories astronomiques positives, de manière à en donner une vérification supérieure. Kant, au fond, ne fit point réellement avancer le problème au-delà du point atteint par Hume; seulement il précisa davantage le dualisme entre l'objectif et le subjectif, entre le monde et l'homme.

Ce double mouvement restait nécessairement imparfait. Il fallait qu'Auguste Comte, d'un côté, trouvât enfin des lois générales de l'organisation et de l'évolution des sociétés, et, de l'autre, constituât en une hiérarchie encyclopédique tous les éléments de la philosophie seconde, devenus enfin positifs. Dès la fin de l'immense travail accompli par Auguste Comte, en 1842, son génie commença à s'élever à la conception d'une philosophie première véritablement positive. Dans les conclusions de son *Cours de philosophie positive*, Auguste Comte indique comme universelles un certain nombre de lois fondamentales de la mécanique générale. Ses méditations se développent dans ce sens, dans son *Système de politique positive*, où il aborde surtout le problème relatif à la théorie des matériaux propres à toutes nos constructions mentales. Dans le quatrième volume du *Système de politique positive*, il conçoit la philosophie première comme un élément distinct du dogme positif ; il en énonce les lois et en trace le plan. Enfin, en 1856, dans le premier volume de sa *Synthèse subjective*, il conçoit l'espace comme le siège hypothétique de la raison abstraite. La philosophie première était ainsi instituée, mais il fallait la constituer, et c'est la tâche que j'ai accomplie par une longue suite de méditations continues.

III

Incorporation.

Nous venons de voir comment l'Humanité a graduellement construit, par ses organes les plus éminents, de Thalès à Auguste Comte, la philosophie première. Nous avons vu, en même temps, comment cette construction se trouvait en harmonie avec l'ensemble des nécessités sociales par lesquelles notre espèce a passé en Occident.

Mais cette harmonie de la construction de la philosophie première avec l'ensemble des nécessités sociales était purement implicite ; et il ne pouvait en être autrement ; car la philosophie première dans cette évolution n'était ni positive ni constituée ; elle se constituait en rapport avec divers états sociaux. Elle était donc dans un état provisoire, au milieu d'une évolution au fond révolutionnaire depuis la théocratie antique.

Il en est autrement aujourd'hui ; la philosophie première est constituée. Elle est désormais un élément bien défini de la puissance mentale de l'homme. D'un autre côté, la conception du régime normal de notre espèce est établie d'une manière complètement positive. Il y a donc lieu de se poser, et possibilité de résoudre, le problème de l'*incorporation* de la philosophie première. Ce problème consiste à montrer comment la philosophie première, conçue comme une force constituée et distincte, se lie à l'existence normale de l'homme, dans le régime normal de l'espèce. C'est par cette théorie sommaire de l'*incorporation* que je vais terminer enfin la philosophie première.

Il faut d'abord définir le but normal de la destinée humaine. Cette définition résulte de la combinaison de deux conceptions fondamentales. En premier lieu, il faut reconnaître que le but de la destinée humaine est de vivre pour et par les êtres collectifs : Famille, Patrie, Humanité. Mais, pour atteindre une pareille destinée, l'homme doit se perfectionner constamment, tant au point de vue du corps qu'au point de vue de l'âme. A ce second point de vue, il faut qu'il perfectionne sans cesse, isolément et concurremment, le cœur, l'esprit et le caractère; de façon à développer d'une manière harmonique le sentiment, l'intelligence et l'activité. Et quand nous parlons ici du sentiment, nous n'entendons pas seulement les fonctions élémentaires du cœur, telles qu'Auguste Comte les a établies dans le tableau cérébral, mais aussi et surtout les fonctions composées, dans lesquelles un ou plusieurs sentiments sont liés à une vue générale de l'esprit; de manière à former une force résultante, qui, devenue habituelle, nous pousse ou nous retient dans l'accomplissement de notre destinée. Quant à l'intelligence, il faut introduire les mêmes considérations. Le perfectionnement ne consiste pas seulement dans celui des fonctions élémentaires de l'esprit, mais aussi et surtout des résultats essentiels de leur action, considérés comme constituant des puissances distinctes dans la réalisation de sa vie pour et par les êtres collectifs. Enfin, dans le perfectionnement de l'activité, nous n'entendons pas seulement celui des fonctions du caractère, mais aussi et surtout son mode de manifestation dans la réalisation des sentiments et des projets qu'excite la considération du but de la destinée humaine. C'est dans l'influence et le rôle de la philosophie première au point de vue du sentiment, de l'intelligence et de l'activité, que va consister la *théorie de l'incorporation* de la philosophie première.

La philosophie première est la base de la raison spéculative, laquelle coordonne les lois générales des choses. La philosophie première représente le premier élément de cette raison spéculative, puisqu'elle contient les lois indépendantes de la nature des phénomènes. Ces lois, étant communes aux divers phénomènes que nous manifestent les corps, n'ont aucun siège naturel ; pour faire suffisamment un tout de leur ensemble, il a fallu leur créer un siège artificiel. C'est ce qu'Auguste Comte a fait, en appliquant à ce service l'*Espace*, qui était, depuis l'antiquité grecque, le siège artificiel de toutes les figures et ensuite de tous les mouvements possibles. Mais Auguste Comte a fait un pas de plus ; il a étendu la fétichisation jusqu'à ce siège, conçu comme bienveillant et susceptible de notre part à la fois d'affection et de respect. Cela se conçoit très bien, car cet *Espace* est le siège du Destin, dont la base essentielle et irréductible consiste dans l'ensemble des lois de la philosophie première. Or, à mesure que l'homme remonte dans l'évolution des sociétés humaines, on comprend et l'on sent de plus en plus le rôle capital de l'abstraction et celui corrélatif de la fatalité qui en résulte et qui nous domine. De là, par cette profonde tendance fétichique qui nous domine et qu'il faut accepter, la disposition à aimer et à vénérer la raison abstraite et les lois fatales qui la composent, et, par suite, l'*Espace*, son siège bienveillant.

Néanmoins, il est nécessaire de rappeler les deux conceptions fondamentales qui complètent celles de l'*Espace*, à savoir : la *Terre* et l'*Humanité*. La Terre est le siège réel et effectif du développement de notre espèce. Les hommes, à l'état positif, sont des citoyens de la terre et non pas des aspirants à la vie du ciel. Nous vivons sur elle, nous en venons, nous y retournons. Le but de notre activité est de la modifier pour notre service. Nous étendons à elle, spontanément, notre disposition fétichique d'affection et même de respect ; et nous le ferons désormais, grâce au Positivisme, systématiquement. La Terre devient donc le Grand-Fétiche. Au point de vue objectif, nous savons depuis Copernic que cette terre n'est qu'un élément médiocre du système du monde, dont le soleil est le centre ; je dis médiocre, parce que cette terre n'est ni parmi les plus petites, ni parmi les plus puissantes planètes. Mais, au point de vue subjectif, il n'en est pas de même ; les astres de notre monde, y compris le soleil, sont étudiés et considérés par rapport à nous. De telle sorte que nous reprenons, à cet égard, le point de vue primitif de l'antiquité sur le système du monde, où la terre était le centre de tout. Seulement, notre point de vue est relatif et subjectif, tandis que celui de l'antiquité était absolu. Le système de Copernic n'est donc qu'un immense et difficile amendement, par lequel l'Humanité, après de grands efforts, a fait passer une conception capitale du point de vue absolu au point de vue relatif. Le culte de la terre, complété par celui des astres, se lie donc à celui de l'espace.

Cela ne suffit pas ; il faut s'élever enfin à la grande notion finale ; celle d'Humanité, qui englobe comme notions préliminaires celles de la Famille et de la Patrie.

L'Humanité, qui a construit graduellement la conception scientifique du destin, qui a découvert la Terre et les conditions de son existence, organise enfin l'emploi de ses connaissances, pour permettre à chaque homme de concourir, d'après des principes à fixer, à l'amélioration du siège et à celui de notre nature ; en y faisant concourir le sentiment, l'intelligence et l'activité proprement dite.

D'après ces considérations, voyons quel est le rôle de la philosophie première dans la culture du sentiment. Son rôle essentiel consiste dans le développement et le perfectionnement de la *résignation*. Celle-ci est un sentiment composé, qui se caractérise naturellement par l'élément mental de toute fonction composée, à savoir la disposition à accepter une situation, à s'y soumettre sans effort d'insurrection ni de révolte, avec la tendance, au contraire, à réagir sur soi-même pour s'adapter à la situation, considérée comme irrévocable. Mais il y a lieu de se demander quel est l'élément du cœur proprement dit, qui se lie à cette vue de l'esprit, pour constituer la fonction composée de la résignation. Le premier élément sans lequel, au fond, il n'existerait pas, c'est la vénération. C'est cette disposition si capitale de notre nature qui nous dispose à nous soumettre ainsi à une puissance que nous apercevons comme tout à fait prépondérante. Mais il y a aussi l'intervention d'un sentiment égoïste, qui donne de sa force à l'élément altruiste, à savoir l'instinct conservateur. Celui-ci dispose, en effet, à respecter et vénérer les puissances, dont la prépondérance accuse notre dépendance.

Telle est l'analyse cérébrale jusqu'ici inaperçue de cette grande fonction composée du cerveau : la *Résignation*.

Voyons son évolution, qui se caractérise nécessairement par celle de son élément mental, qui, seul, est vraiment formulable et susceptible d'une variation caractérisée par celle de la doctrine; tandis que les deux éléments du cœur ne sont susceptibles que d'une variation d'intensité.

C'est le fétichisme et le théologisme qui ont créé ce sentiment de la résignation. Le fétichisme l'a constitué, mais d'une manière purement implicite, en nous révélant autour de nous des êtres dont la puissance nous était en effet infiniment supérieure. Le théologisme l'a modifié en y introduisant la notion de modificabilité par la volonté de Dieu. Cette modification a eu de réels inconvénients ; parce que la fatalité devenait ainsi arbitraire et dépendait d'une volonté que rien ne réglait. La soumission, dès lors, envers ces volontés toutes-puissantes et capricieuses, manquait nécessairement de dignité; aussi l'esprit humain, pour réagir contre ces inconvénients, a-t-il conservé, plus ou moins spontanément, la notion d'un destin aveugle, placé même au-dessus des volontés divines.

L'esprit révolutionnaire métaphysique, caractérisé par une tendance plus ou moins nécessaire à la révolte, a eu pour résultat, au point de vue moral, d'altérer profondément le sentiment de la résignation. Nous nous soumettons en rongeant le frein, et l'altération de la résignation est un des plus graves dangers de notre situation sociale.

Mais heureusement l'évolution scientifique, en découvrant graduellement les lois nécessaires, a rendu explicite la notion du destin, qui n'était qu'implicite à l'état fétichique. Et alors, graduellement, a surgi cette grande conception d'un ordre nécessaire, qui s'impose à nous sans résulter d'aucune volonté et auquel il est aussi sage que digne de se soumettre. La philosophie première est précisément la systématisation positive du destin. Dès lors, elle devient la base de la culture de la résignation. Son rôle social deviendra ainsi immense, en substituant, à une révolte et à une agitation continuelles qui poussent à vouloir changer les conditions nécessaires, une soumission fondamentale qui servira de base à une modification raisonnable des choses.

Etudions maintenant le rôle de la philosophie première au point de vue de l'intelligence proprement dite.

La philosophie première arme celle-ci d'un instrument d'investigation au moyen duquel l'ensemble d'une question est saisi et, d'un autre côté, est rattaché plus ou moins au système général de nos connaissances. Les lois de l'entendement tracent toujours la marche générale d'après laquelle on doit procéder et à laquelle se subordonne l'étude spéciale. En premier lieu, le principe des lois naturelles pousse immédiatement à chercher celles-ci dans les phénomènes qu'on veut étudier, au lieu de se laisser dominer par une érudition confuse. Le principe de la modificabilité conduit à décomposer la notion de loi en deux parties : l'une fondamentale, qu'il faut d'abord représenter, et l'autre secondaire qui doit être abordée ensuite. Enfin, le principe de l'*hypothèse la plus simple* guide l'entendement et lui trace son point de départ, d'après une première vue de l'ensemble des renseignements obtenus, venant des prédécesseurs ou du penseur lui-même. Les lois sur les *matériaux* lui indiquent la source extérieure d'où dépend la construction mentale. Mais surtout l'*image normale* doit guider l'hygiène cérébrale de celui qui médite ; car, si la masse des images hétérogènes est trop considérable, c'est qu'alors l'agitation cérébrale pousse à l'incohérence ; et, dès lors, il faut savoir suspendre momentanément la recherche, comme n'étant pas suffisamment opportune. Enfin, les trois lois de l'*évolution dynamique* lui donnent un sentiment de l'harmonie de la recherche avec l'état mental, social et moral de la société.

Les lois universelles du monde tracent aussi une marche générale aux recherches que l'on veut accomplir. Les deux premières, qui considèrent les phénomènes, abstraction faite des réactions, apprennent au savant à faire une première étude plus simple, en négligeant la réaction. Cela est surtout capital dans les recherches cosmologiques, puisque souvent l'on s'en tient à ce premier degré. La loi de l'*équivalence* pousse l'esprit à ne plus considérer le phénomène en lui-même, mais à étudier les actions et réactions correspondantes. Cela est surtout utile en sociologie et en morale. La loi de *la conciliation* dispose l'esprit à subordonner la mutation à l'ordre, et, par suite, à décomposer l'étude en une partie fondamentale et une qui en soit dépendante. La loi du *classement* enfin rapproche l'étude que l'on accomplit de celles qui lui servent de base et qui la dominent. Finalement, la loi de l'*intermédiaire* apprend à l'intelligence à tracer une première ébauche de l'investigation qu'on va accomplir. Par la théorie des diverses constitutions de la hiérarchie, l'esprit est conduit à des rapprochements entre les phénomènes que l'on étudie et d'autres phénomènes semblables, ou tout au moins corrélatifs. Quand l'intelligence s'est suffisamment approprié la philosophie première, la marche que je viens d'indiquer finit par s'effectuer d'une manière spontanée et habituelle.

Le rôle de la philosophie première, dans l'activité, c'est-à-dire dans l'action modificatrice sur les hommes et les choses, agit surtout sur l'ébauche générale des projets que veut réaliser le praticien ; c'est donc une action logique sur son intelligence qu'exerce la philosophie première, et parfaitement analogue à celle qu'elle produit sur le philosophe et le savant. Il est facile au lecteur d'en faire l'application. Seulement le praticien ne doit jamais oublier le rôle immense de l'empirisme et des coefficients spéciaux, dans l'élaboration de ses projets. L'action de la philosophie première, à cet égard, présente néanmoins quelques différences, suivant que l'on veut agir sur les choses ou sur les hommes. Dans ce dernier cas, en effet, trois lois sont capitales : celle de la *persistance*, qui appelle l'attention sur les résistances que créent toujours les antécédents; celle de l'*équivalence*, qui signale le rôle des réactions ; et enfin celle de la *conciliation*, qui subordonne toujours le progrès à l'ordre.

Nous avons donc ainsi accompli l'*incorporation* de la philosophie première, en montrant que, créée par l'Humanité, elle joue un rôle spécial pour le service de celle-ci. Elle est une force pour notre perfectionnement, dans la poursuite de la destinée humaine, qui est de vivre pour la *Famille*, la *Patrie* et l'*Humanité*.

COURS DE PHILOSOPHIE PREMIÈRE

Par M. Pierre LAFFITTE

TABLE DES MATIÈRES DU TOME SECOND

Préface. v

Programme de la seconde partie du cours. vii

Treizième leçon. — *Dixième loi de Philosophie première* ou **Loi de la persistance** : Tout état statique ou dynamique tend à persister spontanément sans aucune altération en résistant aux perturbations extérieures (Kepler).

    I. Considérations préliminaires 1
    II. Loi de la persistance en cosmologie (mécanique, physique, chimie). 15
    III. Loi de la persistance en morale (biologie, sociologie, morale). 33

Quatorzième leçon. — *Onzième loi de Philosophie première* ou **Loi de la coexistence** : Un système quelconque maintient sa constitution active ou passive, quand ses éléments éprouvent des mutations simultanées, pourvu qu'elles soient exactement communes (Galilée).

    I. Considérations préliminaires. 47
    II. De la loi de coexistence en cosmologie (mécanique, astronomie, physique, chimie) 58
    III. De la loi de coexistence en morale (biologie, sociologie, morale). 76

Quinzième leçon. — *Douzième loi de Philosophie première* ou **Loi de l'équivalence** : Il y a toujours équivalence entre l'action et la réaction si leur intensité est mesurée conformément à la nature de chaque conflit (Huyghens, Newton).

    I. Considérations préliminaires 90
    II. De la loi de l'équivalence en cosmologie (mathématique, physique et chimie). 106
    III. De la loi d'équivalence en morale (biologie, sociologie, morale) 129

Seizième leçon. — *Treizième loi de Philosophie première* ou **Loi de la conciliation** : Subordonner toujours la loi du mouvement à celle de l'existence, en concevant tout progrès comme le développement de l'ordre correspondant, dont les conditions quelconques régissent les mutations, qui constituent l'évolution.

I. De la loi de conciliation en cosmologie. 151
II. De la loi de conciliation en biologie. 169
III. De la loi de conciliation en sociologie et en morale. . . . 178

Dix-septième leçon. — *Quatorzième loi de Philosophie première* ou **Loi du classement** : Tout classement positif doit procéder d'après la généralité croissante ou décroissante, tant subjective qu'objective.

I. Considérations préliminaires 199
II. De la loi du classement scientifique, esthétique et biologique 211
III. De la loi du classement en sociologie et en morale. . . . 220

Dix-huitième leçon. — *Quinzième loi de Philosophie première* ou **Loi de l'intermédiaire** : Tout intermédiaire doit être normalement subordonné aux deux extrêmes, dont il opère la liaison.

I. Considérations préliminaires 229
II. De la quinzième loi au point de vue scientifique. 238
III. De la quinzième loi au point de vue logique. 246

Dix-neuvième leçon. — *Théorie des arrangements de la hiérarchie encyclopédique.*

I. Considérations préliminaires 253
II. Des divers arrangements que comporte la hiérarchie propre à la philosophie seconde 259
III. Du rôle des divers arrangements propres à la hiérarchie encyclopédique. 266

Vingtième leçon. — *Discours de clôture.*

I. Résumé 272
II. Jugement 283
III. Incorporation 290

Versailles. — Imprimerie Aubert, 6, avenue de Sceaux.

PRINCIPALES PUBLICATIONS DE L'ÉCOLE POSITIVISTE

D⁰ ROBINET. — Notice sur l'Œuvre et la Vie d'Auguste Comte, 3ᵉ édition, 1 volume in-8........................ 10 »

— **La Philosophie positive.** — *Auguste Comte et M. Pierre Laffitte*, brochure in-32.................................... 60

— **Danton, mémoire sur sa vie privée**, 3ᵉ édition, 1 vol. in-8 de 324 pages. Paris, *Chararay*, 1884.............. 3 »

— **La Révolution française**, 2ᵉ édition.................... 1

— **Danton émigré**, *recherches sur la diplomatie de la République (an 1ᵉʳ-1793)*, 1 volume in-12 de 280 pages. Paris, *Le Soudier*, 1887.. 4

— **Danton, homme d'État.** 1 volume in-8 de 560 pages, avec portrait. Paris, *Chararay*, 1889........................ 10

— **Condorcet, sa vie, son œuvre**, 1743-1794. 1 volume in-8 de 390 pages. Paris, *Quantin*, 1893................

— **Le procès des Dantonistes**, *d'après les documents*. 1 vol. in-8 de 600 pages. Paris, *Leroux*, 1878........... 10 »

C. MONIER. — Exposé populaire du Positivisme, in-18 .. 75

E. ANTOINE. — De la morale positive, 1 volume in-8..... 3 50

— De la Vie et de l'Œuvre de M. Pierre Laffitte, in-8 . 1 »

D⁰ DUBUISSON — Des Quatre sens du Toucher et en particulier du sens de la Musculation. in-8........... 1 50

P. FOUCART. — Le centenaire de Voltaire................. 1

— De la fonction industrielle des femmes................. 1

— La mode et le salaire.. 50

AVEZAC LAVIGNE. — Le nouveau calendrier des grands hommes. Traduit de l'anglais. 2 vol. in-8. Paris, *Leroux*... 12 »

— Condensation de la Philosophie positive, par Miss *Martineau*. Traduit de l'anglais. 2 vol., Paris, *Bahl*, 1895.... 16 »

— Diderot et la Société du baron d'Holbach. 1 vol..... 7 »

J. RIG. — Résumé de Philosophie positive d'Auguste Comte, 2 vol. in-8. Paris, *J.-B. Baillère*.................. 20 »

D⁰ BRIDGES. — De l'unité de la vie et de la doctrine d'Auguste Comte. *Réponse à J. Stuart Mill*. Traduit de l'anglais. 1 vol. in-8, Paris, *Dunod*, 1867............................ 5

F. HARRISON. — Oliver Cromwell, 1889, London (Macmillan) 2 6 d

J. COTTER MORISON. — Gibbon, London (Macmillan)........ 2 6

Le Positivisme au Congrès ouvrier de Paris (1881). Discours prononcés : E. LAPORTE, *Enseignement professionnel* ; I. FINANCE, *Sociétés coopératives* ; F. MAGNIN, *Représentation des ouvriers au Parlement*. Br............................ 50

OEUVRES DE M. PIERRE LAFFITTE

Cours philosophique sur l'Histoire générale de l'Humanité : *Discours d'ouverture*, 1 vol. in-8............	2 50
Considérations générales sur l'ensemble de la civilisation chinoise (épuisé). — Traduction anglaise, par J. CAREY HALL, Yokohama, 1 dollar, Londres, Newton Hall...	3 »
Les Grands Types de l'Humanité, 2 vol. gr. in-8.........	15 »
— 3ᵉ volume : *Le Catholicisme*, en préparation...........	» »
Cours de Philosophie première, 2 vol. in-8.............	12 »
— 1ᵉʳ volume, *Théorie positive de l'Entendement*,...........	7 50
— 2ᵉ volume, *Lois universelles du Monde*	6 »
Le Positivisme et l'Economie politique, br. in-32.......	» 50
Cours sur l'Histoire générale des Sciences, professé au Collège de France. — *Discours d'ouverture*, br. in-8......	» 50
Centenaire de Diderot, br. in-8..................	1 »
Toussaint-Louverture, br. in-8..................	1 »
Considérations générales à propos des Cimetières de Paris, br. in-8.............................	1 »
Cours de Morale théorique (*Théorie positive de la Nature humaine*), et **pratique** (*Théorie positive de l'Education*), 2 volumes in-8, pour paraître prochainement................	» »

En vente, 10, rue Monsieur-le-Prince.

LA REVUE OCCIDENTALE
PHILOSOPHIQUE, SOCIALE ET POLITIQUE
ORGANE DU POSITIVISME
Directeur : M. Pierre LAFFITTE
FONDÉE EN 1878

PARAISSANT TOUS LES DEUX MOIS
(Janvier, Mars, Mai, Juillet, Septembre et Novembre)

PRIX DE L'ABONNEMENT :

France et Algérie................	20 fr.
Union postale..................	22 fr.

BUREAUX : **10, rue Monsieur-le-Prince.**

Tables analytiques des Matières de la *Revue Occidentale* par le Dʳ J. CLÉMENT : 1° *des 21 premiers volumes* (mai 1878-novembre 1888), 30 c. ; 2° *des 10 volumes suivants* (janvier 1889-novembre 1893), 15 c.

Versailles. — Imprimerie AUBERT, 6, avenue de Sceaux.

www.ingramcontent.com/pod-product-compliance
Lightning Source LLC
Chambersburg PA
CBHW071512160426
43196CB00010B/1495